Rolf Diehl
Frank Obergethmann

Die Bremer Vahr

Leben in einem modernen Stadtteil

Kellner Verlag
Bremen Boston

Grußwort des Bremer Bürgermeisters

Liebe Bremerinnen, liebe Bremer,

schauen wir zurück auf das Ende der 1950er-Jahre: Aufbruchstimmung in Bremen. Überall wurde gebaut. Die Wohnungsnot der Nachkriegszeit führte zu ehrgeizigen Wohnungsbauprogrammen – die Neue Vahr entstand. Damals zogen viele Bremer Familien in den neuen Stadtteil, dessen Wohnungen erstmalig mit einem Bad, Fernheizung und Einbauküche ausgestattet waren – heutzutage eine Selbstverständlichkeit, damals ein unglaublicher Fortschritt. Heute wohnen in der Neuen Vahr rund 27.000 Menschen – und fühlen sich hier wohl.

Dieses Buch zeigt, wie derzeit das Leben in dem modernen Stadtteil aussieht. Für alteingesessene »Vahraonen« werden Erinnerungen lebendig. Für Neuhinzugezogene dient es als Überblick über die vielfältigen Angebote und interessanten Erlebnismöglichkeiten in den vier Quartieren der Neuen Vahr. Es gibt viel zu erfahren über: Bremens höchstes Wohngebäude, das Aalto-Hochhaus mit seinen 22 Stockwerken; das »Herz der Vahr«, das Einkaufszentrum »Berliner Freiheit«; die umfangreichen Grünanlagen, die damals vorausschauend gleich mitgeplant wurden, mit Seen und mehr als 100 heimischen und internationalen Baumarten; die stetigen Modernisierungen durch die GEWOBA, dem größten Wohnungsunternehmen im Land Bremen.

Die Autoren Rolf Diehl und Frank Obergethmann wohnen selber in der Neuen Vahr und entwerfen in diesem ausführlichen und umfänglich fotografierten Werk auch ein chronologisches Porträt, von den Anfängen bis in die heutige Zeit. Dafür danke ich den beiden und wünsche allen Leserinnen und Lesern neue Einsichten mittels dieses nützlichen Wegweisers.

Jens Böhrnsen
Bürgermeister
Präsident des Senats der Freien Hansestadt Bremen

Dieses Buch ist bei der Deutschen Nationalbibliothek registriert:
Die bibliografischen Daten können online angesehen werden:
http://dnb.d-nb.de

Über die Autoren:

Frank Obergethmann, geb.1969, ist Diplom-Religionswissenschaftler und zertifizierter Online-Journalist. Er war wissenschaftlicher Mitarbeiter im Projekt »Geschichte der Bremischen Bibliotheken«. Neben verschiedenen Tätigkeiten im Verlags- und Pressebereich ist er seit 2010 auch Mitglied im »Bremer Bureau für Kultur- und Religionsgeschichte« (BBKR). Frank Obergethmann ist in der Vahr aufgewachsen und wohnt heute im Kurfürstenviertel.

Rolf Diehl, Gastronom, Serviermeister und Küchenchef, ist älteren Bremern noch gut von seinem Restaurant in der H.-H.-Meier-Allee, das zu den 100 besten in Deutschland gehörte, und Norddeutschlands größtem Party-Service in Erinnerung. Aus gesundheitlichen Gründen wechselte er den Beruf und gründete das »Zentrum für Führungskräfte«. Mit Beginn der Rente wurde er zum Videoreporter, produziert seitdem den VAHReport und wohnt im Aalto-Hochhaus.

St.-Pauli-Deich 3 | 28199 Bremen
Tel. 0421 77866 | Fax 0421 704058
sachbuch@kellnerverlag.de
www.kellnerverlag.de

Layout und Satz: Meike Kramer
Lektorat: Klaus Kellner, Manuel Dotzauer, Sebastian Liedtke
Umschlag: Designbüro Möhlenkamp, Bremen

Fotos Staatsarchiv: 199, 200, 202, 203, 204 oben,
205, 208, 212, 215, 216, 221
Bilder GEO-Bremen: 33, 67, 87, 106, 121, 133, 143, 168, 180
Fotos Meike Kramer: Titelfoto, 1, 9, 55, 57, 66, 204 unten, 237
Fotos GEWOBA: 17, 32
Fotos Rolf Diehl: restliche Bilder

ISBN 978-3-95651-031-1

Grußwort der Ortsamtsleiterin

Die Vahr, häufig genannt im Zusammenhang mit der Rennbahn, die jedoch gar nicht zum Stadtteil Vahr gehört, ist noch sehr jung. Sie entstand ab 1955 im Bremer Osten neben der historischen Vahr als große Siedlungserweiterung der Nachkriegszeit. Heute ist sie multikulturell, wobei die Bevölkerungsgruppen aus den Staaten der ehemaligen Sowjetunion besonders stark vertreten sind.

Gewinnen Sie mit dem vorliegenden Buch einen Einblick in die kurze Geschichte und hoffnungsvolle Gegenwart der Vahr.

Auch wenn mehrgeschossige Mietwohnungen und Hochhäuser wie das bekannte Aalto-Hochhaus den Stadtteil prägen, so ist die Vahr mit ihren großzügigen Grün- und Wasserflächen dennoch ein »grüner« Stadtteil, der seinen Bürgerinnen und Bürgern viel Lebensqualität, Natur und großzügige Spielflächen direkt vor der Haustür bietet. Dies bekannter zu machen, ist mir ein großes Anliegen. Daher freue ich mich besonders über das vorliegende Buch, mit dem in hervorragender Weise der Charme der Vahr herausgearbeitet wird.

Ob Nahversorgung mit dem Zentrum Berliner Freiheit, Gesundheitswirtschaft, Bildungslandschaft oder Kinderbetreuungseinrichtungen – die Vahr weist eine gute Infrastruktur auf. Um diese noch besser zu machen, arbeiten viele gesellschaftliche Kräfte in der Vahr seit Jahren erfolgreich zusammen. So haben sich die Berufsschule sowie die Ober- und Grundschulen im Stadtteil positiv entwickelt, ein weiteres Kinder- und Familienzentrum entsteht an der August-Bebel-Allee, alle Grundschulen werden absehbar Ganztagsschulen sein, die Niederlassung von Mercedes-Benz wird neu gebaut und die Gesundheitswirtschaft soll am Standort Berliner Freiheit ausgebaut werden.

Ich wünsche mir für dieses Buch viele Leserinnen und Leser, nicht nur aus der Vahr, sondern aus ganz Bremen und umzu. Sie werden den Stadtteil Vahr neu entdecken.

Dr. Karin Mathes

Ortsamtsleiterin

Freie Hansestadt Bremen, Ortsamt Schwachhausen/Vahr

Die Neue Vahr aktuell von Rolf Diehl

Geschichtliche Entwicklungen und Institutionen

von Frank Obergethmann

Nützliche Adressen

Vorwort

Es war an einem nasskalten, windigen Tag Anfang 2013, als die Idee zu diesem Buch geboren wurde. Als Teilnehmer einer Stadtteilrundfahrt durch die Bremer Vahr unter der Leitung des langjährigen hauptamtlichen Mitarbeiters des regionalen Bürgerzentrums, Peter zu Klampen, lernte ich erstmalig Stätten und Gebiete der Vahr kennen, die mir, selbst als geborener »Vahraone«, noch nicht vertraut waren. So führte uns die Busrundfahrt nicht nur durch die Straßen und Wohnviertel dieses Bremer Stadtgebietes, das in den 1950er-Jahren europaweit als Vorbild für moderne Stadtarchitektur galt. Zudem waren Besichtigungen der katholischen Kirche St. Hedwig und des Polizeipräsidiums Bestandteile der knapp dreistündigen Rundfahrt. Der Nachmittag endete auf der Aussichtsplattform des denkmalgeschützten Wahrzeichens der Vahr, dem Aalto-Hochhaus, von hieraus bot sich ein atemberaubender Blick über das ganze Stadtgebiet Bremens.

Sicherlich ist schon viel über die Vahr geschrieben worden. Bei meinen verschiedenen haupt- und ehrenamtlichen Beschäftigungen im Bereich Bremer Geschichte, auch mit Berücksichtigung des Geschehens in den östlichen Stadtteilen, fiel mir jedoch auf, dass eine »Bremensie«, also eine Darstellung in Buchform, im Handel noch nicht erwerbbar ist.

Also startete ich meine Recherchen zur Geschichte eines legendären Stadtteils Bremens, der Vahr. Hierbei standen mir nicht nur die Bestände des Staatsarchivs und der GEWOBA zur Verfügung. Auch im Vahrer Bürgerzentrum liegt in zwei Holzschränken Material zur Stadtteilgeschichte zur Verfügung, in das ich dankenswerterweise Einsicht nehmen durfte. Im Laufe der Zeit habe ich einige Bekanntschaften und Begegnungen mit Menschen aus der Vahr erlebt, wofür ich sehr dankbar bin.

Es ist ein Glücksfall, dass Rolf Diehl, der bewährte Vahrer Journalist (seine Sendung »VAHReport« läuft alle zwei Wochen dienstags ab 18.45 Uhr im Weser-TV), für den Hauptteil des Buches über die neuere Geschichte der Vahr sowie über die aktuellen Entwicklungen gewonnen werden konnte. Seine mehrjährige Erfahrung macht ihn zum wohl besten Kenner des vielfältigen Geschehens im Stadtteil.

Für mich ist diese Veröffentlichung mehr oder weniger ein »Heimatbuch«. Als geborener Bremer bin ich in der Vahr aufgewachsen und verbinde mit vielen Orten lebendige Erinnerungen: der Tag der Einschulung in der Grundschule In der Vahr, viele Besuche mit meinem Vater bei Renntagen auf der Galopprennbahn, den Freischwimmer im Herbert-Ritze-Bad, meine Konfirmation in der ev.-luth. Epiphanias-Gemeinde, das Abitur am Gymnasium an der Kurt-Schumacher-Allee mit anschließender Feier im »Bispinger« Jugendzentrum und auch einen kurzen Aufenthalt zwecks Operation in der Paracelsus-Klinik.

Dieses Buch kann für viele alteingesessene »Vahraonen« vielleicht ähnliche Erinnerungen lebendig werden lassen, für Neuhinzugezogene mag es als Überblick über die vielen Angebote und Lebensmöglichkeiten in der Vahr dienen.

Die Initiative und meine eigenen Beiträge zu diesem Buch möchte ich meinen Eltern Edelgard und Ernst (†) Obergethmann in liebender Dankbarkeit widmen.

Frank Obergethmann

Wir wollen in der Vahr wohnen?

Rolf Diehl

»Für uns sind Sie total überqualifiziert!« Eine solche Antwort zu bekommen, hatte ich nicht erwartet. Auf jeden Fall war mein Angebot, eine ehrenamtliche Aufgabe im Bürgerzentrum Neue Vahr zu übernehmen, zunächst abgeschmettert worden. Ich stand vor dem Büro des Geschäftsführers am gelben Geländer und blickte in die Galerie. »Wir können Sie leider nicht gebrauchen! Wir haben keine Verwendung für Sie!« Diese Aussagen schossen mir durch den Kopf. So hatte ich mir mein soeben begonnenes Rentnerdasein nicht vorgestellt. Es sollte aber nicht bei dieser Niederlage bleiben.

Bis auf die Ausbildungszeit und einige Jahre zum Erfahrungssammeln war ich mein ganzes Leben lang selbstständiger Unternehmer. Meinen so genannten Ruhestand wollte ich nicht zu ruhig verbringen. 2007 zogen meine Frau Erika und ich vom Bremer »Speckgürtel« in die Vahr, obwohl wir das zuvor eigentlich nicht wollten. »Auf keinen Fall ziehen wir in die Vahr!«, hatten wir verabredet. Als Steinwüste, Wohnblock neben Wohnblock und dazwischen auch noch Hochhäuser, so hatten wir die Vahr in Erinnerung. Und dann die Enttäuschung, richtiger: die erfreuliche Ent-Täuschung: Die Vahr ist ja ganz anders!
Die Vahr ist sogar etwas Besonderes.

Geschichtlich gesehen war sie das bis Ende der 1940er-Jahre jedoch noch nicht. Im Laufe der Zeit wechselten mehrfach die Landbesitzer. Es gab etwas Landwirtschaft, einige Wohnhäuser, Kleingärten, eine Bullenstation und wenig mehr. Aber es gab Straßen. Das heißt, die Vahr war bereits erschlossen, gut von der Stadt und der Autobahn zu erreichen. In der Zeit zwischen dem Beginn der 1950er-Jahre bis ungefähr 1961 geschah etwas, das die Welt aufhorchen ließ: Es entstand ein neuer Stadtteil. Aber so ganz stimmt das nicht. Wir werden noch Gelegenheit haben, das etwas genauer zu ergründen. Übrigens alles geplant und organisiert im Auftrag der Gesellschaft für Wohnen und Bauen (GEWOBA AG), die sich mehrheitlich im Besitz der Stadt Bremen befindet.

Vom Vahr-Gegner zum »rasenden Vahr-Reporter«

Mit der Wohnung im Aalto-Hochhaus hatten wir unsere Traumwohnung gefunden. Sie ist ganz anders als eine übliche Behausung. Der Einzug war gut vorbereitet. Die Folge: Schon bald hatte ich nichts mehr zu tun. Um aber keine Langeweile aufkommen zu lassen, wollte ich mich ehrenamtlich betätigen. Auserkoren hatte ich dafür das Bürgerzentrum Neue Vahr, das direkt vor der Haustür liegt. Dem ersten vergeblichen Versuch folgten weitere. Doch vorher fand die 50-Jahr-Feier der Neuen Vahr statt. Davon habe ich einen Film gemacht.

50-Jahr-Feier der Neuen Vahr

Bei dem zweiten Versuch, mich zu betätigen, führte die Erwähnung des Films dazu, dass Martin Ploghöft mir empfahl, bei einer der beiden Video-Gruppen im Haus mitzumachen. Beide habe ich mir angesehen und kann kurz mitteilen: Beide waren nichts für mich. Monatelang an einem Film über die Urlaubsreise arbeiten? Eine schlimme Vorstellung für mich. Ein paar Wochen wollte ich schon daran arbeiten, aber dann sollte der Film fertig sein.

Die Zeit ging hin. Inzwischen konnte ich überblicken, wie vielfältig das Angebot von zirka 70 Organisationen für die Bewohner der Vahr war (und noch ist). Gleichzeit musste ich erkennen, dass nur wenige Vahr-Bewohner/innen das wussten. Mit der darauffolgenden Erleuchtung komme ich nun langsam auf den entscheidenden Moment: Beim wohl fünften Anlauf bei Martin Ploghöft rief er auf meine geschilderte Idee hin aus: »Rolf Diehl, der rasende Vahr-Reporter.« Und damit war der VAHReport geboren. Sendezeiten: 1.+ 3. Dienstag im Monat, 18.45 Uhr bei Radio Weser.tv.

»Das Leben in der Vahr« im Fernsehen und Internet zu zeigen, erfordert Geld. Ich selbst wollte kein Geld verdienen, aber auch keine Kosten tragen müssen. Das hört sich gut an, ist in der Praxis aber ein großes Problem. Auch dann, wenn für den Stadtteil im Jahr rund 450.000 Euro Fördermittel zur Verfügung stehen. Im sozialen Bereich ist eben alles anders als in der Wirtschaft. Und das musste ich erst lernen.

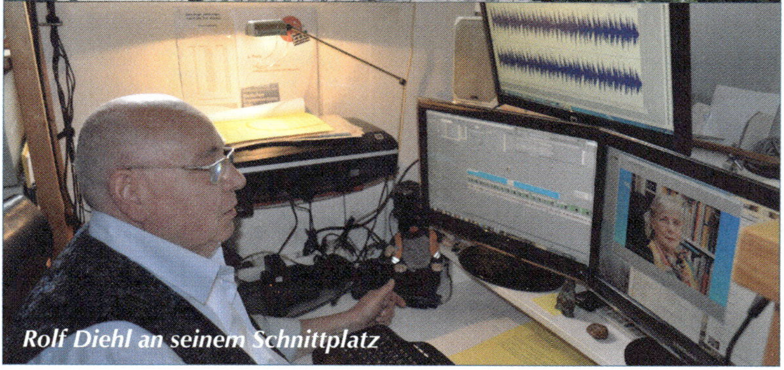

Rolf Diehl an seinem Schnittplatz

Ortserkundungen

»Ich habe da mal eine Frage«

Diesen Satz höre ich oft. Fünf Jahre VAHReport-Sendungen über die Vahr, plus ungefähr zwei Jahre davor, hinterlassen Spuren. Gibt es Fragen zur oder über die Vahr, so landen diese immer öfter beim VAHReport. Werden Fotos benötigt, so ist der VAH-Report die Anlaufstelle. Hinzu kommt noch, dass ich Führungen auf das Dach vom und durch das Aalto-Hochhaus mache. Interessierte Bewohner und Besucher der Vahr, Architekten, Designer und Studenten kommen aus der ganzen Welt, um sich das Kulturdenkmal, das Gebäude eines Künstlers, anzusehen. Einige der Besucher wohnen inzwischen ebenfalls im Aalto-Hochhaus.

Besichtigungen des Aalto-Hochhauses

Alexander Meyer ist so ein Mitbewohner, der sich beim Rundgang sofort für das Haus begeisterte. Und nicht nur das. Inzwischen mag er auch die gesamte Vahr.

Die Liebe zur Vahr entsteht sofort oder gar nicht

»Hallo, Herr Diehl! Ich habe eine Frage. Haben Sie mal Zeit? Ich würde mich gerne mit Ihnen unterhalten. Mich interessiert die Vahr immer mehr.« Alexander Meyer trifft mich im Eingangsbereich des Aalto-Hochhauses und erzählt mir, dass er versuchte, Informationen über die Vahr zu bekommen, aber nicht viel gefunden habe. Und er sei der Ansicht, dass ich ihm helfen könne. Für mich ist das etwas überraschend, da die meisten Bewohner im Haus offenbar wenig Interesse an der Sendung und der Vahr zeigen. Die Bewohner, die schon viele Jahre im Haus wohnen, glauben wohl die Vahr zu kennen. Doch immer öfter höre ich inzwischen Kommentare wie diesen: »Die neuste Sendung war wieder interessant. Ich habe gar nicht gewusst, dass es sowas in der Vahr gibt.«

Mit Alexander Meyer verabrede ich mich zu einem ersten Gespräch, bei dem es nicht bleiben sollte. Er ist einer von denjenigen Bewohnern der Vahr, so wie Erika und ich, die sich sofort in das »Wohnen im Park« verliebten.

Aalto-Eingangsbereich mit Rolf Diehl (links) und Alexander Meyer

Die Vahr – Wohnen im Park

Alexander Meyer kommt schon etwas vor der verabredeten Zeit. Er sei einfach zu neugierig, sagt er. Wir fahren zuerst hinauf zum 21. Stockwerk. Über uns im Fahrstuhl sieht man die berühmte Vase von Aalto in der Fahrstuhldecke. Vom 21. Stockwerk geht es zu Fuß zum Antennendach, das eigentlich gesperrt ist. Mit Ausnahmen für Handwerker, Fensterputzer und Filmleute. Ein Stockwerk höher, auf der Aussichtsplattform, hat man bei gutem Wetter einen atemberaubenden Blick auf die Vahr und weit darüber hinaus.

Gebäudereiniger Aalto-Dach

Alexander Meyer kennt den Blick zwar, erlebt an diesem Tag aber ein ganz anderes Bild. Das Wetter ist richtig gut, selbst der Horizont ist noch klar, was selten der Fall ist. Jeder, der einmal die Vahr von oben sah, war über das viele Grün erstaunt. Darum spreche ich vom »Wohnen im Park« – und das ist tatsächlich real. Alexander Meyer meint, dass man wohl im Laufe der Jahrzehnte die parkähnliche Landschaft gestaltet habe. Doch das ist nicht so.

Auf dem Aalto-Dach
Rolf Diehl (links)
Alexander Meyer

Herbstausblick vom Aalto-Dach

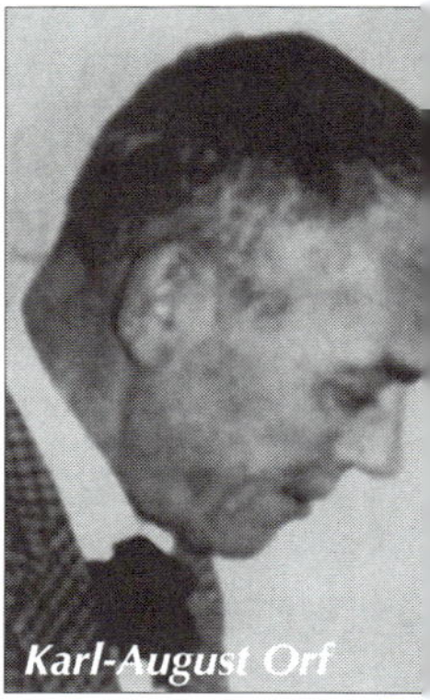
Karl-August Orf

»Der Gartenbauarchitekt Karl-August Orf hatte bereits die Gartenstadt gestaltet und eine leicht profilierte Parklandschaft angelegt. Die GEWOBA gewann dafür eine Silbermedaille im bundesweiten Städtebauwettbewerb. Für Orf spielte die Gliederung der Neuen Vahr ebenso eine Rolle wie für die Architekten. Außerdem wollte er eine Synthese zwischen ›sozialem Grün‹ und ›ästhetischem Grün‹ schaffen. Mütter sollten vom Küchenfenster aus ihren Kindern beim Spielen zuschauen können. Fünf Millionen D-Mark standen Orf zur Verfügung für die Grünflächengestaltung, die riesigen Bodenbewegungen, die Entwässerung mittels Bäche und Seen, das Anlegen von Wegen und Spielplätzen und kleinen parkähnlichen Sitzecken. Mit dem Bodenaushub von den Ausschachtungsarbeiten modellierte er die flache Landschaft. Gepflanzt wurden nur einheimische Baum- und Straucharten. Zwischen den Häusern entstanden Wege, Spielflächen und Sitzecken. Zur Entwässerung durchziehen die Vahr viele Fleete und es gibt einige kleine Seen. Der große, zweiteilige Vahrer See hatte anfangs sogar eine Doppelfunktion. Dies alles sollte die sozialen Kontakte fördern, so Orf.

Die Vahr – Ein Park

Der größte Teil der Bepflanzungen wird von den Gärtnern der GEWOBA liebevoll gepflegt, der Rest von Umwelt Bremen, jedoch mit weniger Liebe beziehungsweise Kostenaufwand. Selten werden Bäume gefällt, nur dann, wenn es aus Sicherheitsgründen erforderlich wird oder wenn sie zu dicht an einem Gebäude gewachsen sind. Es werden auch neue Bäume gepflanzt, die das Gesamtgrün ergänzen«, erkläre ich Alexander Meyer, der erstaunt abwechselnd mich und das Grün der Vahr ansieht.

Die grüne Vahr

»Es ist fast unglaublich, dass sich der Gärtner und Gartenarchitekt schon beim Anlegen der Grünanlage vorgestellt hat, wie das später einmal aussieht und wirkt«, sagt er sehr nachdenklich.

»Ja, das ist es in der Tat, kaum vorstellbar«, antworte ich, »aber machbar, wie wir sehen.«

Das neue Wohnumfeldkonzept

»Der Bestand an Grünflächen in der Vahr wird regelmäßig aufgenommen (www.fnp-bremen.de). Zu üppige Vegetation und die Homogenität der Bepflanzung wurden zuletzt beanstandet. Gemeinsam mit Bewohnern der Stadt, den GEWOBA-Gärtnern und Stadtplanern entstand ein neues Wohnumfeldkonzept, das in den folgenden drei Jahren umgesetzt wurde. Es entstanden Themengärten und Landmarks.«

Bambusgarten

Barockgarten

Apothekergarten

Alexander Meyer sieht mich etwas verwirrt an. »Moment, Moment! Homogenität der Bepflanzung versteh ich, weil mir das auch aufgefallen ist. Aber was heißt Wohnumfeldkonzept, Themengärten und Landmarks?«

»Die Idee war, den gleichförmigen Grünbestand durch gezielte Veränderungen zu einem klassischen Landschaftsgarten entwickeln zu lassen. Kunst, Themengärten und Landmarks sollten helfen, eine Gliederung und Orientierung der Quartiere zu erreichen. Themengärten sind zumeist kleine Inseln, die sich vom üblichen Umfeld unterscheiden. Es gibt mehrere Rosengärten, Bambusgärten, die sich auf verschiedene Standorte in der direkten Umgebung verteilen, einen Apotheker- beziehungsweise Kräutergarten und einen Barockgarten, dem sich ein Irrgarten anschließt.

Wir sollten mal einen Kultur-Rundgang machen, uns die Kunst im öffentlichen Raum, wie es richtig heißt, in der Vahr ansehen. Dabei werden wir sicher auch ein paar Themengärten sehen.«

»Das ist eine gute Idee«, antwortet Alexander Meyer, »allerdings wird nur ein Spaziergang sicherlich nicht reichen. Was sind denn Landmarks?«

»Es müssten wohl einige Spaziergänge sein«, bestätige ich ihm und sage: »Ein weiterer Spaziergang könnte auf dem Sauerstoffpfad erfolgen.«

»Stopp!«, ruft Alexander Meyer, »nicht schon wieder etwas Neues. Was ist mit den Landmarks?«

»Landmarks sind Punkte im Stadtteil, die in etwa zwischen Kunst und Gestaltung beziehungsweise Gartenkunst liegen«, erkläre ich. »Sie haben sicher schon die Welle oder den Moonlightgarden von Dieter Schoppe gesehen. Die Welle ist da unten an der Karl-Kautsky-Straße, Ecke Kurt-Schumacher-Allee, und der ›Moonlightgarden‹ an der Ecke Kurt-Schumacher-Allee/Wilhelm-Leuschner-Straße.«

Die Welle

Moonlightgarden

»Seltsam«, entgegnet Alexander Meyer, »man sieht diese Dinge fast jeden Tag. Und man sieht sie als selbstverständlich an. Aber in die Vahr gekommen sind sie bestimmt erst durch das neue Konzept, also durch eine Weiterentwicklung der Wohnumgebung. Als sie neu waren, war das sicherlich etwas Revolutionäres. Aber sehr schnell gewöhnt man sich daran. Kunst wird zur Gewohnheit. Was ist denn der Sauerstoffpfad?«

Der Sauerstoffpfad

Ich hole eine Karte aus der Tasche, auf der man sieht, wo sich der Sauerstoffpfad mit einer Länge von etwas über fünf Kilometern erstreckt. »Der erste Teil, südlich der Richard-Boljahn-Allee, wurde 2010 eröffnet«, führe ich aus, »der zweite Teil folgte dann in der Vahr Nord. Grundgedanke war, dass Artenvielfalt, Baumschutz und Grünanlagenpflege in der Vahr eine besondere Bedeutung haben. Die Vahr hat nicht nur mehr Bäume als der bekannte und beliebte Bürgerpark, sondern sie produziert auch deutlich mehr Sauerstoff, als die Vahr verbraucht. Diese Erkenntnis führte dazu, einen Lehrpfad einzurichten. Die Schilder an den Bäumen enthalten nicht nur die Daten zum jeweiligen Baum, sondern auch die produzierte Sauerstoffmenge.

Auf dem Rundgang, der fast barrierefrei ist und einige Stunden dauern kann, sieht man Themengärten, kleine Ruheinseln, die Erklärungen zu den Bäumen und man trifft andere Menschen. Es gibt keinen Anfang und kein Ende. Es ist also egal, wo man

Sauerstoffpfad Vahr – von Bäumen und anderem Grün

1. Urweltmammutbäume
2. Apothekergarten
3. Nistkästen
4. Blütenpracht
5. Esskastanien und Blüh
6. Eschenahorn
7. Indian Summer
8. Eichen mit Efeu
9. Barockgarten
10. Schlangenhautahorn
11. Vahrer See
12. Die Welle
13. Rosengarten
14. Innenhöfe
15. Hochbeete
16. Fleet
17. Verwunschener „Dsch
18. Blutbuche
19. Oma-Enkel-Weg

Dies sind nur einige Beispiele von über 100 ausgeschilderten Bäumen, Gärten und Sträuchern und es gibt noch viel mehr zu entdecken.

GEWOBA | Rembertiring 27 | 28195 Bremen | 0421 36 72-0 | www.gewoba.de

Gesamtstrecke ca. 5 km

Erstaunliches

- Die Vahr war das erste Wohnquartier in Deutschland, in dem vorausschauend auch der Grünanteil mitgeplant wurde.
- Es gibt über 100 heimische und internationale Baumarten in der Neuen Vahr.
- Jeder 50-jährige Großbaum in der Vahr baut im Jahr mehr als eine Tonne Kohlendioxid ab und produziert mehr als fünf Kilogramm Sauerstoff am Tag.
- Fast alle Bäume sind markiert und in einer Baumbestandsliste, dem Baumkataster, der GEWOBA-Gärtner dokumentiert.
- Die Vielfalt von Themengärten und Landschaftskunst (Landmarks) ist in diesem Stadtteil einmalig.
- Der Anteil von Mietergärten mit schönen Bepflanzungen ist in der Vahr besonders hoch.
- Die GEWOBA bekam eine Anerkennung für das Projekt »Von der Grünanlage zur Parklandschaft, Bremen Vahr« und erhielt eine Auszeichnung für die energetische Sanierung.
- Schulklassen und Anwohner haben entlang des Sauerstoffpfades Nisthilfen und Insektenhotels eingerichtet.
- Auf dem Sauerstoffpfad sind mit Geocaching-Koordinaten auch »Schätze« zu finden.

beginnt. Wer mehr wissen möchte, sollte bei einer Führung mitmachen. Wunsch der GEWOBA ist, dass sich Interessierte mit der Bedeutung eines gesunden Baumbestands für die Umwelt sowie mit den positiven Effekten für die Menschen befassen. Gruppen und Schulklassen können anschaulich etwas über die einzelnen Baumarten lernen.«

»Sie sagten, die Bäume seien registriert. Was beinhaltet denn das Baumkataster, wie Sie es nannten?«, fragt Meyer.

»Stefan Berndt, GEWOBA-Landschaftsplaner, hat das so benannt«, antworte ich. »Den Wald vor lauter Bäumen nicht sehen – das passiert den Garten- und Landschaftspflegern der GEWOBA nicht so schnell. Wenige Klicks im digitalen Baumkataster genügen, um nahezu jeden Baum auf den Grundstücken des Unternehmens zweifelsfrei zuzuordnen. Dokumentiert sind in dem Verzeichnis derzeit insgesamt 22.613 Bäume mit Angaben zur Art und botanischen Bezeichnung, zu Stammumfang und -durchmesser, Wuchshöhe und genauem Standort. Jede Pflegemaßnahme und Kontrolle an den Bäumen wird im Kataster nachgewiesen. Auch vor Ort sind diese Informationen für die GEWOBA-Landschaftspfleger zugänglich. Dazu reicht es, die kleinen, mit Zahlen und Barcodes versehenen Plaketten an den Baumstämmen mit einem Tablet-PC zu scannen.

Die Übersicht wurde in zweijähriger Fleißarbeit von einem Ingenieurbüro angelegt, um die Pflege der Bäume künftig systematischer planen zu können. Es wurde eine Datenbasis geschaffen, um einen Gesamtüberblick über den Zustand unserer Vahr-Bäume zu gewinnen. Danach konnten die Pflegeverträge 2014 neu ausgeschreiben werden. Denn nicht allen Bäumen widmet sich das 35-köpfige Garten- und Landschaftsbau-Team des Unternehmens persönlich. Auch Firmen aus der Region werden mit der fachmännischen Pflege und dem Schnitt beauftragt. Die GEWOBA geht mit einem sehr gut gepflegten und verkehrssicherungstechnisch optimalen Baumbestand in die Zusammenarbeit. Darüber hinaus dient das Baumkataster im Schadensfall gegenüber Versicherungen als Nachweis dafür, dass das Unternehmen seinen Pflichten nachgekommen ist. Das mit Abstand grünste Wohnviertel der GEWOBA ist die Vahr mit 4.738 Bäumen.«

Am Sauerstoffpfad

Alexander Meyer steht an der Brüstung ganz oben auf dem Aalto-Hochhaus, den Blick auf das Grün der Vahr gerichtet.

»Sagen Sie mir, Herr Diehl«, beginnt er und dreht sich zu mir um, »warum hat die Vahr eigentlich nicht überall den besten Ruf? Allein für die Pflege der Grünanlagen gibt die GEWOBA viel Geld aus. Und für die Sauberkeit. Von der Verbesserung der Wohnqualität ganz zu schweigen. Die Vahr ist noch schöner und interessanter, als ich sie bisher gesehen habe.«

Inzwischen ist es kühl auf dem Hochhaus-Dach geworden. Während wir wieder ins Haus gehen, antworte ich: »Das hängt wohl mit der Vergangenheit zusammen. Und noch immer haben Menschen die Bilder aus der Anfangszeit im Kopf. Ein gutes Beispiel dafür sind ja meine Frau und ich.«

Wir verabreden uns zu einem neuen Treffen. Alexander Meyer lässt der Ruf der Vahr nicht los und fragt, ob ich ein paar Zahlen zur Vahr mitbringen könne.

Die Vahr und ihre Quartiere

Bei unserem nächsten Treffen wollen wir uns die Zahlen zur Vahr ansehen. Es kommt aber anders. Alexander Meyer tritt gerade aus dem Fahrstuhl, während ich mit einer Besuchergruppe von oben komme. Die nächste Gruppe, Studenten, wartet bereits, um nach oben zu fahren. Meyer nutzt die Gelegenheit und kommt mit. Die Studenten befassen sich mit sozialen Wohnstrukturen und Großsiedlungen. Sie kommen aus Braunschweig und sind extra angereist, um sich ein Bild von der Vahr zu machen.

Die Studenten sprechen immer von »der Vahr«. Das ist mir bei Alexander Meyer auch aufgefallen. »Ich denke, wir müssen zuerst mal klären, wie sich die Vahr zusammensetzt und warum sie überhaupt gebaut wurde«, sage ich. Manchmal nehme ich eine Mappe mit Bildern und Informationen mit nach oben. Jetzt kann ich diese Unterlagen gut gebrauchen.

Die Geschichte der Vahr ab 1950 in Kurzfassung

Meine Erklärungen beginne ich mit dem zwingenden Grund, Wohnungen zu bauen: »In den 1950er-Jahren war die Wohnungsnot in Bremen nicht nur groß, sondern sehr groß. Von den 130.000 Wohnungen vor dem Krieg existierten nur noch 60.000. Die Stadt wurde durch Bombenabwürfe der Briten zu 59 Prozent zerstört, die Innenstadt sogar zu 63,5 Prozent und Walle noch mehr.

Zerstörter Bremer Westen 1946

Nach den verheerenden Kriegsjahren sollte zuerst die Wirtschaft wieder angekurbelt werden. Wo jedoch Arbeitsplätze entstehen, werden auch Wohnungen für die Arbeiter, Angestellten, Beamten und deren Familien benötigt. Und die gab es nicht mehr.

Zur Linderung der Wohnungsnot wurde nach möglichen Baugebieten gesucht. Die Vahr bot sich als ein ideales Gebiet an: ein landwirtschaftlich genutztes Gebiet, vorwiegend Weideland. Zudem war die Vahr von allen Seiten her gut zu erreichen.

Kleingartenhäuschen

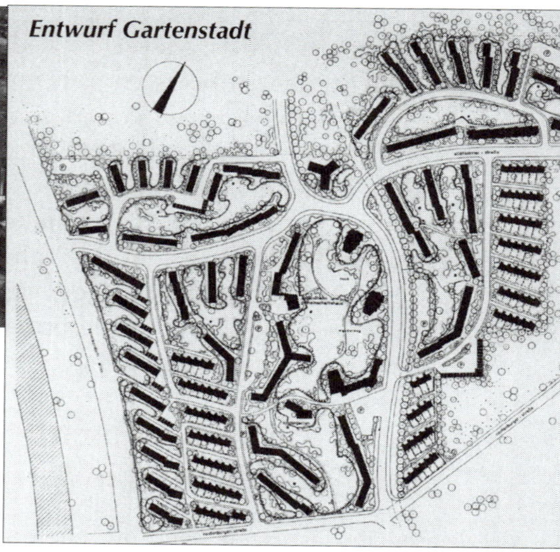

Entwurf Gartenstadt

Obwohl das ›Gesetz zur Behebung der Wohnungsnot im Lande Bremen‹ erst im Februar 1956 beschlossen wurde, kaufte die GEWOBA bereits 1955 die Grundstücke außerhalb des historischen Gebiets der Vahr auf der Hastedter Feldmark. Die Stadtplaner nahmen zum gleichen Zeitpunkt die Arbeit auf.

In kürzester Zeit entstand ein bisher weitgehend neuer Stadtteil, die Gartenstadt Vahr. Neben den Wohnanlagen wurden von

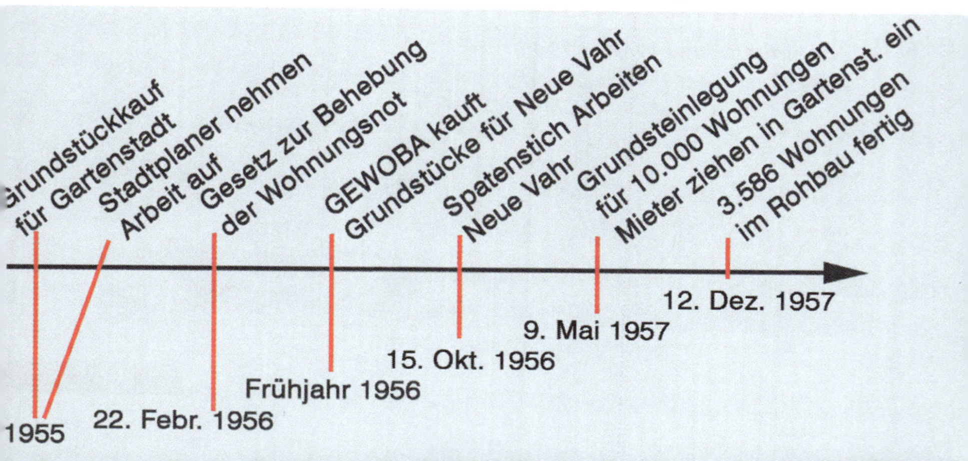

der GEWOBA auch Geschäfte, Schulen, Kindergärten, Kirchen und andere Gebäude gebaut sowie Grünflächen angelegt. Die Gartenstadt Vahr mit zirka 2.200 Wohneinheiten war der erste Bauabschnitt und das erste geschlossen Quartier der Vahr.

Im Frühjahr 1956 kaufte die GEWOBA die Grundstücke für die Neue Vahr. Bereits am 15. Oktober 1956 erfolgte der erste Spatenstich. Am 23. März 1957 wurde gemeldet, dass die Baugruben für die ersten Einfamilienhäuser ausgehoben seien.

Die fünf Architekten, Max Säume und Günther Hafemann, Ernst May, Bernhard Reichow und Wolfgang Bilau für die Einfamilienhäuser, hatten anfangs jeder für sich Planungen für die Neue Vahr erstellt. Sie unterschieden sich nicht grundlegend.«

»Gestatten Sie eine Frage«, sagt eine Studentin.

»Ja, gerne«, antworte ich.

»Für die Planung waren fünf Architekten zuständig, sagen Sie. Das muss doch ewig gedauert haben, bis die sich einig waren. Oder hat letztendlich die Politik entschieden?«

Weitere Details zur Vorgeschichte und Entstehung der Vahr sind ab der Seite 198 beschrieben: Die Bremer Vahr – Teil 2: Geschichtliche Entwicklungen, Personen und Institutionen

»So, wie mir der einstige Bürgermeister Hans Koschnick (1967–1985) in einem Interview erzählte, hatte die Politik in der Phase ganz andere Sorgen. Zuerst sollte die Wirtschaft wieder florieren, dann musste zeitgleich Wohnraum geschaffen werden. Dabei war das größte Problem, dieses zu finanzieren. Die Finanzierung gelang mit einem Modell, bei dem die Mieter 4.000 bis 5.000 Mark

Endgültige Planung von Ernst May

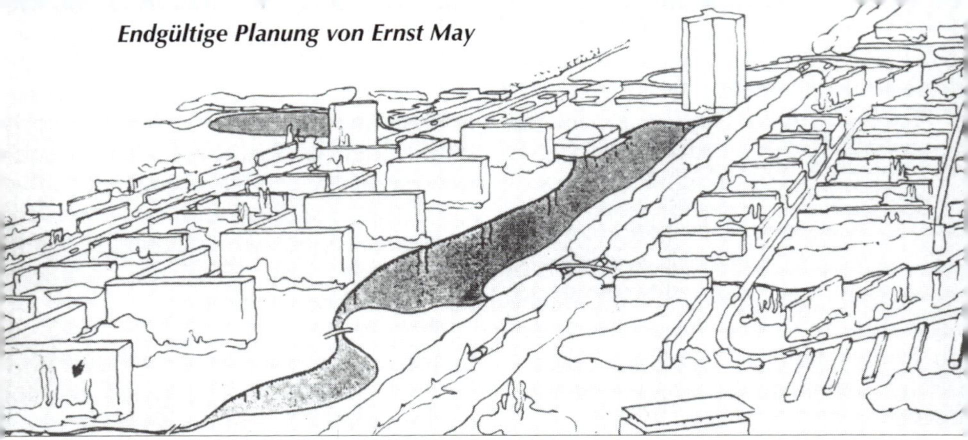

Darlehen geben mussten, das verzinst wurde. In den meisten Fällen gaben das die Arbeitgeber. Wie es dann zu einer Abstimmung der Architekten miteinander kam, ist leider nicht bekannt.

Am 9. Mai 1957 zogen die ersten Mieter in der Gartenstadt ein, und es gab die Grundsteinlegung für die Ortsteile der Neuen Vahr, östlich der Gartenstadt und beiderseits der Franz-Schütte-Allee, heute Richard-Boljahn-Allee. Es entstanden 10.000 weitere Wohnungen. Am 12. Dezember 1957 waren bereits 3.586 Wohnungen im Rohbau fertig.

Das Aalto-Hochhaus

Im Oktober skizzierte der Finne Alva Aalto das Hochhaus. Am 18. September 1959 gab es ein Sammelrichtfest für 3.479 Wohnungen und die Grundsteinlegung für das Aalto-Hochhaus. Das war nicht alles: Die GEWOBA schenkte dem Stadtteil ein Hallenbad. Der TuS Vahr nahm die Feier zum Anlass, den Verein zu gründen. Das Aalto-Hochhaus war zu der Zeit und ist heute immer noch etwas Besonderes. Schon in der Bauphase hatte die GEWOBA in Baustellennähe einen Pavillon aufgestellt und eine Musterwohnung eingerichtet. Bei Baubeginn wurden bereits die ersten Mietverträge unterschrieben. Auf jeder Etage befinden sich neun Apartments, die alle unterschiedlich sind. In

Rohbau Aalto-Hochhaus 1960

der Senkrechten sind sie identisch. Jedes Apartment ist wie ein Tortenstück und hat somit fast keinen rechten Winkel. Obwohl die Apartments nur eine Größe zwischen 34 und 60 Quadratmetern haben, wirken sie wesentlich größer.«

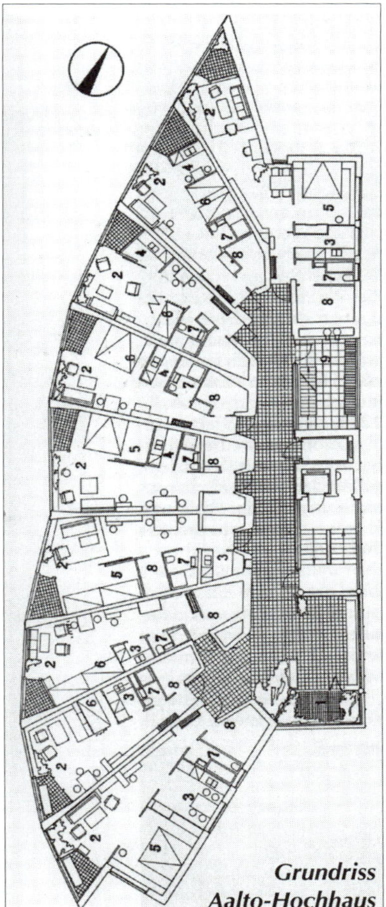

Grundriss Aalto-Hochhaus

»Das kann ich bestätigen«, sagt Alexander Meyer, »vielleicht zeigt uns Herr Diehl nachher seine Wohnung.«

»Das tue ich gerne«, sage ich zur Freude der Studenten. Und weiter: »Wegen der geringen Größe hat Aalto auf jeder Etage einen Kommunikationsbereich eingeplant, wie Sie nachher sehen werden. Insgesamt muss man sagen, dass bei diesem Gebäude und ungewöhnlich für damalige Verhältnisse, Geld anscheinend keine Rolle spielte. Übrigens, die ersten Bewohner waren schon eingezogen, da wurde gerade das 18. Stockwerk gebaut. Das ganze Haus wurde sozusagen in einem Guss gebaut, der Beton ohne Unterbrechung geschüttet.

Zurück zur Bauphase der Neuen Vahr. Am 12. August 1961 waren 9.147 Wohnungen fertig. Und im gleichen Jahr alle 189 Wohnungen, die sich unter uns befinden, also hier im Aalto-Hochhaus.«

Die Studenten werden unruhig und Alexander Meyer schaut mich ungläubig an: »Haben Sie eben nicht die Jahreszahlen verwechselt?«, fragt er. »Das kann doch unmöglich sein! Wenn ich richtig rechne, sind das etwas über vier Jahre für den Bau von fast 10.000 Wohnungen. Und wenn ich vom Anfang in der

Gartenstadt bis zu Fertigstellung der Neuen Vahr richtig gerechnet habe, sind das nur gut sechs Jahre, in denen die Grundstücke gekauft und erschlossen werden mussten. Gebäude und das Umfeld sind geplant worden, Genehmigungen wurden eingeholt, und dann musste das auch noch alles gebaut werden! Das kann nicht sein!«

Die Studenten stimmen Alexander Meyer zu. Es scheint nicht möglich zu sein. Und doch stimmt alles. Mit einigen Einschränkungen: »Ja, die Wohnungen waren 1961 fertig. Ich habe mit einigen der noch etwa 700 Erstbewohnern gesprochen. Sie erinnern sich nicht so gerne an die ersten Jahre. Statt fester Wege gab es Matsch und Baugeräte. Einkaufen war kaum möglich, da die geplanten kleinen Einkaufstraßen und das Einkaufszentrum noch nicht fertig waren. Und um in die Innenstadt zu fahren, musste man bis Radio Bremen laufen.«

»Was lockte die Menschen denn, in dieses unfertige Gebiet zu ziehen?«, wollen die Studenten wissen.

Neubaugebiet als Inbegriff des Modernen

»Bereits die Gartenstadt galt als ein luxuriöses Wohngebiet«, erzähle ich, »die Wohnungen waren neu, hell, hatten Balkone, Einbauküchen und Bäder. Die Häuser mit mehr als vier Geschossen

Berliner Freiheit 1961

hatten Zentralheizung, die, bis auf eines, an eine Fernheizung angeschlossen waren. Die Gebäude lagen in großflächig angelegten Freiflächen, die als Grünanlage von Karl-August Orf gestaltet waren. Und, es wurde erstmals bei der Planung an die entstehende Motorisierung der Bewohner gedacht. Für die heutige Zeit allerdings nicht mehr ausreichend. In den folgenden Jahren kamen noch drei Gebäude auf den großzügigen Freiflächen hinzu.« Ich mache eine kurze Pause, ehe ich fortfahre:

»Sie werden sich fragen, was daran luxuriös sei. Aktuell jungen Menschen fällt es schwer, sich in die Zeit vor und nach dem Zweiten Weltkrieg zu versetzen. Winzige Wohnungen ohne Bad und Heizung, in denen zumeist mindestens zwei Generationen wohnten. Bäder, Einbauküchen, Balkone, Zentralheizung – alles das gab es für den Normalbürger nicht. Nach dem Krieg gab es sogar für viele Familien keine separate Wohnung, weil zahlreiche Häuser durch Bomben zerstört worden waren Unter diesen Umständen ging für die Mieter ein Traum in Erfüllung, den sie sich nicht mal getraut hatten zu träumen.«

Die Studenten machen ein betroffenes Gesicht. Weil sich die Welt in den jüngst vergangenen Jahrzehnten massiv verändert hat, fällt es ihnen wohl oft schwer, sich in die frühere Zeit hineinzudenken.

»Und wie ging es mit der Neuen Vahr weiter?«, fragt einer.

Bebauung der Adam-Stegerwald-Straße

Planung und Bau der Neuen Vahr

10.000 Wohnungen in fünf Nachbarschaften

»Das ist gut, dass Sie das fragen«, sage ich. »Obwohl Architekten und Planer mit einem atemberaubenden Arbeitstempo vorgingen, wurde nicht überliefert, wie sie sich abstimmten. Im Nachhinein scheint es so, als hätten sich ihre Gedanken gegenseitig übertragen. Sie folgten dem Grundgedanken, das Gebiet in fünf Nachbarschaften aufzuteilen. Jede Nachbarschaft sollte einem Grundschulbezirk von 2.000 Wohnungen entsprechen. Am Rand des Geländes sollten zweigeschossige Einfamilienhäuser entstehen und die Bebauung dann über vier- und achtgeschossige Häuser zu einem vierzehngeschossigen ›Punkthaus‹ als städtebauliche Dominante aufsteigen. Den Mittelpunkt der fünf Nachbarschaften sollte ein Gebäude mit mindestens 20 Etagen bilden.

Interessant ist auch, dass ein eigenes Kraftwerk mitgeplant wurde. Das Kühlwasser dieses Kraftwerkes sollte die Wohnungen heizen. Der Turm des fertigen Heizkraftwerkes überragte sogar das Aalto-Hochhaus mit seinen 107 Metern.

Das erste Fernheizkraftwerk

Über dieses einmalige Bauvorhaben wurde damals begeistert in der Presse berichtet: Das größte Projekt in ganz Europa als ›Stadt der Zukunft‹. Neben der modernen Ausstattung, wie in der Gartenstadt, kam in der Neuen Vahr auch noch das eigene Heizkraftwerk hinzu.«

»Der Turm vom Heizkraftwerk ist aber keine 100 Meter hoch«, sagt ein Student.

Ich antworte: »Das ist richtig. Inzwischen ist aus dem Heizkraftwerk ein Heizwerk geworden. Der hohe Schornstein wurde bis auf den kleinen Rest zurückgebaut. Das heiße Wasser kommt von dort drüben«, ich zeige auf das Kraftwerk Hastedt, »und wird hier ergänzt. Das hiesige Werk ist eine Verteil- und Ergänzungsstation.«

»Kann man die einzelnen Nachbarschaften beziehungsweise Quartiere erkennen?«, fragt Alexander Meyer.

Jede Nachbarschaft war ein eigenes Quartier

»Die fünf Nachbarschaften sollten eigentlich erkennbar sein«, sage ich, »jede bekam neben einer Grundschule auch eine kleine Geschäftszeile für die Nahversorgung. Darin gab es jeweils auch eine Gaststätte. Im Laufe der Jahre haben sich jedoch die Einkaufsgewohnheiten verändert und damit auch die Überlebensfähigkeit der Nahversorgung.

In drei der fünf Nachbarschaften gab es auch eine evangelische sowie eine katholische Kirche. Verändert haben sich auch die Bewohnerstrukturen. Der Rückgang der Kinderzahl in den Familien und die Zunahme an älteren Bewohnern führten dazu, dass weniger Schulen benötigt wurden.

So verschmolzen die ehemals fünf Nachbarschaften der Neuen Vahr zu den heutigen drei Quartieren: Südwest, Südost und Nord.«

Erkennungszeichen Farbe

»Ein anderes Erkennungszeichen der Nachbarschaften entstand durch ein Farbkonzept. Bereits in der Gartenstadt wurde der Farbenfachmann Hans-Albrecht Schilling hinzugezogen. Auch er folgte der Grundidee der fünf Nachbarschaften. Jede bekam ihre

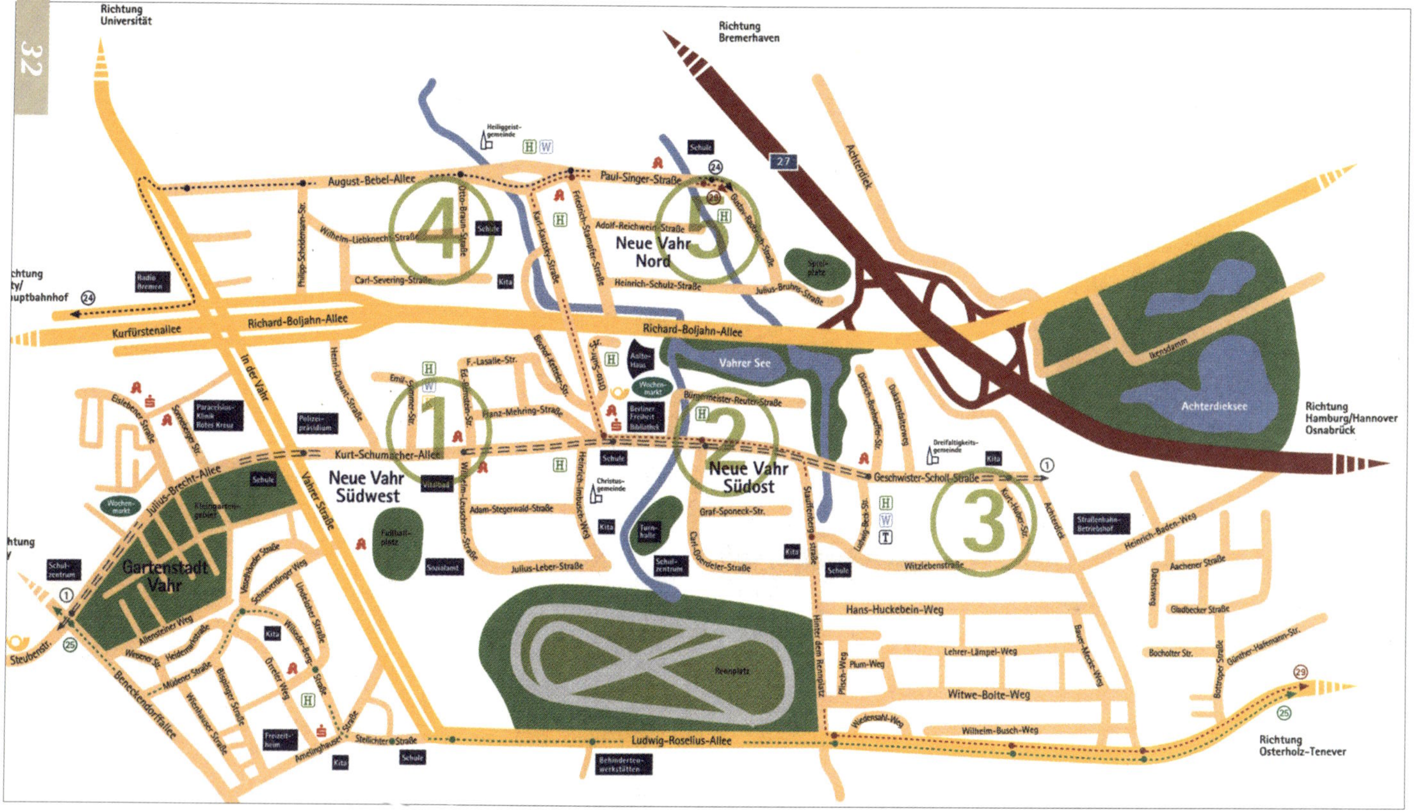
Richtung Universität
Richtung Bremerhaven
Richtung Hamburg/Hannover Osnabrück
Richtung Osterholz-Tenever
Neue Vahr Nord
Neue Vahr Südwest
Neue Vahr Südost
Gartenstadt Vahr
Vahrer See
Achterdieksee
Rennplatz
August-Bebel-Allee
Paul-Singer-Straße
Richard-Boljahn-Allee
Kurfürstenallee
In der Vahr
Vahrer Straße
Kurt-Schumacher-Allee
Geschwister-Scholl-Straße
Ludwig-Roselius-Allee
Julius-Brecht-Allee
Beneckendorffallee
Achterdiek
Hans-Huckebein-Weg
Witwe-Bolte-Weg
Lehrer-Lämpel-Weg
Wilhelm-Busch-Weg
Witzlebenstraße
Hinter dem Rennplatz
Heinrich-Baden-Weg
Schule
Kita
Wochenmarkt
Schulzentrum
Radio Bremen
Polizeipräsidium
Sozialamt
Fußballplatz
Turnhalle
Behindertenwerkstätten
Straßenbahn-Betriebshof
Steubenstr.

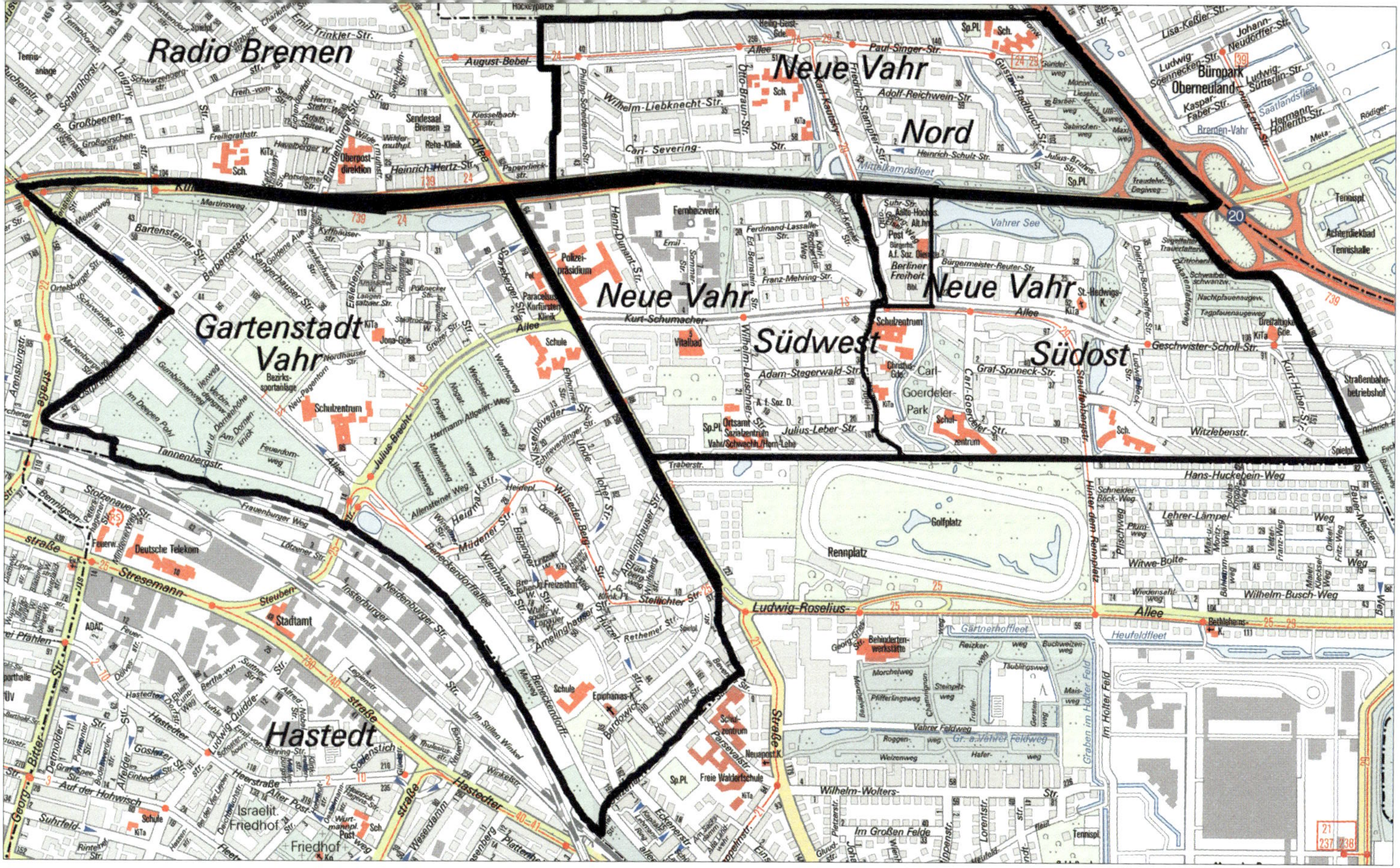
Radio Bremen
Neue Vahr Nord
Neue Vahr Südwest
Neue Vahr Südost
Gartenstadt Vahr
Hastedt

eigene Farbe, die laut Schilling ›Rhythmus, Dynamik und Lebendigkeit‹ ausstrahlen sollte. Die Häuser erhielten nicht nur ganzflächige Anstriche, vielmehr legte Schilling Wert auf das Unterteilen der architektonischen Räume, der kleinsten Elemente, wie die Brüstungen der vielen Balkone.

Die von Schilling zum Teil eingesetzten, sehr kräftigen Farben wurden bis dahin noch nie für Außenanstriche verwendet. Es handelte sich dabei um ›Keimische Mineralfarben‹. Sie hatten den Vorteil, nahezu unbegrenzt farbecht zu sein, den Farbton auch nach Jahren nicht zu verändern. Leider reichte die Qualität des Kalkputzes nicht aus, um die Vorteile der Mineralfarben auszuspielen – sie wurden etwas fleckig.

Im Laufe der Jahre wurden die meisten Gebäude von den Bäumen überragt. Die parkähnliche Landschaft ließ die Architektur zurücktreten. Das brachte Schilling dazu, der Neuen Vahr in den 1990er-Jahren ein neues, Farbkonzept zu geben.«

Zusammenfassung

»Ich fasse mal zusammen: Das erste neue Quartier in der Vahr war die Gartenstadt. Dann entstand die Neue Vahr mit den fünf Nachbarschaften beziehungsweise Quartieren, die heute zusammengefasst sind in Neue Vahr Südwest, Neue Vahr Südost und Neue Vahr Nord. Das Stadtteilzentrum ist das Gebiet Berliner Freiheit.

1972 entstand dann noch das Kurfürstenviertel mit einem Hochhaus und dem Gebäudekomplex ›Großer Kurfürst‹. Dieses Gebiet ist allerdings stark verdichtet. Daneben gibt es noch einen Rest der alten Vahr sowie die »Gesundheitsmeile« Sonnebergerstraße.

Ich bin sicher, im Augenblick sind das genügend Informationen. Nach einem Rundgang durch die Neue Vahr können wir uns gerne im Bürgerzentrum treffen, falls Sie noch Fragen haben.«

Die Studenten danken und wollen sich für Fragen melden. Offen ist ja noch, wie sich das Zusammenleben in einer Großsiedlung gestaltet, in der Menschen aus über 60 Nationen leben.

Alexander Meyer reicht dieser Teil der Informationen zunächst. Fragen wolle er stellen, wenn wir in den einzelnen Quartieren unterwegs seien.

Zusammenleben in der Neuen Vahr

50 Jahre Vahr

In den ersten Jahren gab es zahlreiche Aktivitäten, die das Zusammenleben aller »Neubürger« der Neuen Vahr förderten. So gab es im August 1961 ein großes Einweihungsfest zur offiziellen Fertigstellung der Neuen Vahr, sowie die Eröffnung der Straßenbahnlinie 1.

1967 war wieder ein großes Ereignis (siehe unter Kurt-Schumacher-Allee). Aber auch zwischendurch gab es zahlreiche Aktivitäten, von denen hier zwei belegt werden können. An jedem 1. Mai fand einst regelmäßig das so genannte Maiwecken statt: Eine Kapelle zog durch die Neue Vahr und musizierte an verschiedenen Orten. In den Sommerferien gab es ein Programm mit Spiel und Unterhaltung für diejenigen, die nicht wegfahren konnten.

Wohnen im Aalto-Hochhaus und in der Vahr

Eigentlich möchte ich an meiner nächsten VAHReport-Sendung arbeiten. Aber mir gehen die Zahlen bezüglich der Vahr nicht aus dem Kopf. Da klingelt das Telefon. Der Concierge sagt mir, die Studenten seien wieder da. Sie hätten vergessen, sich die Wohnung anzusehen, und würden mir gerne noch ein paar Fragen stellen.

Eingang Aalto-Hochhaus

Ich gehe nach unten, um etwas zum Eingang zu erzählen: »Aalto hatte bereits einen Logenplatz in der Halle für einen Concierge eingeplant, der jedoch gestrichen wurde. In den 1990er-Jahren wurde dann doch noch eine Loge eingebaut. Seitdem ist, wenn alle Concierges arbeitsfähig sind, die Loge 24 Stunden besetzt. Eingang und Halle sollten einen hotelähnlichen Charakter bekommen, hatte Aalto geplant. Ursprünglich waren die Briefkästen im Fenster und die Fahrstuhltüren blau. Sonst hat sich nichts verändert.«

»Wie viele Personen wohnen hier im Haus?«, fragt ein Student. »Das Aalto-Hochhaus hat 189 Apartments. Fast alle werden von einer Person bewohnt. Das müssten dann gut 200 Personen sein.« »Wie groß sind die Apartments und was kosten sie?« fragt er weiter. »Die Wohnungen auf der Etage sind alle unterschiedlich, haben zirka 34 bis 60 Quadratmeter. In der Senkrechten sind alle Wohnungen fast gleich, bis auf die Wohnungen Nr. 1, die eigentlich nur aus einem Raum bestehen. In einigen dieser Wohnungen wurde jedoch eine Zwischenwand eingezogen, wie bei uns. Hingegen haben die Woh-

Grundriss Aalto-Hochhaus

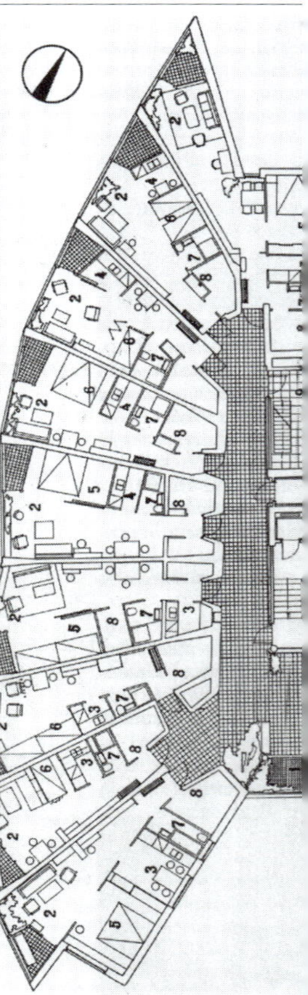

Aalto-Hochhaus

- »Das Gebäude eines Künstlers«
- 22/24 Stockwerke, davon 21 Wohnetagen
- Antennendach und Aussichtsplattform
- offiziell 65 Meter hoch, tatsächlich aber höher
- 9 Wohnungen je Etage
- je 34 bis ca. 60 qm
- 189 Apartments gesamt
- Wohnfläche ges. 7.860 qm
- 1959 Grundsteinlegung
- 1961 ziehen erste Mieter ein
- 1995–96 Fassadensanierung
- seit 1996 unter Denkmalschutz
- Fundamentplatte: 650 qm, 90 cm dick
- 2014 Grundsanierung aller Heizungs- und Sanitäranlagen
- bis in die 1970er-Jahre höchstes Wohnhaus in Deutschland

nungen Nr. 9, also Richtung Richard-Boljahn-Allee gelegen, alle ein separates Schlafzimmer. Sämtliche Wohnungen haben einen reellen Abstellraum, die Wohnungen Nr. 1 mit einem Fenster. So konnte ich zum Beispiel meinen Arbeitsplatz im Abstellraum einrichten. Einige Mieter haben in dem Raum sogar ihr Bett stehen. Durch den Schnitt der Wohnungen, die raffinierte Bauweise, wirken alle Wohnungen wesentlich größer. Kommen Sie mit. Und sehen Sie selbst.«

Ungewöhnlich wohnen

Wir gehen in die zweite Etage. Die Studenten, die es besonders eilig haben, stehen vor verschlossener Etagentür.

»Ist hier immer zu?«, fragt einer.

»Ja«, sage ich. »Falls sich jemand am Concierge vorbeischleicht, kommt er nicht weit. Einerseits ist das eine Sicherheitsmaßnahme, andererseits können Personen mit Selbstmordgedanken nicht in die Service-Loggia. Das ist zugleich der Notausgang. Bis vor kurzem gab es dort auch einen Müll- und einen Papierschlucker. Weil für Aalto ein Hochhaus nur dann Sinn ergab, wenn es wie zusammengestellte Einfamilienhäuser gebaut wird, ist die Service-Loggia der Ersatz für einen Garten. Wer hatte 1960 schon einen Staubsauger? Da musste noch der Teppichklopfer seiner Bestimmung gerecht werden.« Inzwischen sind wir in der Service-Loggia angekommen. »Sie sehen, Aalto liebte Details. An der Teppichstange sind ein Haken für den Klopfer und zwei Haken für Handfeger und Schaufel«, berichte ich und zeige den staunenden Studenten die Stange zum Teppichklopfen und das Gitter, an dem Fußmatten ausgeschlagen werden können.

Zurück in den Laubengang, wie Aalto den großen Flur nannte. »Einfamilienhäuser bieten Abgeschlossenheit«, sage ich, »hier beginnt das bereits beim zurückgesetzten Eingang. Von hinten kommend ist es immer wieder schön, in den lichtdurchfluteten Kommunikationsbereich zu blicken. Dort sollten die Bewohner die Möglichkeit haben, sich zu treffen, zu feiern, zu spielen oder ein Sonnenbad zu nehmen.

Aalto soll gesagt haben, er überlasse das der Intelligenz der Bewohner. Aus heutiger Sicht kann man sagen, dass diese Intelligenz nicht existiert. Die Tafeln an den Wänden sind nur hier,

Kommunikationsbereich auf jeder Etage

weil ich die Führungen mache. Die Fotos sind sämtlich von mir, teils aus einem Film, für den ich 15 Monate lang fast täglich, manchmal sogar mehrmals, mit Foto- und/oder Filmkamera um den See gegangen bin. So, und jetzt in unsere Wohnung.«

Ich öffne die Wohnungstür, gut dreieinhalb Meter bis zur Flurtür. Dann öffne ich diese, und es kommen noch fast zehn Meter hinzu. Das Tortenstück weitet sich hin zum Licht, zur Sonne. So wollte es Aalto und nannte es Feierabendhaus. Nach der Arbeit sollte jeder Bewohner noch die Sonne genießen können. Das ist der Grund, warum die Fensterseite der Wohnungen in Richtung Westen liegt. Die Studenten betreten zaghaft die Wohnung, wie bereits über 500 Besucher vor ihnen. Den meisten Besuchern wird die Größe des Raumes erst bewusst, wenn sie wieder in ihren eigenen Räumen sind. So ergeht es auch den Studenten.

Ich erzähle: »Unser Wohnraum ist knapp zehn Meter lang, mit Flur fast 13,5 Meter. Das ist die Länge eines normalen, großen Einfamilienhauses. An der breitesten Stelle des ›Tortenstücks‹ ist die Wohnung ungefähr 6,60 Meter breit.«

»Was kostet denn so eine Wohnung?«, fragt eine Studentin.

Ich antworte: »Als das Aalto-Hochhaus gebaut wurde, war es etwas Besonderes, hier eine Wohnung zu bekommen – und auch etwas teurer. Inzwischen beträgt die Kaltmiete bei der Bremer GEWOBA im Durchschnitt 5,31 Euro pro Quadratmeter, im Aalto-Hochhaus schwankt sie zwischen etwas unter fünf Euro und etwas über sechs Euro pro Quadratmeter (Zahlen: Herbst 2012). Allerdings erfolgte 2014 eine Modernisierungsmaßnahme, bei der alle Leitungssysteme einschließlich der Bäder erneuert wurden. Danach ist die Miete um 80 Cent pro Quadratmeter angehoben worden. Vermutlich wird sie auch geringfügig bei Neuvermietungen gesteigert werden.«

Ein Student fragt: »Gibt es Probleme mit den Menschen im Haus beziehungsweise in der Vahr?«

»Wohl nicht mehr als in anderen guten Stadtteilen«, antworte ich. »Hier im Haus, wie in der ganzen Vahr, wohnen viele ältere Menschen. Die haben, wenn sie einen Rollator benutzen, das Problem mit der halben Treppe. Manchmal, aber eher selten, gibt es etwas laute Musik bei irgendeinem der jungen Mieter. Insgesamt ist das Haus ruhig, man wohnt sehr angenehm. Das gilt übrigens für die gesamte Vahr, mit ganz wenigen Ausnahmen. Die GEWOBA hat extra Mitarbeiter eingestellt, die sich nur um das Wohlergehen der Mieter kümmern. Wie gut man in der Vahr wohnt, sieht man auch daran, dass es noch Erstmieter gibt und viele Mieter aus den ersten Jahrzehnten. Interessant ist, dass einige Vahraonen bereits die vierte Wohnung in der Vahr bewohnen: die erste Wohnung als junges Paar, die zweite mit Kindern, die dritte wieder ohne Kinder und die vierte mit Betreuung im Alter. Genau das strebt die Wohnungsbaugesellschaft an: Bis zum Tod im gewohnten Umfeld einer GEWOBA-Wohnung bleiben zu können.«

»Noch eine Frage«, sagt eine Studentin, »wie hoch ist die Fluktuation?«

»Im Aalto-Hochhaus sicher etwas höher als im Durchschnitt in der Vahr, wo sie bei 11,86 Prozent liegt«, sage ich. »Das liegt

Betreutes Wohnen im Hanna Hader-Haus

daran, dass ältere Bewohner/innen sterben oder in ein Pflegeheim ziehen. Für die jungen Bewohner ist das Aalto-Hochhaus eine Übergangslösung. Solange sie allein leben, reicht die kleine, preiswerte Wohnung. Kommt ein Partner hinzu, ziehen sie um.«

»Ist die GEWOBA auch zu den sogenannten Heuschrecken zu zählen?« fragt eine andere Studentin. »Ganz im Gegenteil«, antworte ich, »einen besseren Vermieter kann man sich nicht wünschen. Wie beliebt die Wohnungen in der Vahr sind, sieht man am Leerstand, der bei 0,24 Prozent liegt, also Vollvermietung. Fast alle Gebäude sind inzwischen gedämmt, Wohnungen wurden modernisiert. Der größte Teil hat neue Bäder. Zudem entwickelt die GEWOBA Konzepte, mehr Gebäude barrierefrei oder zumindest barrierearm umzubauen.

Neu ist der Versuch, in einem Gebäude alle Möglichkeiten der energetischen Verbesserungen zusammenzubringen. Es wird ein sogenanntes Leuchtturmprojekt. Bei einem weiteren Projekt wird das Gebäude barrierefrei und in einem Anbau wird eine Seniorenbetreuung eingerichtet. In der Neuen Vahr ist es zurzeit sehr schwer, neuen Wohnraum zu bauen oder an Gebäuden etwas anzubauen. Die Grünanlagen sind davor geschützt. Wie die Gebäude und die Grünanlagen aussehen, haben Sie inzwischen bei Ihrem Rundgang gesehen.«

»Sie haben ein neues Müllkonzept, was bedeutet das?« höre ich aus der Gruppe, obwohl der Leiter der Gruppe aufbrechen möchte.

Ich frage zurück: »Wie kommen Sie darauf?«

»Ich habe gehört, die GEWOBA möchte das überall einführen. Aber in der Vahr würde es nur Probleme geben.« Ja, da haben wir wieder dieses Vorurteil, das von ein paar Personen verbreitet wird. Und zwar grundlos und ohne irgendeinen Beweis. Mir gefällt die Frage nicht, weil ich darauf länger antworten müsste, als der Leiter der Gruppe mir zubilligt. Also antworte ich:

»Ja, das ist richtig. Ein paar Leute sind wohl zu faul, ihren Abfall zu trennen. Darum wollen sie das bisherige System zurück. Ich empfinde das neue Abfallkonzept mit den Schleusen als gut. Jeder bezahlt für den Abfall, den er erzeugt. Und insgesamt sparen alle, die an dieses System angeschlossen sind. Bei einer Informationsveranstaltung zeigte sich, dass über 90 Prozent der Besucher mit dem Konzept zufrieden sind. Bestätigen kann ich aber, dass bei der Einführung einige Fehler gemacht wurden, die nicht hätten sein müssen. Der Vorteil ist, dass man Fehler beheben kann, im Gegensatz zur Dummheit.« Einige Studenten lächeln leicht. Sie haben verstanden, was ich sagen wollte.

Der Leiter der Gruppe drängt darauf, den Besuch zu beenden. Ein nächster Termin steht an. Komplett zufrieden sind die Studenten damit nicht, sie würden gerne noch mehr erfahren. Aber der Leiter dankt mir, ebenso die Studenten. Ich gebe ihnen die Karte vom VAHReport und wir verabschieden uns.

Beim Hinausgehen möchte eine Studentin noch wissen, ob immer ein Concierge da sei. »Fast«, sage ich, »eigentlich 24 Stunden und 7 Tage in der Woche. Aber es gibt auch hier Personalmangel. Und dann fallen mal Schichten aus. Wir sind froh über den Concierge-Dienst.«

»Danke!«

Die Vahr von oben

Die Vahr in Zahlen

Bewohnerstruktur in der Vahr

Rund 50 % der Bewohner/innen haben einen Migrationshintergrund, wie wir heutzutage sagen, bei den unter 18-Jährigen beträgt der Anteil über 75 %. Etwa 22 % der Vahrer Gesamtbevölkerung sind Aussiedler/innen aus den Staaten der ehemaligen Sowjetunion.
Die Herkunft der Bewohner wechselte mehrfach, es wurde jedoch immer darauf geachtet, kein Getto entstehen zu lassen, was gut gelungen ist.

Ein lebendiger, kulturell gemischter Stadtteil

Alexander Meyer habe ich versprochen, ein paar Zahlen zur Vahr vorzubereiten. Als Quelle für die Original-Auszüge nutze ich den Stadtteilbericht 2014 von der Senatskanzlei, der vom Ortsamt Schwachhausen/Vahr aktualisiert wurde. Die Tabellen sind der Internetseite www.Statistik-Bremen.de entnommen. Außerdem gibt es Informationen der GEWOBA aus einer Präsentation beim Beirat.

Das zusammengestellte Material habe ich Alexander Meyer zur Vorabinformation in den Briefkasten gesteckt. Das ist der Inhalt:

Sowohl der Anteil der privaten Haushalte, die Transfereinkommen beziehen, als auch der Bürger/innen mit Migrationshintergrund ist im stadtbremischen Vergleich hoch. Die Vahr ist multikulturell, wobei die aus den Ländern der ehemaligen Sowjetunion kommende Bevölkerungsgruppe besonders stark vertreten ist. Die Neue Vahr ist seit 1998 WiN-Gebiet (Förderprogramm Wohnen in Nachbarschaften). Daraus und mit weiteren Förderprogrammen entstanden Netzwerke und Orte der Begegnung wie das Familien- und Quartierszentrum Neue Vahr, die zur Integration und sozialen Stabilisierung beitragen.

Den größten Förderbedarf haben die Neue Vahr Nord und die Neue Vahr Südost. Durch neue Schulstrukturen an der Kurt-Schumacher-Allee und der Grundschule an der Paul-Singer-Straße zur gebundenen Ganztagsschule. sind die ersten Weichen auf einen längeren Weg richtig gestellt.

Flächennutzung am 31.12.2013 (in ha) *)

Stadtteil Vahr	Insgesamt	davon Ortsteile			
		Gartenstadt Vahr	Neue Vahr Nord	Neue Vahr Südwest	Neue Vahr Südost
Gesamtfläche	433,7	188,1	81,4	68,7	95,5
davon					
Gebäude- und Freifläche	255,1	95,0	51,6	50,3	58,2
darunter Wohnfläche	168,0	64,1	39,3	25,2	39,4
darunter Gewerbe- und Industriefläche	4,3	1,8	0,3	2,2	0,0
Erholungsfläche	77,0	49,8	12,5	5,9	8,8
Verkehrsfläche	87,6	40,4	17,0	12,0	18,1
Landwirtschaftsfläche	3,2	2,7	0,0	0,5	0,0
Flächen anderer Nutzung	10,8	0,2	0,2	0,0	10,3

*) Quelle: GeoInformation Bremen, die angegebene Gesamtfläche stimmt nicht exakt mit der tatsächlichen Fläche überein

Bevölkerung[1]

Im Stadtteil Vahr leben rund 26.800 Menschen. Die Bevölkerung verteilt sich auf die vier Ortsteile Gartenstadt Vahr (7.475 Einwohner/innen), Neue Vahr Nord (7.845), Neue Vahr Südwest (4.225) und Neue Vahr Südost (7.268).

Damit ist die Gesamtbevölkerung in 2012 gegenüber 2010 unwesentlich gesunken, allerdings setzt sich damit ein seit Jahren bestehender Trend fort. In der Gartenstadt Vahr hat sich seit 2010 die Bevölkerungszahl geringfügig erhöht, während sie in den anderen Ortsteilen geringfügig rückgängig ist.

Der Anteil der Bevölkerung mit Migrationshintergrund liegt im Stadtteil Vahr mit zirka 46 Prozent weit über dem stadtweiten Durchschnitt von knapp 30 Prozent und hat sich seit 2010 nochmals gering erhöht. Die größten Migrantengruppen bilden Menschen aus den Nachfolgestaaten der ehemaligen Sowjetunion, aus der Türkei und aus Polen.

Migranten aus Polen und aus der ehemaligen Sowjetunion besitzen zu jeweils über 50 Prozent den Status als Aussiedler. In den Ortsteilen Neue Vahr Nord und Neue Vahr Südost haben jeweils über 50 Prozent der Bevölkerung einen Migrationshintergrund, während es im Ortsteil Gartenstadt Vahr lediglich 28,5 Prozent sind.

Im Altersverlauf wandelt sich der Anteil der Menschen mit Migrationshintergrund deutlich. In der Altersgruppe bis sechs Jahren haben 73 Prozent einen Migrationshintergrund, bei den 15- bis 18-Jährigen sind es zirka 60 Prozent, bei den 25- bis 30-Jährigen etwa 54 Prozent. In den Altersgruppen ab 50 Jahren überwiegt der Anteil der Menschen ohne Migrationshintergrund. Das Durchschnittsalter in der Vahr liegt bei 45,7 Jahren und damit über dem Durchschnitt Bremens mit 44,1 Jahren. Allerdings ist der Altersdurchschnitt der vier Ortsteile sehr unterschiedlich. Die Neue Vahr Nord bildet mit 41,6 Jahren den jüngsten Ortsteil, gefolgt von der Neuen Vahr Südost mit 44,6 Jahren. Die Neue Vahr Südwest und die Gartenstadt Vahr sind mit 49,3 und 49,1 Jahren deutlich älter.

---

[1] ***Die nachfolgenden Zahlen sind »Bremen kleinräumig Infosystem« entnommen; Stand: 31.12.2012.***

Stadtteil Vahr	Insgesamt	Bevölkerung am 31.12.2012 *)			
		davon Ortsteile			
		Gartenstadt Vahr	Neue Vahr Nord	Neue Vahr Südwest	Neue Vahr Südost
Bevölkerung insgesamt	26 802	7 475	7 844	4 225	7 258
davon					
männlich	12 427	3 505	3 657	1 846	3 419
weiblich	14 375	3 970	4 187	2 379	3 839
davon					
ledig	10 714	2 844	3 386	1 540	2 944
verheiratet	10 584	3 052	3 080	1 622	2 830
verwitwet	2 484	760	584	520	620
geschieden	3 020	819	794	543	864
davon im Alter von ... bis unter ... Jahren					
0-6	1 421	292	514	191	424
18.06.2014	2 572	590	965	291	726
18-25	2 222	502	795	334	591
25-50	8 617	2 348	2 630	1 264	2 375
50-65	5 186	1 512	1 352	815	1 507
65-80	4 617	1 499	1 135	841	1 142
80 und mehr	2 167	732	453	489	493
Bevölkerung mit Migrationshintergrund **)	12 263	2 130	4 357	1 992	3 784
darunter					
Ausländer/-innen	4 186	807	1 465	574	1 340
(Spät-)Aussiedler/-innen **)	3 474	359	1 428	644	1 043
durchschnittliches Alter (Jahre)	45,7	49,1	41,6	49,3	44,6
Bevölkerungszahl je ha	61,3	39,3	91,3	59,8	80,3

**) Fortschreibung auf Basis der Volkszählung 1987. Die Verteilung der Bevölkerung unterhalb der Stadtebene ist dem Einwohnermelderegister entnommen.*

***) abgeleitetes Merkmal, Kindern unter 18 Jahren ist gegebenenfalls der Migrationshintergrund des entsprechenden Elternteils zugeordnet.*

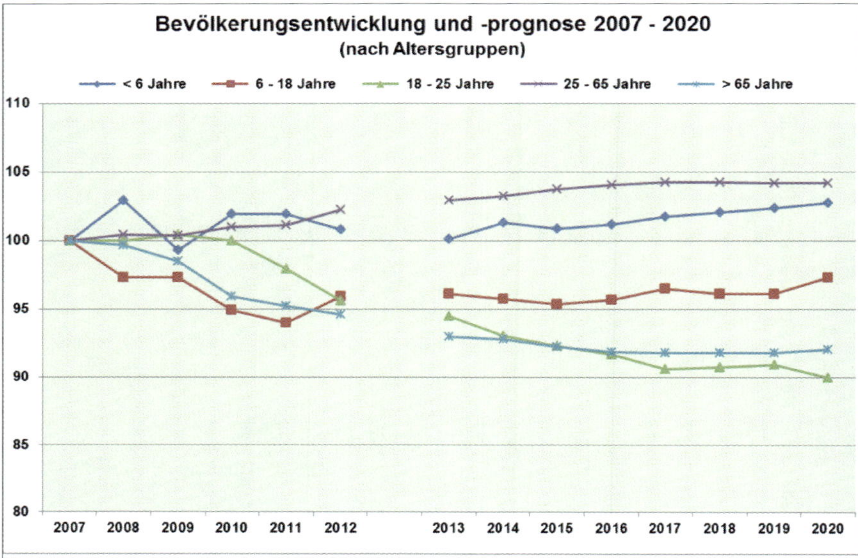

Abbildung 4: Bevölkerungsentwicklung im Stadtteil Vahr 2007-2012 und Bevölkerungsprognose im Stadtteil Vahr 2013-2020 (2007=100)
Quelle: Bremen kleinräumig Infosystem; eigene Darstellung

Ende 2012 waren zirka 47,6 Prozent der Menschen in der Vahr evangelischen oder römisch-katholischen Glaubens. Das ist etwa ein Prozent weniger als Ende 2010 oder ungefähr neun Prozent weniger als Ende 2000. Innerhalb der beiden Konfessionen findet allerdings eine Verschiebung zu Gunsten der Katholiken statt. Zu den anderen im Stadtteil vertretenen Glaubensgemeinschaften und Konfessionen liegen bedauerlicherweise keine Zahlen vor.

Wirtschaft

Im Stadtteil Vahr befindet sich kein geschlossenes Gewerbegebiet. Hauptaugenmerk hinsichtlich der gewerblichen Entwicklung liegt auf der Bestandspflege. Im privaten Bestand finden Veränderungen durch Verkäufe, Mieterwechsel beziehungsweise Nutzungsänderungen konti-

nuierlich statt. Eine Begleitung dieser Prozesse wird im Rahmen der gegebenen Möglichkeiten durchgeführt.

Ein kleines Branchencluster, genannt »Automeile Vahr«, hat sich über die Jahre entlang der Henri-Dunant-Straße/Emil-Sommer-Straße entwickelt. Neben dem Hauptbetrieb der Mercedes-Benz-Niederlassung Weser-Ems sind Vertretungen der Marken BMW und Jaguar angesiedelt. Die Mercedes-Benz-Niederlassung wird 2014/2015 vollständig erneuert.

Die Gesundheitswirtschaft gewinnt im Stadtteil zunehmend an Bedeutung. Die Paracelsus-Klinik Bremen ist ein Krankenhaus mit überregionalem Ansehen, rund um die Klinik hat sich ein Gesundheitsstandort mit niedergelassenen Fachärzten und weiteren Dienstleistern aus der Gesundheitswirtschaft entwickelt. Beachtenswert ist auch die Anzahl an Dienstleistungseinrichtungen im Stadtteil, die im Bereich der Tages- und häuslichen Pflege tätig sind.

Nahversorgung

Die Vahr ist nach dem Bremischen Zentren- und Nahversorgungskonzept von 2009 als Stadtteilzentrum klassifiziert, das auf die benachbarten Stadtteile ausstrahlt. Das Zentrum bildet im Wesentlichen das Einkaufszentrum »Berliner Freiheit«. Das zweigeschossige Gebäude wurde 2001 komplett abgerissen und danach in moderner Form wiedererrichtet. Auf etwa 11.600 Quadratmetern Verkaufsfläche präsentieren sich zirka 80 verschiedene Fachgeschäfte, Gastronomiebetriebe und Dienstleister. Zwei Verbrauchermärkte gelten als Magnetbetriebe. Hinzu kommt ein kleinteiliges Angebot zum kurz- und mittelfristigen Bedarf. Das Gebäude an der Kurt-Schumacher-Allee soll eine weitere Etage bekommen, die vorwiegend für Arztpraxen vorgesehen ist.

Das Bürgerzentrum (mit der Zweigstelle Ost der Bremer Volkshochschule), die Stadtteilbibliothek, der Wochenmarkt sowie weitere Dienstleistungs- und Gastronomieangebote sind integriert. Ein zweites Zentrum hat sich um den Sonderstandort im Einzugsbereich der Straße »In der Vahr« entwickelt.

»Gesundheitsmeile« Sonnebergerstraße

Einkaufszentrum Berliner Freiheit

Arbeit und Beschäftigung

Insgesamt wohnen im Stadtteil Vahr rund 8.500 sozialversicherungspflichtig Beschäftigte. Dies bedeutet gegenüber 2010 einen Anstieg um acht Prozent. Ihr Anteil an der Bevölkerung liegt mit 31,8 Prozent unter dem Durchschnitt der Stadt Bremen mit 32,9 Prozent. Der Frauenanteil an den sozialversicherungspflichtigen Beschäftigten liegt mit 46 Prozent geringfügig unter dem Durchschnitt der Stadt Bremen, während der Anteil der sozialversicherungspflichtigen Beschäftigten mit Migrationshintergrund mit 12,2 Prozent überdurchschnittlich ausfällt (Stadt Bremen: 9,6 Prozent).

Die Arbeitslosenziffer beträgt in der Vahr 15,5 Prozent und liegt damit etwas höher als der stadtbremische Durchschnitt (13,5 Prozent). Von den zirka 1.500 Arbeitslosen im Stadtteil sind 52,5 Prozent weiblich – das bedeutet einen Anstieg von etwa zwei Prozent gegenüber 2009. Insgesamt ist der Anteil erwerbsloser Frauen höher als im städtischen Durchschnitt mit 46 Prozent. Auch der Anteil der arbeitslosen Einwanderer mit zirka 27 Prozent sowie der Anteil von Arbeitslosen über 55 Jahren (16,3 Prozent) sind überdurchschnittlich. Dagegen fällt im Stadtteil Vahr sowohl der Anteil

Sozialzentrum Wilhelm-Leuschner-Straße

jüngerer Arbeitsloser (bis 25 Jahre: 6,6 Prozent) als auch der Anteil Langzeitarbeitsloser (39,4 Prozent) unterdurchschnittlich aus (Stadt Bremen 9,0 Prozent bzw. 45,4 Prozent).

Im Stadtteil Vahr gibt es nur wenige Arbeitsplätze. Neben den genannten Arbeitgebern ist noch der öffentliche Dienst mit dem Polizeipräsidium, dem Sozialzentrum, dem Ortsamt Schwachhausen/Neue Vahr, den Schulen, Kitas und Jugendfreizeiteinrichtungen zu nennen – einen ›großen‹ Arbeitgeber gibt es im Stadtteil hingegen nicht. Allerdings ist dabei zu bedenken, dass der Stadtteil mit der ausdrücklichen Absicht, Wohnquartiere zu schaffen, errichtet worden ist.

Bildung

Im Stadtteil Vahr gibt es im allgemeinbildenden Schulbereich drei Grundschulen, drei Oberschulen und eine Berufsschule. Alle diese staatlichen Schulen – außer der Oberschule Carl-Goerdeler-Straße – besitzen Zentren für unterstützende Pädagogik (ZuP) und erhalten dadurch Unterstützung bei der gemeinschaftlichen Beschulung.

Neben den staatlichen Schulen befindet sich in der Otto-Braun-Straße eine Grundschul-Dependance der privaten Freien Evangelischen Bekenntnisschule (FEBB) aus Habenhausen. Etwa zehn Prozent der Schüler, die den drei Vahrer Grundschulen zuzuordnen sind, besuchen die FEBB.

Im Bereich der Erwachsenenbildung unterhält die Bremer Volkshochschule eine Zweigstelle im Bürgerzentrum Neue Vahr mit einem vielfältigen Angebot. Die Abiturientenquote lag 2012 im Stadtteil Vahr bei knapp 40 Prozent.

Sozialstruktur

Die Ortsteile der Vahr sind hinsichtlich ihres Ranges im Bremer Benachteiligungsindex, bis auf die Gartenstadt Vahr, immer noch im benachteiligten Drittel positioniert. Nach dieser Berechnungsmethode streben die Ortsteile Gartenstadt Vahr und Neue Vahr Südwest tendenziell nach oben, während in den Ortsteilen Neue Vahr Nord und Südost weiterhin dringender Handlungsbedarf besteht.

Mit zirka 18 Prozent ist der Anteil der Bedarfsgemeinschaften (Hilfeempfänger nach dem Sozialgesetzbuch II) an allen Haushalten im Stadtteil Vahr etwas höher als im städtischen Durchschnitt. Dabei sind die Werte in den vier Ortsteilen unterschiedlich, in der Gartenstadt Vahr am niedrigsten.

Wohnen und Stadtentwicklung: Die GEWOBA

2007 wurden die Siedlungsbereiche der Vahr in einer vergleichenden Expertise als historische Stadtbereiche mit besonderer Denkmalbedeutung in der Bundesrepublik Deutschland anerkannt. Sowohl die Gartenstadt als auch die Neue Vahr wurden von der Gesellschaft für Wohnen und Bauen (GEWOBA AG), der größten Bremer Wohnungsgenossenschaft, deren Hauptaktionärin weiterhin die Stadt Bremen ist, errichtet. Die meisten Wohnungen befinden sich heute noch in ihrem Besitz. Ausnahmen bilden die Reihenhäuser an den Rändern der Nachbarschaften, die sich in Privatbesitz befinden. Weiterhin hat die GEWOBA etwa 1.000 Wohnungen zum Großteil an die Mieter verkauft.

Kennzahlen der GEWOBA – Stand 30.09.2012

	Bremen	Vahr (inklusive Kurfürstenviertel)
Anzahl Wohnungen	31.788	9.182
Ø Kaltmiete	5,30 €/qm	5,31 €/qm
Leerstand in Prozent	0,46	0,24
Mietrückstand in Prozent	0,85	0,57
Fluktuation in Prozent	11,01	11,86

Die weitgehende Sanierung des Wohnungsbestandes und die vergleichsweise geringen Mieten haben ebenso wie die bewusst großzügig angelegten Grün- und Spielflächen zur Vollvermietung beigetragen. Die Gebäude befinden sich größtenteils in einem guten Zustand, seit etlichen Jahren werden vielfach Modernisierungen vorgenommen. Der Außenraum und die Grünflächen sind gepflegt gestaltet.

Seit einigen Jahren versucht die GEWOBA, den veränderten Wohnstandards und dem demografischen Wandel zu entsprechen – es entstehen aus bestehenden Wohnungen durch Neuzuschnitt größere sowie senioren- und behindertengerechte Wohneinheiten. Mit dem ersten Pilotprojekt wurde 2006 ein viergeschossiger Zeilenbau aus dem Bestand an der Kurt-Schumacher-Allee umgebaut. Aus 24 wurden 18 Wohnungen, sechs davon speziell für ältere Mieter in den unteren Etagen, darüber zwölf L-förmige Maisonetten für jüngere Familien.

Zeilenbau
Umgestaltung Kurt-Schumacher-Allee

Mit Aufhebung der Sozialbindung gibt es in der Neuen Vahr keine Sozialwohnungen mehr. Die Wohnungen werden frei vermietet. Allerdings nimmt die GEWOBA eine umfassende Verantwortung für ihre Wohnungen nicht nur durch kontinuierliche bauliche Investitionen und durch die Unterstützung sozialer Projekte sowie des Stadtteillebens wahr. Im Rahmen der sozialen Verantwortung werden auch Wohnungen für Personengruppen mit Zugangsschwierigkeiten am Wohnungsmarkt zur Verfügung gestellt. In Zusammenarbeit mit dem Beirat und den lokalen Netzwerken wird deren Begleitung und Integration gefördert.

Beispiele des sozialen Engagements der GEWOBA

- Serviceberater für ältere Bewohner
- Nachbarschaftsmanager
- Treffpunkt Waschhaus und KulturSalon (Theater, Partyraum)
- Familien- und Quartierszentrum sowie Bürgerzentrum
- Kontakt- und Beratungsstellen
- VAHReport (Kellerraum für Studio)
- Ferienfahrten und Vahrer-Seen-Lauf
- SaVAHRi/VAHRieté/VAHRadies
- Domizil – Heim für demente Bewohner

Gelände ehemalige Otto-Braun-Schule

Um die wertvollen Quartiere zu erhalten, bedarf es einer Durchmischung der Generationen und einer vielfältigen Mieterstruktur. Hierzu müssen insbesondere Wohnmöglichkeiten für junge Familien und jüngere Menschen im Bestand der GEWOBA sowie auf den wenigen neu entwickelbaren Arealen im Stadtteil entstehen. Aus diesem Grund ist auf dem Gelände der ehemaligen Schule Otto-Braun-Straße die Errichtung von Reihenhäusern geplant. Gleiches ist für das Areal am Ende der Julius-Leber-Straße denkbar, falls der Umweltbetrieb Bremen den dortigen Betriebshof aufgeben wird.

Eine große Bedeutung für die Vahr haben auch die Areale der Kleingartenvereine: Gartenfreunde Tannenberg, Feldmark Hastedt, Neue Vahr, Rose am See, Weißenburg, und die Grünanlagen Carl-Goerdeler-Park und Vahrer See.

Gesamtstadtbezug und Lage

Der Gesamtstadtbezug der Vahr ist aufgrund der relativ geringen räumlichen Distanz sowie der guten Anbindung an das Bremer Zentrum (Pkw: etwa sieben Kilometer und 15 Fahrtminuten vom Zentrum; ÖPNV: Straßenbahnlinie 1, Buslinien 24 und 25, Fahrzeit zirka 20 Minuten, Fahrrad: zirka 20 Minuten Fahrzeit) als gut zu beschreiben. Die Verlängerung der Straßenbahnlinie 1 bis zum Bahnhof Mahndorf bietet eine zweite Anbindung an das regionale Schienennetz (Fahrzeit zirka 25 Minuten) und den Weserpark.

Die Richard-Boljahn-Allee wirkt als Barriere, die die Neue Vahr Nord von den beiden südlichen Ortsteilen und vom Stadtteilzentrum an der Berliner Freiheit abgrenzt. Die trennende Wirkung wurde in der Nähe der Carl-Severing-Straße durch die Herstellung eines barrierefreien Übergangs für Fußgänger und

Radfahrer sowie mit Hilfe einer durchgehenden Geschwindigkeitsdrosselung im Zuge der Umsetzung des Verkehrskonzeptes Bremer Nordosten reduziert.

Durch einen weiteren barrierefreien Übergang in der Höhe Friedrich-Stampfer-Straße, der 2014 realisiert wurde, wird die trennende Wirkung der Richard-Boljahn-Allee weiter vermindert und insbesondere die Anbindung der Neuen Vahr Nord an das Zentrum um die Berliner Freiheit deutlich verbessert. Auch die Kurt-Schumacher-Allee und die Straße In der Vahr wirken etwas trennend, was aber nicht besonders störend wirkt.

Inneres

Das Polizeirevier Vahr gehört zur Polizeiinspektion Ost und ist ein Einsatzdienststandort (24-Stunden-Revier). Für die polizeiliche Arbeit stehen neben dem Bürgerservice und den Kontaktbereichsbeamten des Reviers der zivile Einsatzdienst und das Polizeikommissariat der Polizeiinspektion S 4 (Regionale und Jugendkriminalität) zur Verfügung. Neben den reviereigenen Streifenwagen stehen zu einsatzstarken Zeiten auch Streifenwagen der umliegenden Reviere zur Verfügung. Auch durch diese Polizeipräsenz unterscheidet sich die Kriminalitätsrate nicht von der anderer Stadtteile Bremens.

Sport

Sportstätten bilden die materielle Basis für das lokale Sporttreiben. Bremen weist daher spezielle Flächen für die Errichtung von Sportstätten aus und fördert zur Realisierung gesundheits-, sozial- und freizeitpolitischer Ziele sowohl kommunale als auch vereinseigene Sportstätten.

Der Stadtteil Vahr verfügt über eine Vielzahl an Sportstätten: eine Dreifachhalle, eine Zweifachhalle, sieben Turnhallen, ein Tanzsaal, sechs Großspielfelder Rasen, sechs Kleinspielfelder, eine Beachvolleyballanlage, eine Leichtathletikanlage, ein Hallenbad und eine Minigolfanlage.

Insgesamt sind in der Vahr sechs Vereine beheimatet, die ein vielfältiges Angebot an sportlichen Aktivitäten bereithalten. Von Bahnen-Golf über Tischtennis und Fechten bis Schach, um nur einige zu nennen, können Jung und Alt aktiv Sport treiben.

Das Vitalbad mit seinem angeschlossenen Vital-Training bietet den Bewohnern attraktive Fitness- sowie in eingeschränktem Maße Bade- und Schwimmmöglichkeiten.

Sport in der Vahr

- Vitalbad Vahr – Herbert Ritze Bad – mit Solebad
- TuS Vahr (Fußball, Badminton, Karate, ...)
- Sportclub Vahr-Blockdiek Bremen e. V.
- Bremer Leichtathletik-Verband 2. e. V.
- Bremer-Badminton-Club e. V. 1956
- Schach-Club Vahr
- Bahnen-Golf-Club Bremen e. V. – Minigolfanlage
- KINGDOM OF SPORTS – Fitnessstudio Bremen-Vahr
- Club zur Vahr (Golf und Hockey)
- TuS Schwachhausen von 1883 e. V.
- Pferde-Rennbahnanlage
- Golfplatz auf dem Rennplatz
- Bremer Windsurfing Club

Vitalbad

Die erste Berliner Freiheit

Marktplatz an der Berliner Freiheit, Blick nach Norden

Alexander Meyer meldet sich nach einigen Tagen und ist der Ansicht, weitere Fragen ergäben sich beim Rundgang durch die Quatiere, wo wir die aufgelisteten Orte dann vor Augen hätten. Wir beschließen, mit dem Zentrum der Vahr, der Berliner Freiheit, zu beginnen. Kommt man mit älteren Vahraonen über die Berliner Freiheit ins Gespräch, so scheiden sich die Geister. Viele ältere Bewohner trauern noch immer der früheren Berliner Freiheit nach.

Alexander Meyer und ich treffen uns vor dem Eingang Aalto-Hochhaus und bummeln über den Marktplatz. Entsprechend der Erkenntnis, dass Bilder mehr als viele Worte sagen, habe ich Fotos mitgebracht. Wer die heutige Berliner Freiheit kennt, kann sich schwer die alte Anlage vorstellen.

Plötzlich geht Meyer mit flotten Schritten und zielstrebig Richtung Einkaufszentrum. »Wo wollen Sie denn hin?«, rufe ich ihm nach.

»Ich denke, wir wollen in die Berliner Freiheit«, ruft er zurück.

»Richtig!« antworte ich, »da sind wir doch schon.«

Meyer sieht mich fragend an und sagt:
»Ich dachte, die Berliner Freiheit sei das Einkaufszentrum.«

Geschichte der Berliner Freiheit in Kurzform

Festwoche 1961

Ich halte es für richtig, von vorne anzufangen, und erzähle zu den Fotos und Karten: »Während der Festwoche am 12. August 1961, bei der 9.147 Wohnungen eingeweiht wurden, ist auch der Platz im Zentrum der Neuen Vahr als ›Berliner Freiheit‹ eingeweiht worden. Der historische Wermutstropfen: Am zweiten Tag der Feier wurde in Berlin der Grundstein der Berliner Mauer gelegt.

Element der Berliner Mauer

Als diese Mauer abgebrochen wurde, bekam die Vahr ein Element geschenkt. In einem Fenster vor dem Haupteingang zum Einkaufszentrum wurde es zuerst ausgestellt. Inzwischen befindet es sich auf dem Platz vor der Hochgarage.

Für den Mittelpunkt der Neuen Vahr hatten die Architekten Säume, Hafemann, May und Reichow ein Zentrum eingeplant. Es sollten eine Mehrzweckhalle, ein Restaurant und etwa 100 Läden entstehen. Ein Kino durfte auch nicht fehlen. Es kam anders. Statt Mehrzweckhalle und Kino wurde 1961 ein Ärztehaus gebaut, das Reichow plante. Aus heutiger Sicht war das eine gute Entscheidung. Damals wohl eher nicht. Unterhaltung war Mangelware. In der ursprünglichen Planung ging man auch von einem Standard-Hochhaus aus. Über die Verwendung war man sich nicht ganz einig. Vielleicht entstand durch diese Uneinigkeit der Architekten der

Wunsch, für das Hochhaus Alvar Aalto als Architekt zu gewinnen, der als Hochhausgegner bekannt war. So wurde aus dem vorgesehenen eckigen Hochhaus das Gebäude eines Künstlers, das Aalto-Hochhaus. Vom Hochhaus aus gab es vorübergehend einen überdachten Weg zu der Ladenpassage.

Auf der anderen Seite, Richtung See, öffnete 1977 das modernste und größte Gemeinschaftszentrum Bremens, das Bürgerzentrum Neue Vahr. Es entwickelte sich zum wichtigsten Kultur- und Freizeittreffpunkt des Stadtteils. Im Bürgerzentrum ist auch die Volkshochschule untergebracht. Das reichhaltige Angebot wird noch immer gerne angenommen. Wolfgang Schulz, der spätere Leiter des Bürgerzentrums, war sozusagen der Motor, der sich mit anderen Bürgern für den Bau des Bürgerzentrums einsetzte. Flächenmäßig war die ursprüngliche Planung größer ausgelegt, wurde aber so nicht umgesetzt.

Bürgerzentrum Neue Vahr

- Sozialpädagogischer Spielkreis
- Jugendtreff und Café
- Saal für bis ca. 300 Personen
- weitere verschiedene Räume
- über 40 unterschiedliche Gruppen im Haus

Berliner Freiheit 10, 28327 Bremen
Tel. 4367330 • www.bzvahr.de

Volkshochschule Ost – Vahr
Tel. 361-3566 • www.vhs-bremen.de

Täter-Opfer-Ausgleich Bremen – Schlichten in Nachbarschaften
Tel. 792828-90 • www.toa.bremen.de/s-vahr

Stadtbibliothek Vahr

Café Heinemann vor 1970

Interessant ist: Bereits 1980 merkte Schulz an, dass trotz der zahlreichen Besucher im Bürgerzentrum die Gruppe im Alter von 25 bis 45 Jahren unterrepräsentiert sei. An beidem, den fehlenden Räumen und der fehlenden Altersgruppe, hat sich bis heute nichts geändert. Im Haus befinden sich zirka 45 Gruppen mit vielen Angeboten. Es finden Treffen, Sitzungen, Ausstellungen, Konzerte, Aufführungen und andere Veranstaltungen statt.

Auf dem Marktplatz, vor dem Bürgerzentrum, gab es eine Wienerwald-Gaststätte mit einigen Außentischen. Im Keller befand sich die legendärste Kneipe der Vahr, der ›Vahraonenkeller‹, wo nach Aussagen früherer Besucher immer ›die Post abging‹. Sven Regener berichtet in seinem Roman »Neue Vahr Süd« davon.

Ehemalige Minigolf-Anlage

Im Gegensatz zu heute hatte der Marktplatz mehr Bäume. Eigentlich war es gar kein Marktplatz, sondern wurde zu einem Sportplatz umfunktioniert. Neben einem Freiluftschachspiel und einer Minigolfanlage gab es auch Tischtennis und Boule.

Grünmarkt heute

Im vorderen Teil konnte man im Café Heinemann essen, Kaffee trinken und tanzen. Das Café und Restaurant, von Max Säume entworfen, war ein Sinnbild für die Stilelemente der 1950er-Jahre: Sachlichkeit, Klarheit und vor allem ein Bemühen um grazile Leichtigkeit. An diesem Gebäude wurde das besonders durch die geradezu beängstigend schlanken Pfeiler betont.

Der Grünmarkt war von Anfang an beliebt. Die Händler mussten wohl fünfmal umziehen. Aber der Markt hat die Jahre überlebt und erfreut sich weiterhin großer Beliebtheit. Mehrmals im Jahr überraschen die Händler ihre Kunden mit kostenlosen Kleinigkeiten, Musik und/oder Dekorationen. Früher fand auf dem freien Gelände auch ein kleiner Freimarkt statt und es wurde dort gefeiert.

2001 war es dann vorbei mit diesem gemütlichen Areal. Der ganze Komplex wurde abgerissen. Es gab ein neues Konzept für das Einkaufszentrum, das auch eine andere Verkehrsführung erforderlich machte. Es entstand der Anschluss der Richard-Boljahn-Allee zur Karl-Kautsky-Straße. Auch der Kreisel Karl-Kautsky-Straße/ Kurt-Schumacher-Allee wurde zur Ampelkreuzung zurückgebaut.

Die Planung und Umsetzung des ersten Zentrums war für die damalige Zeit schon recht großzügig ausgelegt. Im Laufe der Jahre verlor die Berliner Freiheit jedoch die Attraktivität als Mittelpunkt der Vahr. Das sollte sich ändern. Der neuen Planung entsprechend sollte ein modernes, attraktives Einzelhandels- und Dienstleistungszentrum entstehen, das die Berliner Freiheit auch weit über die Grenzen der Vahr hinaus zu einem Anziehungspunkt machen sollte. Das Flächenangebot sollte von rund 10.000 auf 25.000 Quadratmeter erhöht werden, die Erreichbarkeit verbessert und die gesamte Anlage behindertengerecht angelegt werden. Neue Parkplätze und Arbeitsplätze sollten entstehen. Während der Bauzeit wurden Geschäfte und Grünmarkt mehrfach umgesiedelt. Die Versorgung aber – mit Unannehmlichkeiten – blieb gesichert.«

Freimarkt-Fest: schön war's

Die jetzige Berliner Freiheit

Das Einkaufszentrum

Die Berliner Freiheit von oben

»Und was gehört jetzt alles zur Berliner Freiheit?«, will Meyer wissen.

»Alles zwischen der Otto-Suhr-Straße, der Karl-Kautsky-Straße, der Kurt-Schumacher-Allee und dem kleinen Stück der Bürgermeister-Reuter-Straße mit der Verlängerung zur Otto-Suhr-Straße. Das heißt, die Gebäude-Eingänge in der Bürgermeister-Reuter-Straße gehören auch zur Berliner Freiheit.

Einkaufszentrum Berliner Freiheit
Objekt-Entwicklung Pfeifer
Berliner Freiheit 11, 28327 Bremen
Tel. 94 99 60
www.berliner-freiheit.de

Der größte Teil der Fläche wird vom Einkaufszentrum genutzt, wozu auch die 700 Parkplätze gehören. Über 80 vielseitige Shopping-, Gastronomie-, und Dienstleistungsangebote gibt es. Neben der Versorgung mit Lebensmitteln und dem täglichen Bedarf ist das Einkaufszentrum zu einem echten Mittelpunkt des Stadtteils gewachsen. Die Bewohner der Vahr profitieren von dem umfassenden Angebot medizinischer, sozialer und kultureller Versorgung. Mit nicht weniger als vier Banken (Sparkasse Bremen, Postbank, Santander und Targobank) könnte man die Freiheit fast schon als regionales Finanzzentrum bezeichnen.

2003 eröffnete das neue Einkaufszentrum und wurde von der Presse in den höchsten Tönen gelobt. Das Centermanagement sorgt nicht nur für ein attraktives Angebot, sondern sieht das Einkaufszentrum als einen Bestandteil der Vahr. Das heißt, es gibt über das ganze Jahr verteilt Aktionen, Feiern, Kultur, Partys, Messen und Spaß für die ganze Familie. Im sozialen Bereich werden Personen, Organisationen und Veranstaltungen unterstützt.

Im oberen Geschoss des Einkaufszentrums befindet sich die Stadtbibliothek Vahr. Sie gehört zu den Spitzenfilialen in Bremen. Neben dem üblichen Angebot wird viel für Kinder getan.«

Kleine Aktions-Auswahl

- Längste Grünkohltafel in Bremen
- Messe Pflege-Infotage
- Verschiedene Märkte
- Autogrammstunden und Bingo
- VAHRieté – Straßenkünstler-Festival
- Ausstellungen und Computerbörse
- Miss und Mister Wahlen

»Ich war der Meinung, in der kurzen Zeit, die ich hier wohne, das Einkaufszentrum bereits zu kennen. Doch jetzt weiß ich es besser. Selbst ohne die Geschichte des Zentrums zu kennen ist es schon spannend zu wissen, wie sich solch ein Komplex im Laufe der Jahre verändert und entwickelt. Für die damalige Zeit waren die Planer enorm mutig, ein derartiges Zentrum gebaut zu haben. Und noch mutiger war man, einen gewachsenen ursprünglichen Komplex dem Boden gleichzumachen. Jetzt verstehe ich auch, warum die älteren Bewohner dem alten Platz nachtrauern, das war wohl etwas ›gemütlicher‹ und weniger kahl als jetzt«, meint Alexander Meyer.

Dem kann ich nur zustimmen.

Das alles gehört zur Berliner Freiheit

»Wahrzeichen und beliebtestes Tier in der Vahr ist der Teddybär auf einem Skateboard. Kinder müssen ihn streicheln und auf ihn klettern. Das Kunstwerk heißt ›Ich wär so gern Dein Teddybär‹ und wurde 1987 von Thomas Recker erstellt. Während der Bauphase war er eingelagert«, erzähle ich weiter, und: »Wo wir

Kunstwerk von Thomas Recker »Ich wär so gern dein Teddybär«

Kunstwerk von Seff Weidl »Die Liegende«

gerade bei der Kunst sind, es gibt noch mehr davon in der Berliner Freiheit. Vor dem Bürgerzentrum befindet sich ›Die Liegende‹ von Seff Weidl. Sie soll etwa 23.000 D-Mark gekostet haben und wurde von der GEWOBA gestiftet.

Relief von Heinrich Brumm

Im Foyer des Bürgerzentrums findet man gleich drei Werke: die Bemalung der Saaltüren ›Isolation, Begegnung, Gefährdung‹ von Jürgen Brandt, 1979, das Wandbild von Studenten der TH Hannover und Vahraonen, 1975/77, und das Relief von Heinrich Brumm und Miroslav unter Leitung von Peter Miczek und Jürgen Cominotto aus der Bildhauer-Werkstatt der JVA Bremen-Oslebshausen: ›Leben einzeln und frei‹, 1987. Text dazu von Nazim Hikmet in Deutsch und Türkisch: ›Leben! Einzeln und frei wie ein Baum und brüderlich wie ein Wald, ist unsere Sehnsucht.‹ Auf dem Dach des Postamtes sieht man einen Dachaufsatz mit kinetischer Raute von Tomitaro Nachi, 1990.«

»Man sieht immer den Bären und freut sich über den lustigen Kerl, aber die andere Kunst ist mir nicht aufgefallen«, sagt Alexander Meyer.

Ich entgegne ihm: »Es gibt noch viel mehr Kunst in der Vahr. Fragt man jedoch Bewohner danach, so verneinen sie meistens oder kennen nur ein oder zwei, wie zum Beispiel den Bären. Wir sollten jetzt einen Kaffee trinken. Dabei erzähle ich Ihnen noch etwas.«

Wir setzen uns an diesem sonnigen Tag an einen Tisch vor dem Eiscafé. Alexander Meyer lässt seinen Blick über den Marktplatz schweifen und sagt: »Zur Post müssen Sie nichts sagen, zur GEWOBA auch nicht, Woolworth kenne ich. Was gibt es noch?«

»Naja«, antworte ich, »die Post hat eine Paketbox, wo Sie Pakete selbst einwerfen und abholen können. Also ohne in einer Schlange stehen zu müssen. Und ein Finanzcenter gibt es hier auch. Im Servicebüro der GEWOBA können Sie alle Informationen bekommen, eine Wohnung mieten oder Fragen klären. Leider wissen viele Bewohner noch nicht, dass es dieses Servicebüro gibt. In dem Laden daneben gibt es nur Bücher in kyrillischer Schrift und Wurstspezialitäten aus Russland. Und einen Paketdienst. Woolworth wurde vor einigen Monaten innen und außen renoviert. Das neue Außenlicht tut dem Marktplatz richtig gut. Daneben ist der Mix Markt, ein russischer Supermarkt. Wir sehen uns das Angebot an, hätten aber auch gerne mal jemand dabei, der uns über die Waren aufklärt. Sehenswert ist zu beobachten, welche Fleischmengen da gekauft werden.

GEWOBA Servicebüro

Berliner Freiheit 3f,
28327 Bremen
Marktplatz, vor der Post
Tel. 3672-880
vahr@gewoba.de

Gewoba Servicebüro

Die Tiefgarage unter den beiden Geschäften und die Fassade vom Mix Markt sehen jetzt ordentlich aus, Ortsamt und Polizei haben lange gebraucht, etwas zu erreichen. Ausdauer und Hartnäckigkeit haben sich gelohnt, wie Sie sehen.«

Der VAHReport

»Den Abschluss des Marktplatzes bildet das Aalto-Hochhaus. Das kennen Sie ja. Unten im Haus hat der Hauswart sein Büro. Und ganz unten, im Keller, habe ich ein kleines Studio für den VAHReport. Eine spezielle Wand, jetzt grau-braun zu sehen, wird von der Kamera aus grün (blau) beleuchtet. Beim Schnitt entferne ich die Farbe. Anstelle der Farbe sehen die Fernsehzuschauer eine Grafik. Auf dem Bild prüft meine Frau Erika den Text und bedient die Kameraeinstellung. Der Schnittplatz befindet sich aber im Abstellraum unserer Wohnung. Dort ist mein ›Cockpit‹, worin alles gut erreichbar ist, ohne das ich mich intensiv bewegen muss.

VAHReport – Fernsehen und Informationssystem für und über die Vahr

Rolf Diehl
Berliner Freiheit 9
28327 Bremen
0421 17 519 419
mail@rolfdiehl.de
www.vahreport.de
www.rolfdiehl.de

Rolf Diehl am Schnittplatz

In den fünf Jahren, die der VAHReport Ende April 2014 besteht, entstanden dort 122 Sendungen. Über 2.800 Video-Beiträge und einige tausend Fotos wurden ebenfalls auf der Internetseite www.vahreport.de eingestellt. Daneben gibt es DVDs von Veranstaltungen und Dokumentationen über Personen, die lange in der und für die Vahr aktiv waren.

Jeweils freitags vor dem ersten und dritten Dienstag im Monat muss meine nächste Fernsehsendung fertig sein. Die 45 Minuten Sendung schicke ich auf DVD zum Sender.

Hinter Woolworth, direkt am See, steht das Hanna-Hader-Haus. Die Vahr-Bewohner sind froh, dass die GEWOBA das Gebäude von der AWO gekauft hat, weil es zu einem Schandfleck verkommen war. Im Haus befindet sich ein Saal, in dem viele Veranstaltungen stattfinden.

Hanna-Hader-Haus Dienstleistungszentrum Vahr

- Servicewohnen im Hanna-Hader-Haus
- Nachbarschaftstreff Vahrer und Kita
- AWO-Pflege und Schuldnerberatung
- Senioren-Begegnungsstätte

Berliner Freiheit 9c, 28327 Bremen
Tel. 4680327

Links neben dem Eiscafé sehen Sie über den Geschäften Werbung von Büros, Praxen und einer Nachhilfeschule. Was viele Bewohner nicht wissen, ist, dass sich auch der Pflegestützpunkt dort befindet. Dort gibt es neutrale Orientierung, kostenlose Beratung und umfassende Hilfen zu allen Fragen im

Pflegestützpunkt Bremen

Berliner Freiheit 3, 28327 Bremen
Tel. 6962420
www.bremen-pflegestuetzpunkte.de

Bezug auf Pflege. Zwischendurch finden dort auch Veranstaltungen zu speziellen Themen statt. Der Eingang ist übrigens in der Ecke neben der Bank, Zugänge sind auch auf der Rückseite des Gebäudes.

So, mein Lieber, lange genug gesessen!

Lassen Sie uns eine Außenrunde drehen!«

Alexander Meyer scheint etwas geschafft zu sein. Drei Kaffee hat er getrunken, zum letzten einen Weinbrand. Informationen hat er ja gewollt. Aber so viele? Ich frage ihn: »Wie geht es Ihnen?«

»Eigentlich ganz gut. Ich schwanke zwischen dem Glücklich-Sein, so viel erfahren zu haben, und der Anstrengung, das zu verarbeiten«, antwortet er, als wir uns auf den Weg Richtung Bürgermeister-Reuter-Straße machen.

Wir gehen am Markteingang vom Bürgerzentrum vorbei, dann um das Bürgerzentrum am Haupteingang herum. »Hier ist eine der ältesten und früher mal ziemlich gut bekannten Gaststätten, ›Kiepenkerl‹«, erzähle ich, »die allerdings, wie alle Gaststätten, unter dem Kneipensterben zu leiden hat. Auch hier fand ein reger Inhaberwechsel statt.

In dem hohen Gebäude sind Büros und Praxen. Seit 2014 gibt es einen direkten Zugang von der Passage in dieses Gebäude. Pick Up ist eine Kompetenzagentur, wo Jugendliche, die noch keine Ausbildungsstelle gefunden haben, fit gemacht werden. Obwohl die Erfolgsquote gut ist, erleidet die Agentur derzeit zahlreiche Einschränkungen durch den Sparzwang.

Pick Up – Kompetenzagentur für Bremen-Ost

Berliner Freiheit 14, 28327 Bremen
Tel. 8357535 – www.stpetribremen.org/PickUp

An der Ecke über den Läden und Praxen befindet sich ein großes Fitnessstudio, was in Etappen erweitert wurde. Das Angebot ist breit gefächert. Ich hatte kürzlich einen Vormittagstermin für ein Gespräch und war erstaunt, wie viele Senioren dort trainierten.

Links neben dem Haupteingang der Passage ist die vollständig umgebaute Apotheke. Hier im Ärztehaus ist auch eine physiotherapeutische Praxis.

Und nun um die Ecke, und wir sind am Ziel. Rechts vom Seiteneingang ist ein Schuh- und Schlüsseldienst, links eine türkische Bäckerei, in der wir gerne zur Abwechslung auch mal einkaufen. Vor uns sehen Sie das Parkhaus für Autos (die ersten zwei Stunden kostenlos) und für Fahrräder. Hinter dem Parkhaus geht es zum Aalto-Hochhaus, und damit sind wir bei unserem Zuhause angekommen. Ich bin sicher, Sie haben Ihrer Frau jetzt viel zu erzählen.«

Alexander Meyer weiß noch nicht, ob er ihr sogleich alles erzählen werde, denn es waren viele neue Informationen. Wir verabschieden uns, nachdem der nächste Termin vereinbart ist.

Logo der Berliner Freiheit über dem Haupteingang

Neue Vahr Südwest

Zwischen Karl-Kautsky-Straße, Richard-Boljahn-Allee, Kurt-Schumacher-Allee und In der Vahr

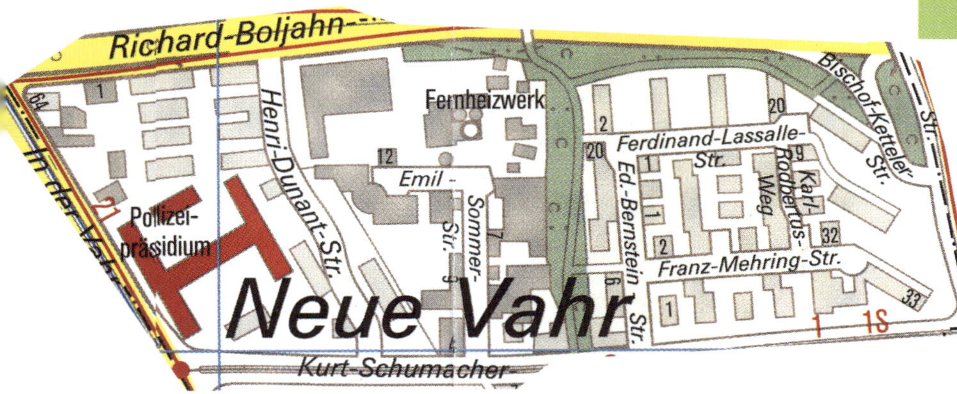

Vom Aalto-Hochhaus zur Neuen Vahr Südwest

Wie verabredet treffen wir uns. »Ich habe eine Karte mitgebracht, damit Sie wissen, wo es langgeht«, sage ich.

Alexander Meyer streicht mit dem Finger über die Karte und sucht die Ränder der Vahr. Dabei sagt er: »Etwas viel für nur einen Spaziergang.«

»Dann sehen Sie mal hier«, antworte ich, »das ist der Ausschnitt für den ersten Spaziergang. Gehen wir.«

Vor dem Aalto-Hochhaus frage ich: »Von wo aus möchten Sie starten? Von der großen Kreuzung aus, von der Otto-Suhr-Straße und der Kreuzung am Parkhaus, oder gehen wir unter der Karl-Kautsky-Brücke am Blitzer entlang?«

Alexander Meyer schaut mich entgeistert an: »Was heißt denn ›am Blitzer entlang‹, und wo ist das denn?«

Wir gehen zur Nordseite vom Aalto-Hochhaus, über die Otto-Suhr-Straße zu dem Seitenstreifen mit den parkenden Autos. Ein freier Parkplatz als Durchgang führt auf einen schmalen Fußweg. »Hier«, sage ich, »kommt demnächst der barrierefreie Übergang als vierte Ampel hin. Damit werden endlich die Vahr Nord und die Vahr Süd an der zentralen Stelle miteinander verbunden. Wir gehen hier links unter der Brücke hindurch. Auf der anderen Seite der Brücke steht an der Richard-Boljahn-Allee eine kleine, aber feine Metallsäule. Das ist der Blitzer, die Säule, die der Stadt so manchen Euro einbringt.«

Als wir unter der Brücke sind, sagt Meyer: »Die Blitzsäule kann man aber doch gut erkennen«, worauf ich antworte: »Das ist richtig. Aber dahinter steckt eine längere Geschichte, zu der wir gleich noch kommen.« Wir überqueren die Zu- und Ausfahrt der Richard-Boljahn-Allee und kommen zur Bischof-Ketteler-Straße. Von hier aus geht es direkt zu den Wohngebäuden. Ich möchte aber etwas interessanter anfangen und führe Alexander Meyer zum Rosengarten.

Rosengarten, E-Mobil und die Welle

»Das war früher ein Trampelpfad«, erzähle ich, »und da sich solche Pfade fast unmöglich beseitigen lassen, haben die Gärtner-Auszubildenden der GEWOBA den Rosengarten so angelegt, dass der ehemalige Trampelpfad ein offizieller Weg wurde. Wenn es nicht zu kalt oder zu feucht ist, sind die Bänke meistens besetzt. Geht man durch den Rosengarten, so hat man ein für die Vahr typisches Bild vor sich: Eine Grünfläche, einzelne und zur Gruppe arrangierte Bäume und ein kleiner Spielplatz vor den Küchenfenstern. Vorsicht! Treten Sie nicht auf die neue Züchtung der GEWOBA-Gärtner!« Nach diesem Scherz gehen wir in Richtung Kreuzung.

Rosengarten

»Was heißt ›Vahr-vernünftig‹?«, fragt Alexander Meyer, als wir an der E-Mobil-Station angekommen sind.

Das beantworte ich gerne: »Die GEWOBA setzt sich auf vielen Ebenen für den Umweltschutz ein. Drei E-Mobile stehen den GEWOBA-Mitarbeitern zurzeit zur Verfügung. Wie ich hörte, seien die äußerst beliebt und immer unterwegs. Um den Bewohnern der Vahr ebenfalls diesen Fahrspaß, ohne eigenes Fahrzeug, zu ermöglichen, wurden drei Stationen eingerichtet: an der Berliner Freiheit, in der Julius-Bruns-Straße und in der Wilhelm-Liebknecht-Straße. Ermöglicht wurde das durch eine Kooperation von MOVE ABOUT, die Fahrzeuge und Organisation stellen, der BSAG (Straßenbahn), der swb AG (Strom) und der GEWOBA (Stellplätze und Motor für das Projekt ›Vahr-vernünftig‹). Soweit ich das durch Beobachtung beurteilen kann, ist dieses Angebot gut angenommen worden. Im Sommer 2014 wurde diese Station zur weltweit ersten Station mit zehn Fahrrädern erweitert. Neben den Autos kann man aus sieben Pedelecs, darunter ein Lasten- und ein Familien-Rad sowie drei klassischen Fahrrädern auswählen.

Vahr-vernünftig

MOVE ABOUT GmbH
Tel. 5665420
info@moveabaout.biz
www.vahr-vernünftig.de

So, lieber Herr Meyer, hier sind wir bei der bereits angesprochenen Welle von Dieter Schoppe. Die Bepflanzung ändert sich mehrmals im Jahr, die kleinen Lampen in der Wand, ebenfalls in Wellenform angebracht, leuchten blau, sofern sie nicht kaputt sind. Wir werden jetzt zwischen den Gebäuden hindurchgehen. Da gibt es noch ein paar Besonderheiten für die Vahr.«

Wohnen zwischen Kurt-Schumacher-Allee und Richard-Boljahn-Allee

Wir gehen durch die gepflegte parkähnliche Anlage.

»Hier war ich noch nicht. Es ist erstaunlich, wie sauber es hier ist«, sagt Alexander Meyer.

»Ja«, bestätige ich, »wie fast überall in der Vahr. Hier sehen Sie etwas, für das ich keine Erklärung hatte. Inzwischen weiß ich, was die Pfähle zu bedeuten haben.«

»Sieht ja seltsam aus«, sagt Meyer, »und was steckt dahinter?«

»›Dahinter‹ ist nicht richtig«, antworte ich, »es muss heißen: Was steckt da drunter? Solche Flächen können Sie öfter in der Vahr sehen, nicht immer mit Pfählen abgegrenzt. Manchmal kennzeichnen auch Steine die Fläche. An diesen Stellen wurde der Boden über einen Meter tief entfernt und gegen eine spezielle Füllung ausgetauscht. Das musste man machen, um schweren Feuerwehrfahrzeugen eine Möglichkeit zu schaffen, im Notfall dicht an die Häuser fahren zu können.«

Nachträglich angebaut: Balkone und Fahrstühle

Nachträglich eingebaute Fahrstühle

»Die Häuser dort hinten sehen aus, als seien sie nachträglich verändert worden«, bemerkt Herr Meyer.

»Gut beobachtet«, entgegne ich, »es hatten fast alle Wohnungen in der Neuen Vahr einen Balkon, viele davon sind aber sehr klein. Die Vergrößerung der Balkone an einigen Gebäuden gehörte mit zu den frühen Maßnahmen zur Verbesserung der Wohnqualität, wie auch der nachträgliche Anbau von Balkonen und Fahrstühlen.«

»Wenn die Häuser Fahrstühle bekommen haben, dann sind sie ja barrierefrei – oder fast barrierefrei«, mutmaßt Alexander Meyer.

»Leider nicht«, muss ich antworten, »denn es war nicht möglich, die Fahrstuhltüren auf der jeweiligen Wohnungsebene anzubringen. Folglich geht es den Bewohnern wie uns im Aalto-Hochhaus: Der Fahrstuhl hält zwischen zwei Etagen. Das ist aber immer noch besser, als im vierten oder fünften Stock zu wohnen, wo es keinen Fahrstuhl gibt.«

Das sieht Alexander Meyer auch so.

Glücklich sein hatte Grenzen

»Hier«, sage ich, »in einem der großen Gebäude wohnt Hans Schulze mit seiner Frau. Er ist Maurer und hat, so könnte man sagen, seine Wohnung selbst gebaut. Bei einem Interview erzählte er mir, dass er als Maurer beim Bau der Vahr mitgearbeitet hat. Schon vor der Hochzeit hatte er sich um eine Wohnung bemüht. Doch immer wurde er mit der Begründung abgewiesen, er müsse verheiratet sein. Nach der Hochzeit fehlte das Kind für eine Wohnung. Und als seine Frau schwanger war, wurde ihm gesagt, das Kind müsse erst geboren sein, man könne ja nie wissen … Als dann der Junge das Licht der Welt erblickt hatte, wurde ihnen 1958 eine Wohnung im ersten Bauabschnitt zugewiesen.

Der damalige Mietpreis betrug 83,50 Mark für knapp 60 Quadratmeter. Das war zu der Zeit viel Geld angesichts von etwas über 300 D-Mark Nettolohn. Während der Bauphase besuchten sie mehrfach ihr zukünftiges Zuhause. Doch Glücksgefühle stellten sich nicht ein. Viel Matsch, vollgelaufene Keller, verregnete Wände – es war ein trostloser Anblick. Die Stimmung änderte sich erst nach dem Einzug. Endlich eine eigene Wohnung und das auch noch mit Balkon, Einbauküche, preiswerter Fernheizung und einem Bad. Da die Einkaufsmöglichkeiten noch recht dürftig waren, freuten sie sich über die fliegenden Händler, die ein willkommener Ersatz für die fehlenden Geschäfte waren.

Das Umfeld war alles andere als einladend. Vor dem Haus Matsch und Unkraut, hinter dem Haus eine Wiese. Kein Baum, kein Strauch. Dafür kamen manchmal Rebhühner, Hasen, Fasanen und Bussarde vorbei, die sich von ihrem Revier nicht trennen wollten. Etwas weiter standen noch die Kühe auf den Weiden. Auch sie mussten bald umziehen. Erst einige Jahre später eröffneten Geschäfte und Arztpra-

Wohnumfeld 1958

xen, Bäume und Sträucher wurden gepflanzt. Noch später wurde es mit dem Schul- und Freizeitangebot etwas besser.

Hans Schulze macht keinen Hehl daraus, dass diese Zeit die Freude über die schöne Wohnung trübte. Schon früh begann er sich im Umfeld zu engagieren, um für ein besseres Zusammenleben der Bewohner etwas zu tun. Das hat er beibehalten und ist noch immer im Treffpunkt ›Waschhaus‹ ehrenamtlich aktiv.«

»Wenn man die Vahr heute sieht, kann man sich das gar nicht vorstellen. Das liegt vielleicht auch daran, dass wir die Nachkriegszeit, die ja die meisten Menschen als Belastung empfunden haben, entweder nicht selbst erlebt oder aus unserer Erinnerung weitgehend gelöscht haben«, meint Alexander Meyer.

Zwei Ärzte sammeln Erinnerungen

Wir gehen die Eduard-Bernstein-Straße entlang in Richtung Kurt-Schumacher-Allee. An der Ecke gibt es ein kleines Gesundheitszentrum. In dem großen Gebäude befindet sich die Praxis von Dr. med. Karl-Wilhelm Tischer.

»Hier haben wir wieder eine kleine Besonderheit«, kündige ich an.

»Ist der Dr. Tischer ein Spezialist?« fragt Alexander Meyer.

»Ob er das als Arzt ist, weiß ich nicht«, antworte ich, »aber was die Geschichte der Vahr betrifft, hat er einiges vorzuweisen. Was er zu bieten hat, stammt dabei gar nicht von ihm. Sein Vorgänger, Dr. med. Othfried Moenich, der im September 2005 starb, nahm unmittelbar nach der Fertigstellung der ersten Häuser 1957 als erster Allgemeinmediziner seine Praxistätigkeit in diesem Einfamilienhaus auf. Die ersten Hausbesuchspatienten konnte er nur über Bauleitern in den rohen Treppenhäusern erreichen. Dr. Moenich fotografierte nicht nur gerne, sondern sammelte auch Fotos und Geschichten aus der Vahr. Diese Sammlung bekam Dr. Tischer, der 1990 die Praxis übernahm.

Praxis Dr. Moenich 1957

Gesundheitszentrum

Dr. Tischer legte den Ordner im Wartezimmer aus, mit der Bitte an seine Patienten, ihn weiter zu füllen.

Als ich die DVD über die Geschichte der Vahr produzierte, erfuhr ich von dem Ordner. Gleichzeitig aber auch, dass Dr. Tischer den Ordner nicht verleihen würde. Das hielt mich nicht davon ab, es zu versuchen. Und es gelang mir. Ein Teil des Materials ist in der Dokumentation ›Die Neue Vahr – ein besonderer Stadtteil‹ zu sehen. Als Dank dafür habe ich für Dr. Tischer den gesamten Ordner digitalisiert. Falls dieser mal verlorengehen sollte, sind die Dokumente gesichert.«

Alexander Meyer schaut mich groß an und fragt: »Dann haben Sie Ihr Wissen aus diesem Ordner?«

»Zum kleinen Teil«, gebe ich zu, »leider habe ich noch nicht alles gelesen. Dafür habe ich aber viel von älteren Bewohnern erfahren.«

Weg am Heizwerk und dritte Ampel

Wir gehen zum Weg am Heizwerk in Richtung Richard-Boljahn-Allee entlang.

»Oh«, sagt Alexander Meyer, »der Weg sieht aber sauber und neu aus!«

Weg am Heizwerk

»Richtig«, antworte ich, »nach langwierigen Bemühungen, einschließlich einer Begehung mit Bürgermeister Jens Böhrnsen, gelang es Beirat und Ortsamt, zu veranlassen, dass der Weg erneuert wurde. Das war wichtig, weil er sehr holprig war. Hinzu kam, dass dieser

Weg auch die direkte Verbindung zur dritten Ampel darstellt.«

»Dritte, vierte Ampel haben Sie schon mehrfach angesprochen. Um was geht es dabei?«, fragt Alexander Meyer interessiert.

»Ja«, beginne ich die Erklärung, »das ist eine Geschichte, die einerseits politisch ist und andererseits etwas über den Charakter von Mitmenschen aussagt. Senator Joachim Lohse sagte bei einer Begehung für die vierte Ampel, die Vahr sei durch die Richard-Boljahn-Allee geteilt, wie es Berlin durch die Mauer war. Das ist sicherlich etwas übertrieben, beschreibt aber das Problem recht deutlich. Es gibt zwar drei Fußgängerbrücken, die jedoch so steil sind, das Gehbehinderte, Rollstuhlfahrer und Mütter mit Kinderwagen sie kaum benutzen können.

Jahrelang bemühten sich Beirat und Ortsamt um eine barrierefreie Überquerung. Erst mit Hilfe von Senator Reinhard Loske gelang es, einen Ampel-Übergang in Schwachhausen, einen an der Grenze Schwachhausen/Vahr und einen in der Vahr zu bekommen. Es gab unendlich viele Leserbriefe dazu, und auf der Internetseite www.Bremen-bewegen.de erschienen viele, meistens ziemlich unqualifizierte Aussagen gegen die Ampel. Eigenartig war, dass es sich dabei immer um die Richard-Boljahn-Allee mit Tempo 50 und um die Ampel in der Vahr handelte, nicht um die beiden in Schwachhausen. Mit jedem Leserbrief und jeder Eintragung vertiefte sich der Eindruck, dass es die Raser waren, die sich gegen die Überquerung wehrten. Verstehen Sie jetzt, warum der Blitzer eine gute Einnahmequelle für die Stadtkasse ist?«

»Jetzt wird mir einiges klar«, sagt Alexander Meyer. »War auch die CDU dagegen? Ich habe da so etwas in Erinnerung.«

»Das ist richtig«, stimme ich zu, »es gab da zum Beispiel den Herrn R., der sich derart daneben äußerte, dass ich ihn einladen wollte, damit er sich das mal ansehen sollte, bevor er weiterhin derartigen Unsinn von sich gab. Es kam jedoch nie dazu. Gehen wir wieder zurück.«

»Was ist das da eigentlich für ein Gebäude?», fragt Meyer und zeigt durch die Büsche auf eine große Gewerbeanlage.

»Das ist das Heizwerk, von dem wir gleich die Vorderseite sehen werden.«

KulturSalon – Waschhaus

Zurück auf dem Heizwerkweg gehen wir zum KulturSalon der GEWOBA.

»Ich habe schon etwas vom KulturSalon gehört«, lässt mich Meyer nicht im Unklaren. Aber er wisse nicht so recht, was das sei.

»Der KulturSalon befindet sich in einem Teil eines ehemaligen Waschhauses«, erläutere ich.

»Moment«, unterbricht mich Meyer, »Waschhaus – ich weiß, was ein Waschsalon ist, aber ein Waschhaus? Gab es solche früher einmal?«

Das Waschhaus heute

KulturSalon der GEWOBA AG

Emil-Sommer-Straße 1a • Tel. 3672800
www.gewoba.de/service/kultursalon/
bmichaelis@gewoba.de
Eintrittskarten- und Partyraum-Reservierungen

»Sie sind auf dem richtigen Weg«, ist meine Antwort, »nur, das es etliche immer noch gibt. In einigen Quartieren wurde jeweils ein Waschhaus gebaut, denn Waschmaschinen in Wohnungen gab es noch nicht. Die Firma Miele veröffentlichte das sogar in einer Anzeige. Jedes Waschhaus hatte neben den Waschmaschinen auch Trockner und eine Heißmangel. Das ist auch heute noch so. Nur die Räume sind kleiner. Den nicht mehr benötigten Platz stellte die GEWOBA den Bewohnern wieder zur Verfügung. Hier ist es der KulturSalon, in dem regelmäßig Aufführungen stattfinden. Das Programm ist weit über die Vahr hinaus bekannt. Nicht nur weil die Eintrittspreise günstig, sondern das Gebotene auch gut ist. Eintrittskarten sollte man rechtzeitig bestellen, denn die Vorstellungen sind oft schon früh ausverkauft. Die Räume und den schönen Außenbereich kann man für Veranstaltungen mieten. Sie sollten Ihre Frau mal einladen, oder mit ihr zum Grillfest der GEWOBA gehen. Das findet für die Vahr-Bewohner/innen hier im Garten statt.«

Gewerbegebiet Neue Vahr

Das Heizwerk in der Emil-Sommer-Straße

»Das Gebäude mit dem KulturSalon und dem Waschhaus liegt zwischen der Emil-Sommer-Straße und dem Heizwerkweg, gehört aber zur Emil-Sommer-Straße, in die wir jetzt gehen. Arbeitsplätze in der Vahr waren schon immer rar. Vor dem Bau der Neuen Vahr gab es sie fast nur auf den Bauernhöfen. Auch wurde die Neue Vahr als reines Wohnquartier gebaut. Der ehemalige Bürgermeister Hans Koschnick sagte mir in einem Interview über die Entstehung der Neuen Vahr, er bedauere noch immer, dass im Umfeld der Vahr zu wenige Arbeitsplätze entstanden seien. Zudem sei es ein Verlust, dass die Post aus der Büroanlage im ehemaligen Radio-Bremen-Gebiet ausgezogen sei.

Ganz ohne Gewerbe ist natürlich auch die Vahr nicht«, erzähle ich weiter, »im und rund um das Einkaufszentrum gibt es etliche Arbeitsplätze. Zwischen den Wohnanlagen finden Sie Praxen, Geschäfte, Kitas usw. Gegenüber der Kaserne ist die Gesundheitsmeile, zu der wir später kommen, wie auch zu dem Einkaufsbereich an der Grenze zu Sebaldsbrück. Der letzte Teil unseres Spaziergangs führt uns demnächst zu einem zusammenhängenden Areal mit den meisten Arbeitsplätzen in der Vahr. Zwischen Emil-Sommer-Straße und In der Vahr befinden sich zirka 1.250 Arbeitsplätze. Wahrscheinlich sind es aber noch mehr.«

»Bisher habe ich Ihnen das geglaubt, was Sie mir erzählt haben«, unterbricht mich Alexander Meyer, »aber jetzt müssen Sie wohl etwas verwechseln!«

»Meine Frau sagt gerne, mit den Zahlen würde ich es nicht so genau nehmen, was ja bei weniger wichtigen Dingen auch manchmal stimmen mag«, erwidere ich. »Aber hier liegt auf jeden Fall keine Verwechslung vor, wie Sie gleich nachrechnen

Eckdaten

Erstnutzung des Standortes:
Inbetriebnahme 1957 mit Dampfkessel 1–4. Gasturbine 1 = 1959, Gasturbine 2 = 1960. Leistung pro Gasturbine 25 MWth (elektrisch) und 35 MWth (thermisch).
1993 Abrüstung und Verschrottung der Gasturbinen. 2006 Abrüstung und Verschrottung Kessel 1–4.
2008 Aufbau Heißwasserkessel 7+8.
Heutige Nutzung des Standortes:
Fernwärmeversorgung für das Fernwärmegebiet Bremen-Ost zusammen mit dem Heizkraftwerk Hastedt.
Derzeitiger Anlagepark: 5 Kessel mit einer Leistung von 10–32 MWth und einer maximalen Leitung von 138 MWth.
Letzte Erweiterung 2013 mit Heißwasserkessel 9 mit einer Leistung von 32 MW
Spitzenfernwärmebedarf der Gewerbe-, Haushalts- und Großkunden im Bremer Osten: 270 MWth

können.

Wir haben hier zwei Gewerbestraßen, die Emil-Sommer-Straße, in der wir uns befinden, und die Henri-Dunant-Straße. Die Firmen haben zum Teil recht bekannte Namen und sind schon sehr lange hier ansässig. Hinten sehen Sie das Heizwerk von vorne. Zugegeben, in dem großen Gebäude arbeiten nur ein paar Personen. Aber in den Firmen ringsum gibt es relativ viele Arbeitsplätze.«

Heizkraftwerk – Heizwerk

»Als der 107 Meter hohe Schornstein abgebaut wurde, gab es mehrere Probleme: Der Schornstein drohte umzustürzen, auch war der Hauptkran überlastet und konnte nicht mehr eingesetzt werden. Auf den Straßen waren damals viele Zuschauer dabei. Obwohl das Unglück am 31. Dezember 1998 passierte, wurde die Nacht durchgearbeitet. Peter zu Klampen, in der Vahr gut bekannt, war auf der Fahrt zu seiner Wohnung. Er sah die vielen Menschen, aber nicht die rote Ampel. Die Polizei hingegen interessierte sich weniger für den Schornstein als in diesem Fall für Peter zu Klampen. Darauf angesprochen, ärgert er sich noch heute über die Strafe, die er zu zahlen hatte.«

»Herr Diehl, Sie sprechen manchmal vom Heizwerk und dann wieder vom Heizkraftwerk. Gibt es da keinen Unterschied?«, fragt Alexander Meyer.

»Es gibt einen recht großen Unterschied zwischen den beiden Bezeichnungen«, sage ich. »Das definiert den Unterschied, weil sich

Henri-Dunant-Straße

das Werk veränderte. Anfangs wurden Energie und Heizungswasser erzeugt. Folglich war es ein Heizkraftwerk. Nach dem Rückbau kam das heiße Wasser nur noch vom Werk Hastedt und wurde von hier aus verteilt. Das hört sich einfach an, ist es aber nicht. Denn das Heizwerk Vahr muss bei den Großabnehmern, also das Mercedes-Werk oder die Krankenhäuser, für eine gleichbleibende Temperatur sorgen. Bei Mercedes zum Beispiel ist 130 Grad Celsius erforderlich.«

Das Heizkraftwerk Vahr – von swb betrieben

»Die Idee stammt aus dem Jahr 1927 und hatte schon eine erste Umsetzung erfahren, als begonnen wurde, das Sankt-Jürgen-Krankenhaus mit Fernwärme zu versorgen. Dann aber herrschte erst einmal Stillstand. Obwohl schon damals ›als innovative Technik‹ gefeiert, konnte sich die Fernwärme nicht durchsetzen. Erst die Vision einer Wohnungsbaugesellschaft von einer ›Stadt ohne Schornstein‹ sollte diese Technik wieder beleben.

Der Name dieser Vision: Neue Vahr. Ein Stadtteil für 30.000 Menschen, bejubelt als ›größtes zusammenhängendes Bauvorhaben des sozialen Wohnungsbaus der Bundesrepublik‹ sollte von einem neuen Heizkraftwerk mit Wärme und Strom versorgt werden. 1957 floss zum ersten Mal heißes Wasser in die ersten Wohnungen, ein Jahr später wurden bereits 300 Wohnungen mit einer konstanten Temperatur von 20 Grad geheizt. 1959 erhielten Brown Boveri & Cie. den Auftrag, eine Turbine zu konstruieren, die weniger Kühlung benötigte als eine herkömmliche Kraftwerksturbine: eine Gasturbine. BB & C hatten eine solche gerade in Italien installiert, wo allerdings noch keine Wärme ausgekoppelt wurde. Im Dezember 1959 war es soweit: Das europaweit erste Gasturbinenheizkraftwerk nahm seinen Betrieb auf und wurde zum Stolz der Stadtwerke Bremen.«

Wir gehen zurück, und Alexander Meyer sieht sich dabei die Firmennamen an. An der Kurt-Schumacher-Allee gehen wir nach rechts in die Henri-Dunant-Straße, in die »Automeile« der Vahr.

Henri-Dunant-Straße – die Automeile der Vahr

»Was macht das Rote Kreuz in der Vahr?«, fragt Meyer.

Ich antworte: »Henri Dunant, 1828 geboren, gründete die Kolonialgesellschaft und wurde 1859 Zeuge der unzureichenden Versorgung von Tausenden von Verletzten bei der Schlacht von Solferino. Seine Erinnerungen daran wurden veröffentlicht, wodurch ihn die ›Gemeinnützige Gesellschaft‹ in Genf aufnahm und bei seinen Hilfsaktionen unterstützte. Daraus erwuchs 1863 der Verband des Roten Kreuzes. Vielleicht war der Straßenname zuerst da oder die Verwaltung des DRK-Landesverbandes, auf jeden Fall hat sich hier eine interessante Automeile entwickelt. Hier vorne, gegenüber dem DRK-Haus, hat die Bobrink-Gruppe 2014 einen Spezialbereich für Elektro-Autos eingerichtet, den einzigen in Bremen. Dort sind knapp 40 Mitarbeiter beschäftigt.

DRK-Landesverband Bremen e. V.

Henri-Dunant-Str. 2, 28329 Bremen
Tel. 43638-0 • info@drk-lv-bremen.de

Angebote:
- Freiwilliges Soziales Jahr
- Berufliche Bildung/Fortbildung
- Helfer in der Pflege
- Betreuungskraft für Demenzkranke
- Suchdienst und Freiwilligendienst
- Erste Hilfe und Ehrenamtliche Sozialarbeit

Ausgangspunkt für die Automeile war wohl die Mercedes-Benz-Niederlassung Weser-Ems. In der Bremer Vahr findet man PKW-Gebrauchtwagen mit dem Junge-Sterne-Gütesiegel, Jahreswagen, Neuwagen, Originalteile und Zubehör und natürlich den Original-Service für Mercedes-Benz und smart. Außerdem gibt es das der Daimler AG zugehörige AMG Performance Center. Beschäftigt sind hier rund 300 Personen.

Gegenüber von dem riesigen Mercedes-Gelände befindet sich die Verkaufsstelle von Wohltmann für Jaguar- und Landrover-Fahrzeuge. Daneben gibt es noch die Firma CARSTYLE, die dafür sorgt, dass möglichst alle Gebrauchsspuren von Fahrzeugen entfernt werden. Soweit zur sogenannten Automeile.«

»Ich bin erstaunt. Wenn meine Frau und ich spazieren gingen, war diese Ecke nie unser Ziel. Ich hätte auch gar nicht erwartet, dass hier derart viele Autos zu sehen sind. Wissen Sie mehr darüber, was in dem riesigen Mecerdes-Gebäude passiert?«, möchte Alexander Meyer wissen.

»In den hinteren Hallen waren bis vor kurzem die Ausstellung, der Verkauf und der Servicebereich für die Fahrzeuge untergebracht. Dieser Bereich hat sich aber mittlerweile geändert und wird neu gebaut.

So, lieber Herr Meyer, lassen Sie uns um die Ecke gehen. Da gibt es noch ein Gewerbegebäude auf dem ehemaligen Grundstück der Lettow-Vorbeck-Kaserne. Damit haben wir schon den größten Teil des Gewerbes in der Vahr besprochen. Aber an keiner anderen Stelle in der Vahr gibt es eine Bündelung in diesem Umfang wie hier.«

Gewerbegebäude Kurt-Schumacher-Allee

»Das sind aber noch keine 1.000 Arbeitsplätze – eventuell doch verrechnet?«, zwinkert mir Meyer zu. »Abwarten!«, sage ich.

Die Polizei in der ehemaligen Kaserne

Mit meinem Zettel in der Hand beginne ich: »Das etwa zehn Hektar große Gelände der ehemaligen Lettow-Vorbeck-Kaserne wurde 1936 von den Schütte-Erben erworben. Mit dem Bau der Kaserne

wurde 1937 begonnen. Besondere Schwierigkeiten machten dabei die Gründungsarbeiten, da der Untergrund, übrigens wie in der gesamten Vahr, nur wenig tragfähig war. Alle Gebäude wurden als Backsteinrohbauten mit Klinkerverblendungen und eingesetzten blaugrauen Ziegeln errichtet. Es wurden ein Stabshaus, drei Mannschafts- und ein Wirtschaftsgebäude sowie die Nebengebäude erbaut, wie Exerzierhaus, Kraftfahrzeugwerkstatt, Schuppen und so weiter. Die Kaserne wurde durch Fernheizung zentral beheizt. Am 30. Mai 1938 fand die Übergabe statt. Die gesamten Baukosten beliefen sich auf 4.550.000 Reichsmark.

Wer sich für die Kaserne interessiert, findet unter **www.historic.de** Informationen und Fotos. Diese beiden alten Fotos wurden dort entnommen.

61 Jahre später, am 26. Mai 1999, zog die Bremer Polizei in die umgebauten Kasernengebäude, mit der Adresse ›In der Vahr 76‹. Wenn ›Polizei‹ gesagt wird, ist das oberflächlich, denn es handelt sich um das Polizeipräsidium und das Polizeirevier.

Das ›Polizeirevier Vahr‹ befindet sich im Eingangsbereich zum Polizeipräsidium Bremen und ist zuständig für die Ortsteile Neue Vahr, Gartenstadt Vahr und einen Teil von Sebaldsbrück. Damit umfasst es zurzeit 27.100 Bürgerinnen und Bürger.

Die Hauptaufgabe der am Polizeirevier tätigen Polizeibeamten und Polizeibeamtinnen ist Service, also Anzeigenaufnahme, Beratung, Betreuung durch die Kontaktbeamten und revierspezifische Verkehrsangelegenheiten. Das Polizeirevier ist gleichzeitig auch Standort für den Einsatzdienst, der rund um die Uhr für Notrufeinsätze zur Verfügung steht. So sagt es der Text der Polizei Bremen im Internet.

Polizeirevier Vahr

In der Vahr 76
28329 Bremen
Zentralruf 362-0

Innenhof Polizeipräsidium

Für die Vahr sind vier Kontaktbeamte zuständig und einer für Verkehrsangelegenheiten. Dem augenblicklichen Revierleiter hat die Vahr viel zu verdanken. Er ist auf allen wichtigen Sitzungen von Beirat, Ortsamt und auch Organisationen dabei, nimmt Anregungen und Beschwerden an und sorgt – soweit es ihm möglich ist – für Abhilfe.«

»Ich habe gehört, Sie hätten ihn mal verärgert mit einem Beitrag in einer Sendung, stimmt das?«, fragt Alexander Meyer vorsichtig.

»Ja, das stimmt fast«, gebe ich zu, »denn ärgern können hätte er sich über sich selbst, nicht über mich. Ich hatte ihn mehrfach wegen des Verkehrs auf dem Vahrer Marktplatz sowie auf die unterschiedliche Regelung für Fahrzeuge vor dem Aalto-Hochhaus angesprochen. Er hatte mir zugesagt, sich darum zu kümmern. Aber es geschah nichts. In einem Zeitungsbericht gab er an, sich verstärkt um Radfahrer beim Georg-Elser-Weg zu kümmern.

Dadurch war bei mir sozusagen das Fass voll. Ich habe die Situation auf dem Marktplatz filmisch dokumentiert und das gesendet. Danach gab es mehrere Gespräche, und in Sitzungen wurde dieses Thema behandelt. Eine generelle Lösung wurde zwar nicht gefunden, aber der Einsatz der Polizei sorgte für eine Beruhigung auf dem Marktplatz und bei uns vor dem Eingang. Beim Revierleiter habe ich mich für die gute Arbeit öffentlich bedankt.«

»Das bedeutet ja, dass Sie nicht nur als rasender Vahr-Reporter aktiv sind, sondern sich daneben um Belange in der Vahr kümmern«, entgegnet Alexander Meyer. Dem stimme ich zu, da ich überall in der Vahr mit dem Fahrrad unterwegs bin und Anregungen aufnehme.

»Zurück zum Standort der Polizei in der Vahr«, sage ich, »denn hier ist das Polizeipräsidium untergebracht. Das Gebäude in der Stadt war zu klein, und genügend Platz für Fahrzeuge gab es auch nicht. Da bot sich die freigewordene Kaserne an. Jetzt arbeiten hier rund 850 Personen. Untergebracht sind hier neben dem Polizeipräsident und seinem Vertreter die Direktion Kriminalpolizei, die Direktion der Schutzpolizei, das Polizeigewahrsam, die Einsatzzentrale (Notruf) und weitere zentrale Dienststellen. Wei-

Ahmad-Motiee, Landschaft-1999

terhin sind dort große Teile der Direktion Wasserschutz und des Verkehrs mit der Direktionsleitung untergebracht.

Nicht vergessen sollte man, dass es viel Kunst in den Gebäuden gibt. Die stammt aus der Kunstabteilung der JVA Bremen und der Kunsthochschule. Das Polizeirevier können Sie bei einer Stadtteilrundfahrt mit Peter zu Klampen besichtigen. Werfen Sie ruhig mal einen Blick in die Zellen, für den Fall das … Auch durch das Präsidium gibt es Führungen.«

»Fantastisch, Herr Diehl, was ich alles erfahren kann«, ruft mein

Begleiter aus. »Ich gebe zu, es müssen weit mehr als 1.250 Menschen in diesem Areal arbeiten. Und sogar der Polizeipräsident von Bremen arbeitet in der Vahr. Was ich bis jetzt gesehen und gehört habe, lässt die Vahr in einem noch besseren Licht erscheinen.«

Wir machen uns auf den Rückweg. Dazu gehen wir auf der Kurt-Schumacher-Allee entlang dem Gebiet, das wir besprochen haben. Mein Begleiter ist besorgniserregend schweigsam. Ich frage ihn: »Geht es Ihnen nicht gut?«

»Doch, doch«, antwortet er, »ich frage mich nur, was noch alles auf mich zukommt.«

»Den nächsten Spaziergang machen wir mit dem Rad«, stelle ich in Aussicht.

»Ich habe kein Fahrrad«, sagt Meyer geknickt.

»Dann nehmen Sie das von meiner Frau, denn die nächsten Gebiete sind etwas weitläufiger«, empfehle ich ihm.

Was mache ich da eigentlich?

Mit einem Glas Wein stehe ich auf dem Balkon und blicke auf den Marktplatz. Es ist nach 21 Uhr. Noch immer gehen Menschen ins Einkaufszentrum. In Gedanken gehe ich den Spaziergang mit Alexander Meyer noch einmal durch. Plötzlich taucht die Frage in mir auf: Wieso machst du eigentlich eine Stadtteilführung? Für den VAHReport brauche ich mehr Arbeitszeit, als üblicherweise gearbeitet wird. Hinzu kommen die Dokumentationen und Führungen im Aalto-Hochhaus. Und meine Frau Erika möchte, dass ich am Wochenende koche. 24-Stunden-Tage reichen da nicht mehr aus. Und die Nacht zu Hilfe nehmen …

Da fällt mir ein, dass ich etwas von Günter Benja aus dem Jahr 1993 besitze. Es befindet sich bei den digitalisierten Unterlagen von Dr. Tischer.

Das Gedicht von Günther Benja

Günter Benja wurde 90 Jahre alt, wohnte bis Mai 2013 über 40 Jahre lang in der Vahr und hat etliche maritime Sachbücher sowie viele Gedichte geschrieben. Wieso fällt mir das gerade jetzt ein? Egal, hier ist sein Gedicht zur Vahr:

Beglückte Vahraonen

Schon lange trägt die Vahr den Namen
auf den so früh die Menschen kamen,
das ist, wie wir geschichtlich lesen,
vor acht Jahrhunderten gewesen.
Wer kennt sie nicht, die Vahraonen,
die in der Vahr zuhaufe wohnen,
hier früher bloß paar Höfe standen,
bis dann heraus die Planer fanden,
dass auf den flachen, grünen Weiden
nicht Grase mehr das Vieh bescheiden,
dafür nun Bürger aller Schichten
in neuen Häusern ein sich richten,
abwegig wär's in Pyramiden,
vielmehr, so wurde klug entschieden,
in quadrig klaren Blockgebilden
umgeben gar mit Grüngefilden,
ein Wohnrevier, nach neuen Normen,
doch Lebensstil nicht zu verformen.
Das Ganze Reihenhäuser säumten,
von denen Eigenheimer träumten
und als die Blöcke fertig waren,
da sind begeistert hergefahren
die Vahraonen zu den Bauten,
in welchen sie die Möbel stauten.
Geschäfte, Post und auch paar Banken,
die machten klug sich und Gedanken,
zentralgerecht hätt' man zu liegen,
wo die Bewohner alles kriegen,
selbst Ärzte nun sich niederließen,
sie lückenlosen Dienst verhießen,
die Straßenbahn auf neuen Gleisen
war wie die Kirchen gleich zu preisen,
auch Schulgebäude ließ man bauen,
kurzum, ganz Deutschland konnte schauen
auf die Trabantenstadt von Bremen
mit Fernheizungen, den bequemen.
Zum Pferderennplatz viele rannten,

ihn bundesweit schon Kenner kannten.
Wer Vahrer See und Markt wollt' sehen,
Idylle und Alltagsgeschehen,
tat zur Berliner Freiheit schlendern,
das wird auch künftig sich nicht ändern.
Gastronomie und Sportanlagen,
sie geben Anlass nicht zu klagen.
Die Planungen im Kern gefielen,
wo Kinder ungefährdet spielen.
Das satte Grün ist zu begrüßen,
so ist der Mensch viel auf den Füßen.
Ganz allgemein wär' nichts zu tadeln,
wer fit ist, möchte bitte radeln.
Nur etwas plagt die Autofahrer,
die Parkplätze, sie werden rarer,
dafür jedoch in paar Minuten
kann hin zur Autobahn man sputen.
So mittlerweile hat gefunden,
mit dem Verstande, dem gesunden,
der Vahraone, und erfahren,
wie froh er lebt seit 40 Jahren,
im Stillen mag zurück er denken,
den Stadtvätern ein Dankwort schenken,
weil zeitgemäß sie konnten planen,
Wohnwertgefühl tunlichst erahnen,
so leben sie, die Vahraonen,
sie in der Vahr die Nerven schonen.

Günter Benja, Januar 1993

Foto: Privat

Zwischen Kurt-Schumacher-Allee, In der Vahr, der Grenze zu Sebaldsbrück und Heinrich-Imbusch-Weg

Entwicklung der Kurt-Schumacher-Allee (KSA)

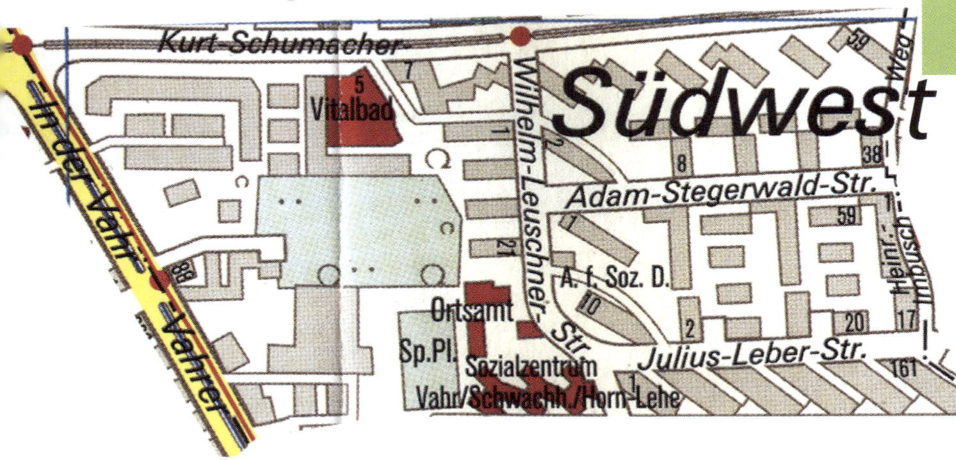

Wir fahren mit Fahrrädern über die Kurt-Schumacher-Allee, über Fahrbahnen und Gleise. Auf der Südseite der Straße bleibe ich stehen und sage: »Wir befinden uns hier auf der ersten Haupterschließungsstraße der Vahr. Am 15. Oktober 1956 fand neben der Kaserne der erste Spatenstich statt, ausgeführt von Bausenator Balcke. Zu der Zeit gab es noch hochfliegende Träume. Zum Beispiel sollte eine Allwegbahn gebaut werden, eine Bahntrasse auf Stelzen oberhalb der Kurt-Schumacher-Allee. Letztendlich wurde daraus die Straßenbahnlinie 1.

Die Kurt-Schumacher-Allee wurde im Laufe der Jahre mehrfach umgestaltet. Anfangs war es eine reine Baustraße, dann nur eine Fahrbahn, danach eine weitere Fahrbahn, zuletzt mit Mittelstreifen sowie später auch mit Straßenbahn. Lange Zeit gab es nur eine Bushaltestelle in der Vahrer Straße bei der Kaserne, später dann die Linie 23 in der Kurt-Schumacher-Allee. Die Straßenbahnlinie 1 wurde am 18. Juni 1967 mit einem großen Fest eingeweiht. Viele Jahre gab es nur eine Telefonzelle in der Müdener Straße in der Gartenstadt, wo sich am Heideplatz die Sparkasse befand.

Unterricht fand in der Schule am Heideplatz als Schichtunterricht statt. Die Schule im jetzigen Sozialzentrum wurde 1965 in Betrieb genommen und die Schule an der Kurt-Schumacher-Allee im Jahr 1967. Die Schule an der Carl-Goerdeler-Straße gab es schon etwas früher. Das war eine lange, schwierige und entbehrungsreiche Zeit für die Vahr-Bewohner, wenn man bedenkt, dass die ersten Mieter, wie die Familie Voß, am 1. Oktober 1957 in der Kurt-Schumacher-Allee 29 einzogen. Als erste Mieter bekamen sie von der GEWOBA einen Kühlschrank geschenkt. Für die 60 Quadratmeter bezahlten sie 89 Mark Miete. Das war ungefähr ein Wochenlohn. Übrigens erhielten damals die Arbeiter ihren Lohn noch jede Woche in bar ausgezahlt. 1993 kostete die Wohnung 554 Mark an Miete.«

»Man steht an einer schönen, breiten Straße, rechts und links viel Grün, eine moderne Straßenbahn, gepflegte Häuser, und denkt nicht daran, dass in diesen Häusern noch Menschen leben, die von Beginn an hier wohnten. Sagen Sie, wieso sieht dieses Haus anders aus?«, zeigt Alexander Meyer plötzlich auf ein buntes Haus.

Erneuerungen, Modernisierung

»Das hat die GEWOBA 2006 nach ganz neuen Maßstäben umgebaut. Es sollten größere Wohnungen entstehen. Die Idee: Aus drei mach zwei. Es entstanden zwölf Maisonette-Wohnungen mit je 80 Quadratmetern und sechs Zwei-Zimmer-Wohnungen mit je 55 Quadratmetern mit gehobener Ausstattung.

Hier ein Auszug aus der ›Bauwelt‹, Ausgabe 32/2007:

›Einige der bescheiden dimensionierten Fensteröffnungen auf der Eingangsseite wurden durch großzügige Fenstertüren ersetzt, vertikale Fensterbänder im Bereich der Treppenhäuser geben der Fassade eine neue Gliederung. Die weitreichendste Änderung erfuhr die Zeile jedoch im Inneren: Das mittlere der drei Obergeschosse wurde zur Hälfte den Wohnungen darüber bzw. darunter zugeschlagen. Aus je drei übereinanderliegenden Dreizimmerwohnungen entstanden zwei große Maisonette-Wohnungen, die, im Querschnitt betrachtet, L-förmig ineinandergreifen und zeitgemäßeren Nutzungsmustern Rechnung tragen, dabei aber unterschiedlich interpretierbar bleiben. So verfügt die jeweils oberste Wohnung nun über zwei Eingänge und zwei große Badezimmer, was ihr den Charakter einer Wohneinheit mit Einliegerwohnung verleiht. Durch das großzügige, natürlich belichtete interne Treppenhaus wird die Zweigeschossigkeit auch räumlich erfahrbar und an der Eingangsfassade sichtbar. Ob das Pilotprojekt Muster für weitere Sanierungen sein kann, wird sich zeigen. In jedem Fall hat die Vahr hier begonnen, auch in Hinblick auf die Wohnungstypologie eine ›Stadt von morgen‹ zu werden.‹

Für den Umbau des Gebäudes in der Vahr erhielt die GEWOBA den ›Deutschen Bauherrenpreis Modernisierung 2007‹. Der Preis wird einmal im Jahr von der Arbeitsgruppe Kooperation GDW-BDA-DST (Bundesverband Deutscher Wohnungs- und Immobilienunternehmen e. V., Bund Deutscher Architekten und Deutscher Städtetag) verliehen.

Die GEWOBA hat im Laufe der Jahre alle Gebäude in der Vahr ›warm eingepackt‹, also rundum gedämmt. Bäder wurden modernisiert, Hauseingänge, Gegensprechanlagen, Flure, Kellerräume, Treppenhäuser, Beleuchtungen, Wege und vieles mehr erneuert. Zurzeit werden an vielen Stellen kleine Häuschen vor die Gebäude gesetzt. Die etwas größeren sind für Motor-Rollstühle, die kleinen für Rollatoren. Wie Sie sehen, die Erneuerungen und Ergänzungen enden nie. Hier, vor dem bunten Haus, sehen Sie wieder eine Stelle, die für Feuerwehrfahrzeuge hergerichtet wurde, mit Steinen als Begrenzung.«

Wir fahren weiter, vorbei an einem kleinen Rosengarten. »Dahinten ist etwas Unbekanntes. Bisher ist es mir nicht gelun-

Das Bunte Haus

gen zu erfahren, um was es sich dabei handelt«, gebe ich zu. »Einen Block davor ist dieses Mauerwerk vollständig zugewachsen. Vielleicht waren diese Mauern auch zum Spielen für Kinder gedacht, wie eine andere Mauer, zu der wir noch kommen.«

Der Ort, an dem es begann

Grundsteinlegung durch Bgm. W. Kaisen

»Vor uns, an der Ecke Wilhelm-Leuschner-Straße, startete die Wohnbebauung der Vahr«, erzähle ich. »Bürgermeister Wilhelm Kaisen legte hier den Grundstein. Wenn ich richtig informiert bin, stand diese Mauer vor der späteren Geschäftszeile, die später weichen musste und auf den Fußgängerübergang Wilhelm-Leuschner-Straße, der zum ›Moonlightgarden‹ und zum ersten fertigen Wohnblock führt, verlegt wurde. Diese Stelle wurde mit dem Bremer Wappen gekennzeichnet. Das Gebäude liegt an der Kurt-Schumacher-Allee / Ecke Wilhelm-Leuschner-Straße.

Als Familie Voß dort einzog, hatten sie Hausnummer 29. Eine Straßenbezeichnung gab es noch nicht. Noch einige Jahre lang hatten Bewohner und Besucher das Problem, Hausnummern zu finden. Ich erinnere mich noch, als wir mal jemanden besuchen wollten, fanden aber weder die Straße noch die Hausnummer. Sämtliche Fragen halfen uns nicht weiter, da sich die Bewohner auch noch nicht auskannten.

In der Geschäftszeile gibt es noch zwei Gaststätten, die den Namen seit der ersten Eröffnung beibehalten haben. Aber Inhaberwechsel gab es reichlich. Unübersehbar, wie das Aalto-Hochhaus, ist die Nummer 11, wenn auch nur 14 Geschosse hoch.

KSA Erster fertiger Wohnblock

Anders als in den übrigen Hochhäusern, befinden sich in der Kurt-Schumacher-Allee 11 die Geschäfte im Erdgeschoss. Dies war auch im Aalto-Hochhaus geplant, wurde jedoch nicht realisiert.

Die Planer dieses gesamten Areals müssen Liebhaber von Gaststätten gewesen sein. Denn in Nummer 11 existiert die dritte Gaststätte (neben Don Alfredo die vierte), die ebenfalls den ersten Namen behalten hat. Übrigens, hier sollen auch die ersten Geschäfte in der Neuen Vahr eröffnet worden sein.

Vom Herbert-Ritze-Bad zum Vitalbad, Vitaltraining und Seniorenwohnen

Am 18. September 1959 gab es erneut ein Sammelrichtfest für 3.479 Wohnungen, und es wurde der Grundstein für das von Alvar Aalto geplante 22-stöckige Hochhaus gelegt. Bei diesem Festakt verkündete die GEWOBA, auf eigene Kosten ein Hallenbad zu errichten und es später der Stadt zu schenken.

1960 planten die Architekten Adolf Jung und Adolf Wessels das später so genannte Herbert-Ritze-Bad. Herbert Ritze war damals Geschäftsführer der GEWOBA. Die Planung sah ein wellenförmiges Dach und einen begrünten Innenhof vor. Fliesen, Mosaik, Chrom, Glasbausteine und Teakholz wurden reichlich verarbeitet. Für die damalige Zeit ein auffälliger und überaus interessanter Bau. Es wurde mehr als nur ein Schwimmbad. Dank der Großzügigkeit der GEWOBA entstand eine Erholungsstätte mit großer Glasfront, die von drei Seiten Licht und Sonne eindringen ließ. Den Innenhof gestaltete Karl-August Orf mit Mosen, Gräsern und einem Springbrunnen.

30 Jahre später war das Bad technisch veraltet, wurde nicht erneuert sondern 1993 geschlossen und später abgerissen. Es gab viele Proteste dagegen. Im Dezember 1998 lag die Planung für das Vitalbad vor. Neben dem Vitalbad wollte Zechbau für die AWO ein Pfegeheim mit 95 Betten bauen. Auf der andern Seite der Straße sollten vier Stadtvillen mit 70 Wohneinheiten entstehen. Auch diese seniorengerecht ausgestatteten Wohnungen sollten von der AWO betreut werden. Zusätzlich plante die GEWOBA 48 Miet- und Eigentumswohnungen, die auf Wunsch ebenfalls von der AWO betreut werden sollten. Die Häuser wurden gebaut; eine Betreuung, wie einst geplant, gibt es aber nicht.

Das Besondere an dem Vitalbad ist die Vielfalt und das umfassende Angebot im gesamten Haus. In der unteren Etage findet der Besucher das Vitalbad mit einem umfangreichen Angebot an Aqua-, Fitness-, Schwimmlern- und Solebewegungskursen.

In der zweiten Etage befindet sich das Vitaltraining. Als Trainings- und Therapiezentrum bietet es Kunden zusätzliche Möglichkeiten, ihr Leben aktiv zu gestalten. Die Kombination aus Training auf dem Trockenen und im Wasser macht das Vitaltraining so besonders. Nach dem Training kann man sich im Schwimm-

Vitalbad

Kurt-Schumacher-Allee 5
28329 Bremen
Tel. 468070
www.bremer-baeder.de
vitalbad@bremer-baeder.de

Vital-Training Vahr

Kurt-Schumacher-Allee 5
D-28329 Bremen
Tel 436868-0
vital-training@bremer-baeder.de

Ausstattung & Angebot

- stehtiefes Erlebnisbecken
- Nackenduschen
- Massagedüsen
- Bodensprudler & Breitspeier
- riesiger »Wasserpilz«
- großzügiges Solebecken
- Eltern-Kind-Bereich
- Solarien und Massagestudio
- Sauna & Aquatraining

bad erfrischen, die nötige Entspannung in der Saunalandschaft finden oder Sonne auf der schönen Dachterrasse tanken.

Und nun das Besondere zu dem Haus: Es gibt 45 Leuchtkästen und große Wandbilder von dem Künstler Jimmi D. Paesler. Hergestellt 2003 unter dem Motto: ›In Bewegung: Wasser, Licht und Malerei‹. Die Wände der Trainings-und Gymnastikräume des Hauses sind mit Meer- und Wattlandschaften bemalt und bezeichnet, in denen sich archaisch anmutenden Lebensformen und Figuren tummeln. Die Fitnessräume eröffnen den Besuchern eine imaginäre Landschaft. Die Motive der Lebewesen finden sich auch in den 45 beleuchteten Schaukästen im Badebereich wieder.

Innenhof Herbert-Ritze-Bad

»Na, Herr Meyer, hätten Sie das gedacht?«

»Das mit den Landmarks habe ich verstanden«, entgegnet er. »Aber dass es in einem so großen Umfang Kunst in der Vahr gibt, hätte ich nicht gedacht. Obwohl Sie das ja schon beim Polizeipräsidum gesagt haben.«

»Dann nehmen Sie bitte nochmal das Fahrrad, denn wir drehen eine kleine Runde um einen deutlich anderen Gebäudekomplex«, sage ich.

Die Neue Vahr besteht nicht nur aus rechtwinkligen Gebäuden

Es ist Mittagszeit, die Sonne steht im Süden. Wir befinden uns auf der Nordseite des großen Gebäudekomplexes, Kurt-Schumacher-Allee 1 bis 3. Im Schatten hinter den Bäumen befindet sich eine große Wohnanlage, die 1981 bis 1982 von der damaligen Neuen Heimat als Eigentumswohnungen aufwändig gebaut wurde. Das gesamte Gebäude ist mit holländischem Klinker verkleidet worden. 101 Eigentumswohnungen werden zu zwei Dritteln von den Eigentümern und zu einem Drittel von deren Mietern bewohnt. Verwaltet wird die Anlage von der GEWOBA. Der erste Eindruck ist etwas verwirrend. Und fragt man Bewohner nach einer Adresse im Gebäude, beginnt das Rätselraten. Die Hausnummern aller Wohnungen beginnen mit 1, 2 oder 3, gefolgt von einem Buchstaben.

Architekt: Kurt Schmidt

»Der fünfgeschossige Hauptbaukörper erstreckt sich entlang der Kurt-Schumacher-Allee. Die Parkplätze liegen ebenerdig im Vorbereich. Zwei in deutlichem Abstand zur Fassade platzierte Treppentürme erschließen über Brücken die beiden Laubengänge im 2. und 3. Obergeschoss.
Die von einem Gehweg vor dem Gebäude zugänglichen unteren Wohnungen und die durch ungleichschenklige Dachelemente gekennzeichneten oberen Wohnungen sind als Maisonetten ausgebildet. Seitlich an das Laubenganghaus schließen zwei Querflügel mit Etagenwohnungen in zweispänniger Erschließung an.
Im Hofbereich, der durch diese Anordnung entsteht, befanden sich bereits eine zweigeschossige Reihenhauszeile und eine eingeschossige Winkelhauszeile, die durch den Riegelbau vom Lärm der Straße abgeschirmt werden. Über zwei Passagen ist der Hof mit der Kurt-Schumacher-Allee verbunden.«

Wir wollen zur Rückseite. Die Durchfahrt ist mit einer Kette versperrt. Für Fußgänger gibt es einen versetzten Durchgang. Der ist so eng, dass man sich – das Fahrrad schiebend – nur durchquälen kann. Einfacher ist es, das Rad über die Kette zu heben. Wer mag sich das ausgedacht haben?!

Obwohl die Rückseite eine Straße hat, trauen wir uns nicht, aufs Rad zu steigen. Erst jetzt ist zu erkennen, dass die Anlage eine U-Form mit einem längeren und einem kürzeren Schenkel hat. In dem U gibt es zwei Reihen mit Einfamilienhäusern. Die erste Reihe ist mit Bäumen von der straßenähnlichen Fläche abgetrennt. Zusammen mit den kleinen Gärten der Erdgeschosswohnungen besteht ein etwas parkähnlicher Innenhof. Die kleinen Spielfächen sind sauber geharkt. Die übrige Neue Vahr ist sehr offen gehalten. Hier dagegen hat man auf Verdichtung und viel Mauerwerk gesetzt. Das Grün bringt ein wenig Atmosphäre in die Steinlandschaft. Im Verkaufsprospekt der Neuen Heimat

Rückseite Wohnblock KSA

wurde der Eindruck erweckt, dass sich das Gebäude nah am Vahrer See befindet.

Die zweite Reihe der Reihenhäuser grenzt an Meyers Weide, zu der wir gleich kommen werden.

Besuch bei der letzten Bewohnerin aus der Bauernhofzeit

Wir fahren zurück und nehmen den Weg zwischen dem Hochhaus und dem Vitalbad. Er führt zur Traberstraße. Aber soweit wollen wir nicht. Gleich hinter dem Bad und den Stadtvillen befindet sich eine Weide. Dort halten wir an. Ich beginne: »Das ist Meyers Weide. Einst waren hier noch Pferde zu beobachten, die Frau Meyer züchtete. Das hat die 92-Jährige aber aufgegeben.«

»Pferdezucht in der Vahr?«, fragt Meyer.

»Ja«, antworte ich, »das war ein Überbleibsel aus der Zeit, als es hier nur Bauernhöfe gab. Kommen Sie, wir schieben unser Rad, und ich erzähle Ihnen von meinem Besuch bei Aenne Meyer.«

Wir gehen zwischen dem Rewe-Markt und der Weide nach vorne zur Straße, die hier noch »In der Vahr« heißt, einige Meter weiter, aber zur »Vahrer Straße« wird. Von der Straße aus betrachtet verschwinden scheinbar die Märkte hinter vielem Grün.

An der Straße gibt es noch eine kleine Ladenzeile. Ich erzähle weiter: »An der Seite vom Parkplatz, gleich hinter dem Gebäude, endet das Gebiet der Vahr.«

»Nein!«, ruft Alexander Meyer, »das kann nicht sein, denn dahinter muss doch noch die Pferderennbahn Vahr sein.«

»Das stimmt«, lautet meine Antwort, »nur befindet die sich offiziell auf Sebalsbrücker Gebiet und gehört zum Stadtteil Hemelingen. Gegenüber, auf der anderen Straßenseite, ist die Gartenstadt Vahr. Früher war das die Hastedter Feldmark. Das ganze Gebiet bis zur Autobahn war ländlich, wurde bis nach dem Zweiten Weltkrieg hauptsächlich von Bauern unterschiedlicher Größe bewirtschaftet. Mittendrin war die Bullenstation.

Meyers Weide

Die meisten Bauern hießen Kämena. Um sie zu unterscheiden, nannte man sie bei ihren Eigenarten. Der größte war der Sackbauer, weil er ein reicher Sack war. Der kleine Bauer gegenüber war der Bütteler oder wurde so ähnlich genannt, weil er immer einen Leeren (Geld-)Beutel hatte.

Hier vorne, auf der Wiese an der Straße, stand das Bauernhaus der Meyers. Als die Gartenstadt gebaut wurde, hatte Meyers Vater den jungen Bauern den Tipp gegeben, nur so viel Land zu verkaufen, dass der Hof immer gesichert bleibe, und wenn, dann gleich so viel zu kassieren, um sofort einen neuen Hof zu kaufen. Meyer hat den Rat besonders gut befolgt. Von den ersten Landverkäufen an die GEWOBA kaufte er einen Hof und verpachtete ihn. Das Geld von den weiteren Verkäufen legte er in Wohnhäuser und Garagen an. Die Gebäude hier neben der Weide gehören unter anderem dazu. In dem von hier aus letzten Haus findet je-

Pro 1749.
hat Gerd Berens gegeben
Rthlr 30 grt. und ½ Gans
an Meier-Zins entrich-
tet, am 22. Nov. 1749

Fenner

Pro 1750
sind gegeben Rthlr 30
grt. und ½ Gans ent-
richtet am 10ten Nov.
1750.

Fenner

Pro 1751.
sind gegeben Rthlr: 30 Grt.
bezahlt am 21ten Oct.
1751. Item ½ Gans auf
martini.

Fenner

Pro 1752
sind gegeben Rthlr 30 Grt.
bezahlt, am 1ten Nov. 1752.
½ Gans ist auf martini
geliefert.

Fenner

Meierzinszahlung 1867

des Jahr eine Weihnachtsfeier der Bewohner statt. Mit dabei ist Frau Meyer, die sich stets überaus lobend über die ›wunderschöne‹ Feier äußerte.

Für die Grundstücke in der Gartenstadt wurden um die zwei Mark für den Quadratmeter gezahlt, für das Gelände der Neuen Vahr gab es schon etwas über vier Mark für die Bauern. Zu Meyers Hof gehörte noch eine Heuweide, auf der jetzt die Universität steht, sowie ein Stück Weide an der Ludwig-Roselius-Allee, wo heute der kleine See ist. Dafür gab es nur ein paar Pfennige für den Quadratmeter. Lediglich die Stellen, die als Straße genutzt wurden, galten als Bauland und wurden so bezahlt. Diese beiden Weiden außerhalb der Vahr ermöglichten es zusammen mit den restlichen Weiden, einen kleinen Hofbetrieb weiterzuführen.

Interessant ist, was die noch recht muntere Frau Meyer über die GEWOBA sagte. Die sei bei den Landkäufen richtig fair gewesen, obwohl sie Enteignungsrecht besaß. Das kam daher, weil die GEWOBA auch ärmeren Leuten Wohnungen anbieten wollte, so Frau Meyer. Und sie forderten kein Land bis zur Straße, damit die Anwohner dort bleiben konnten. Mit dieser Aussage wurde

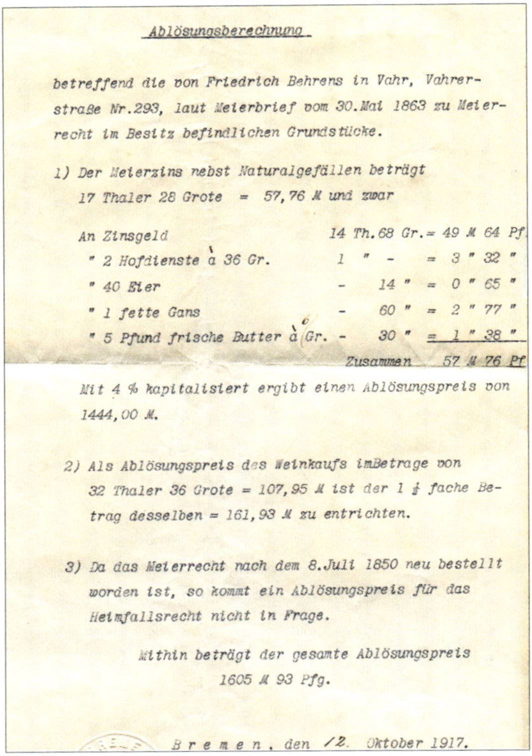

Ablösungsberechnung

betreffend die von Friedrich Behrens in Vahr, Vahrerstraße Nr.293, laut Meierbrief vom 30.Mai 1863 zu Meierrecht im Besitz befindlichen Grundstücke.

1) Der Meierzins nebst Naturalgefällen beträgt
17 Thaler 28 Grote = 57,76 M und zwar

An Zinsgeld	14 Th.	68 Gr.	= 49 M 64 Pf
" 2 Hofdienste à 36 Gr.	1 "	-	= 3 " 32 "
" 40 Eier	-	14 "	= 0 " 65 "
" 1 fette Gans	-	60 "	= 2 " 77 "
" 5 Pfund frische Butter à 6 Gr.	-	30 "	= 1 " 38 "
Zusammen			57 M 76 Pf

Mit 4 % kapitalisiert ergibt einen Ablösungspreis von 1444,00 M.

2) Als Ablösungspreis des Weinkaufs im Betrage von 32 Thaler 36 Grote = 107,95 M ist der 1 ½ fache Betrag desselben = 161,93 M zu entrichten.

3) Da das Meierrecht nach dem 8.Juli 1850 neu bestellt worden ist, so kommt ein Ablösungspreis für das Heimfallsrecht nicht in Frage.

Mithin beträgt der gesamte Ablösungspreis
1605 M 93 Pfg.

Bremen, den 12. Oktober 1917.

auch klar, warum es keine GEWOBA-Gebäude gibt, die bis zur Straße »In der Vahr« oder bis zur »Bürgermeister-Spitta-Allee« gebaut wurden.

Frau Meyer erzählte auch, dass es früher auch schon emanzipierte Frauen gab. Im November, an Martini, musste jedes Jahr der Meierzins ins Schloss in Sebaldsbrück gebracht werden. Heute würden wir wohl Grundsteuer dazu sagen. Das waren einige D-Mark, dazu manchmal Eier, Gemüse und eine halbe oder ganze Gans.

Bei der Zinsübergabe gab es auch Einladungen zum Essen. Von einem Hof war der Bauer gestorben, und die Bäuerin brachte den Zins ins Schloss. Nach dem Essen soll sie dem Schlossherrn gesagt haben, er möge doch den Zins verringern, denn auf das grausame Essen würde sie zukünftig verzichten wollen.

Einkaufen konnte man zu der Zeit in der Vahr noch nicht. Einmal in der Woche kam jemand von Hasch, das war ein Lebensmittelhändler in Horn, der bis vor einigen Jahren dort noch als Feinkostgeschäft existierte. Er fragte, was benötigt würde und lieferte frei Haus. Es gab in jedem Bauernhaushalt ein Buch, in dem das Gekaufte eingetragen wurde, um es dann – wahrscheinlich nach der Ernte – zu bezahlen. Viel benötigte man nicht, da das meiste direkt vom Hof kam. Und wählerisch war man auch nicht. Jeden Abend gab es für alle Speck-Bratkartoffeln und Milchsuppe. Ein Spiegelei dazu gab es nur, wenn die Hühner mal mehr gelegt hatten, als verkauft werden konnten.

Wie ich vielleicht schon sagte, stammte Aenne Meyer aus dem alten Dorfgebiet Vahr. Sie wurde auf dem Hof geboren, hatte eine schöne Kindheit, erlebte den Krieg oft im Bunker auf dem Hof zusammen mit Nachbarn, sorgte für Russen, die sich auf dem Hof versteckt hatten, lernte schon früh, was »multikulturell« bedeutet, denn sie beherbergte häufig auch Mädchen aus Ostländern. Sie spricht fast wie ein Wasserfall. Sogar zu zwei ehemaligen Mitschülerinnen pflegt sie noch Kontakt. Den Resthof und das Wohnhaus will sie nicht verlassen, denn ein Heim kommt für sie nicht infrage. Noch geht sie regelmäßig zum Kegeln, sprich Klönen, Essen und Neues entdecken.

Bleibt nur noch zu sagen, dass sie für mich den Safe öffnen ließ, um eine uralte Blechschatulle zu holen. Darin befanden sich Dokumente, unter anderem aus den Jahren um 1700. In einem kleinen Buch waren die Meierzinszahlungen von etwa 1733 bis 1867 von jedem Jahr eingetragen.«

»Das muss für Sie ja ein Erlebnis gewesen sein, ein so munteres Gespräch mit Frau Meyer zu führen, abgesehen mal von dem, was Sie erfahren haben. Für mich sind Ihre Erzählungen auch schon ein Erlebnis«, so Meyer.

Wieder geht es an Bauer Meyers Weide entlang, zurück zum Ende der Weide. Dort halte ich an. »Der Ordnung halber sollte ich Ihnen doch noch etwas zu den Meyers sagen, was aus einer anderen Quelle stammt. Der Großvater war für die damalige Zeit recht sozial eingestellt. Seine Beschäftigten, die einst Knechte und Mägde genannt wurden, hatten ein eigenes kleines Häuschen mit einem Stück Land. Wenn die Felder des Bauern bestellt wurden, konnten die der Angestellten gleich mitbeackert werden. Und ein Kalb bekamen sie auch. So waren sie in der Lage, sich weitgehend selbst mit dem alltäglichen Bedarf zu versorgen.

Das Gebiet, das Bauer Meyer sein Besitz nennen konnte, war neben dem, was außerhalb der Vahr lag, das Gebiet von der Straße ›In der Vahr‹ bis zum ›Achterdiek‹. Nicht in voller Breite, aber doch ansehnlich.«

Gummiplatz, Ortsamt, Beirat, Sozialzentrum

Gummiplatz – Verkehrsschule, Spielplatz

Verkehrsschule und Spielplatz

Verkehrsschule Vahr

Axel Behme
Georg-Gröning-Straße 36
28209 Bremen
Tel. 341064
Mobil 0177-7827126
www.verkehrswacht-bremen.de

»Wir waren vorhin zwar schon mal hier, aber der Platz ist mir dabei gar nicht aufgefallen. Ist das ein Sportplatz?«, fragt Alexander Meyer.

»Ja und nein«, antworte ich, »das ist der ehemalige Gummiplatz, so benannt, weil er als Bolzplatz mal einen Gummibelag hatte. Das Gelände lag aber zu tief und stand oft unter Wasser. Seit einer Erneuerung hat das Gelände eine Mehrfachfunktion. Hinten ist ein Spielplatz mit der Möglichkeit, dort auch Fußball zu spielen. Der vordere Platz ist eigentlich die Verkehrsschule Vahr, die von der Landesverkehrswacht Bremen unterstützt wird. Kindergärten und Schulen aus ganz Bremen kommen hierher, um mit Roller oder Fahrrad zu lernen, wie man sich im Verkehr verhält. Dank der PSD-Bank ist die Verkehrsschule gut ausgestattet, vom kleinsten Laufroller bis zum Erwachsenenrad und mit ausreichend Helmen. Alles bestens gepflegt. Manchmal kommen auch Erwachsene, um Fahrradfahren zu lernen. Verkehrsunterricht hat in der Vahr eine lange Tradition. Schon 1966 gab es eine mobile Verkehrsschule der Landesverkehrswacht Bremen, die auf dem Platz der Schule an der Otto-Braun-Straße Verkehrserziehung durchführte. Nachmittags, wenn keine Verkehrsschule mehr stattfindet, nutzen Jugendliche den Platz zum Fußballspielen.«

Ortsamt und Beirat

Ortsamt Schwachhausen/Vahr

Wilhelm-Leuschner-Straße 27 A
Block D (Mintje-Bostedt-Haus)
28329 Bremen • Tel. 361-3063 oder -3064
Fax 496-3063
E-Mail office@oaschwachhausen.bremen.de
www.ortsamtschwachhausenvahr.bremen.de
Erreichbar: montags bis donnerstags 9–15 Uhr
freitags 9–13.30 Uhr und nach Vereinbarung

Das Ortsamt

»Und was sind das da für Gebäude, da wohnt doch niemand, oder?«, ist Herr Meyer neugierig. Wir schieben unsere Fahräder zum Ortsamt. Herr Meyer sieht sich um und fährt fort: »Das sieht aus, als wäre es mal eine Schule gewesen.«

»Richtig!«, ist meine Antwort, »das war die Wilhelm-Leuschner-Schule und ist jetzt das Sozialzentrum. In einem Gebäude ist auch das Ortsamt untergebracht.«

»Was ist das Ortsamt eigentlich?«, fragt Herr Meyer weiter.

»Bei dem Begriff ›Ortsamt‹ denken viele Bürger wohl noch an die Meldestelle, da bis vor einigen Jahren den meisten Ortsämtern eine Meldestelle zugeordnet war. Dies wurde allerdings vor Jahren geändert, die Meldestellen sind nun in den BürgerService-Centern integriert worden. Das Ortsamt bietet den Bewohnern einen Überblick zu den Stadtteilen sowie den kommunalpolitischen Themen und Entscheidungen des jeweiligen Beirats, dem so genannten Stadtteilparlament.

Die lokale Demokratie ist durch ehrenamtlich arbeitende Beiräte repräsentiert. Dieses Ortsamt fungiert als Geschäftsführung und Exekutive der Beiräte Schwachhausen und Vahr. Dort sind Ansprechpartner/innen für Belange von öffentlichem Interesse für die Stadtteile. Schnelle Abhilfe, zum Beispiel bei Missständen oder Störfällen, ermöglicht häufig der direkte Kontakt dorthin.

Die Beiräte sind ein wichtiger Teil der lokalen Demokratie und vertreten die Interessen ihres Stadtteils. Ein wichtiges Aufgabenfeld des Beirates Vahr ist es, sich mit Wünschen, Anregungen und Beschwerden aus der Bevölkerung zu befassen. Alle Sitzungen dieses Beirates sowie dessen Ausschüsse sind öffentlich zugänglich.

Fachausschüsse des Beirats

- Bau, Verkehr, Umwelt
- Bildung und Kultur
- Soziales und Integration
- Globalmittel und Koordination

Alle Beiräte werden bei der Bürgerschaftswahl gesondert gewählt und entsprechend dem Ergebnis von den Parteien anteilig besetzt. Die Sitzungstermine werden in der Presse bekanntgegeben und sind im Terminkalender auf der Internetseite VAHReport.de zu finden. Sie sollten mal die monatlich stattfindende Beiratssitzung besuchen. Da treffen Sie auch den Revierleiter und Ansprechpartner der GEWOBA.«

»Das ist eine gute Idee. Man soll ja bekanntlich nicht nur herummeckern, sondern sich einbringen und aktiv werden«, meint Alexander Meyer.

»Ich sehe«, gebe ich zurück, »Sie haben verstanden, um was es geht.«

Amt für Soziale Dienste

Sozialzentrum 5
Vahr/Schwachhausen/Horn-Lehe
Wilhelm-Leuschner-Straße 27/27a
28329 Bremen • Tel. 361-19500
sozialzentrum-vahr@afsd.bremen.de
www.amtfuersozialedienste.bremen.de
Montag–Donnerstag 8–14 Uhr
Freitag 8–14 Uhr sowie Termine nach Vereinbarung

Sozialzentrum

»In dem großen Gebäude ist das Sozialzentrum untergebracht.«

»Braucht man solch ein großes Gebäude, nur um Sozialhilfeempfänger zu betreuen?«, fragt Meyer.

»Die werden jetzt Arbeitslosengeldempfänger II, auch Hartz-IV-Empfänger« genannt antworte ich, » das ist wie beim Ortsamt, es wurden die am häufigsten thematiserten Aufgaben zugeordnet. Hier geschieht weit mehr, als Sozialleistungen zu bearbeiten. Zu den sozialen Diensten gehören unter anderem: Beistandschaft, Unterhalt für Minderjährige, Erziehungsberatung, der Fachdienst Junge Menschen, Junge Menschen Initiativberatung, Jugendhilfe im Strafverfahren/Jugendgerichtshilfe, Fachdienst Soziales (Sozialdienst Erwachsene und Wirtschaftliche Hilfen), das Familien- und Quartierszentrum Neue Vahr Nord, Fachdienst Wirtschaftliche Jugendhilfe, Haus der Familie, Quartiersmanagement Neue Vahr (Programme WiN, Soziale Stadt und LOS), Drogenberatungsstelle Ost. Eine enge Zusammenarbeit erfolgt mit dem DRK, dem Pflegeheim Heinrich-Albertz-Haus, dem Familiennetz Bremen und Familie im Hilfenetz.«

Wilhelm-Leuschner-Straße und Rennplatz

»So, lieber Herr Meyer, jetzt werden wir uns wieder in das Wohngebiet begeben, in die Julius-Leber-Straße und die Adam-Stegerwald-Straße. Hier, vor dem Sozialzentrum befinden wir uns in der Wilhelm-Leuschner-Straße. Links, am Anfang der Straße, Sie erinnern sich, ist der ›Moonlightgarden‹ von Dieter Schoppe. Rechts geht es in die Julius-Leber-Straße.

Hinter den Reihenhäusern liegt die Rennbahn, ist somit Sebaldsbrücker Gebiet. Bereits 1858 rannten Galopper in Bremen nachweislich um die Wette. Der Rennplatz wurde aber erst zwischen 1905 und 1907 angelegt. 1979 kaufte die Stadt das Areal und vermietete es an den Rennverein. In den letzten Jahren hatte der Trägerverein finanzielle Probleme. Hinzu kam noch, dass die Stadt Bremen sich aus der finanziellen Unterstützung zurückzog. Inzwischen scheint der Erhalt auch ohne den Staat vorerst gesichert zu sein. In der Mitte der Bahn wurde vor Jahren ein kleiner Golfplatz angelegt.«

Julius-Leber-Straße mit dem Apothekergarten

»Die Einfamilienhäuser in der Neuen Vahr, die sich an drei Seiten am Rand befinden, wurden von Wolfgang Bilau geplant. Es gab zwei Typen. Hier ist der Typ A mit 63 Quadratmetern auf einem zirka 140 Quadratmeter großen Grundstück. Zum Haus gehörten die Einbaumöbel in der Küche, eine Haushaltswaschmaschine und die Fernheizung. Sie kosteten zwischen 30.000 und 35.000 D-Mark, voll unterkellert. Geplant waren 1.000 Einfamilienhäuser, gebaut wurden 769, wenn ich mich recht erinnere.

Bei den Wohnblöcken sind die nachträglich angebauten Balkone gut zu erkennen. Ziel war es damals, vorweisen zu können, dass jede Wohnung der Neuen Vahr einen Balkon hat. Am Ende der Straße befindet sich der Betriebshof von Umwelt Bremen, den Gärtnern für die stadteigenen Grünanlagen. Wie bereits erwähnt, wird überlegt, den Betriebshof aufzugeben. Ortsamt und Beirat möchten gerne, dass dieses Gelände mit Einfamilienhäusern bebaut wird.«

Julius-Leber-Straße

Julius-Leber Reihenhäuser

Wir schieben unser Rad zum Weg über die große Wiese am Spielplatz vorbei. Rechts ein zurzeit nicht gut aussehender Garten. Es ist der Apothekergarten. Ich erzähle weiter: »Bei einer Sauerstoffpfad-Führung wird die Geschichte dieses Gartens erzählt. Ich beschränke mich auf den aktuellen Teil. Es wurde zu gefährlich, die wichtigen Pflanzen für Apotheken hier zu zeigen. Bekanntlich ist die Einnahme der Menge einer Medizin, die über Tod oder Gesundheit entscheidet. Dieser Erkenntnis entsprechend wurde der Apothekergarten zum Kräutergarten. Leider hat die Dame, die ihn jahrelang betreute, aufgegeben. So ein Garten braucht aber viel Zuwendung und nicht nur Pflege.«

Adam-Stegerwald-Straße

In der Adam-Stegerwald-Straße zeige ich in Richtung Wilhelm-Leuschner-Straße und sage: »Da vorne ist ein Rosengarten, der eine neue Bepflanzung erhielt. Mal sehen, wie das in diesem Jahr aussieht. Am anderen Ende ist die Christuskirche. Rechts von der Christuskirche ist ein großer Kindergarten. Und links die Schule an der Kurt-Schumacher-Allee.

Das alles gehört aber zu unserer nächsten Fahrt. Auf dem Weg zum Ausgangspunkt sollten Sie noch einen Blick hinter die Häuser werfen. Wenn man hier einmal war, versteht man auch, warum die Vahr ein großer Park ist.«

Zwischen Adam-Stegerwald-Straße und KSA

Neue Vahr Südost

Zwischen Heinrich-Imbusch-Weg, Kurt-Schumacher-Allee/Geschwister-Scholl-Straße und der Grenze zu Sebaldsbrück

Schule an der Kurt-Schumacher-Allee (KSA)

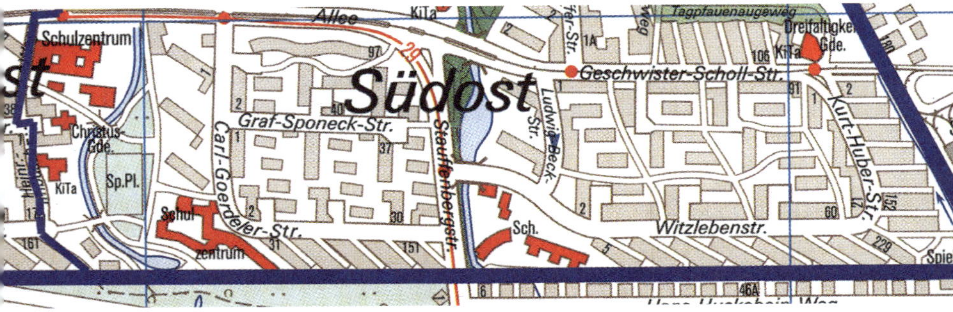

Wir stehen am Ausgangspunkt unserer vorherigen Spazierfahrt, an der Ecke Kurt-Schumacher-Allee und Heinrich-Imbusch-Weg. Alexander Meyer fragt mich: »Was sind das für Container?«

»Das sind temporäre Klassenräume«, antworte ich, »die Schule bekommt ein weiteres Gebäude vor dem Haupthaus. Da die Klassenzimmer nicht ausreichten, wurde mittels der Container eine Übergangslösung geschaffen. In dem Gebäude hinter der Schule ist das Mütterzentrum untergebracht, das an den Standort der Schule ›In der Vahr‹ umziehen soll.

Im Mai 1966 lag die Planung für das Gymnasium an der Kurt-Schumacher-Allee vor, im Juli wurde bereits das Fundament gegossen. Von den Wirren des Bremer Schulkonzepts blieb auch die KSA nicht verschont. War es früher ein reines Gymnasium, so ist sie jetzt durchgängige Oberschule mit gymnasialer Oberstufe.

In jedem Jahr werden vier Klassen im fünften Jahrgang aufgenommen und fünf neue Klassen in der gymnasialen Oberstufe. Geboten werden den Schülerinnen und Schülern durchgängige

Bildungsmöglichkeiten für alle Schulabschlüsse, auch für das Abitur

Die KSA ist eine Ganztagsschule; deshalb bietet sie eine verlässliche Betreuung für die Schülerinnen und Schüler und hält über den Unterricht hinaus vielfältige Angebote bereit.

Interessant ist der Schulhof, der nach modernen Gesichtspunkten angelegt wurde. So schön das Klettergerüst auch ist, die vollständig geschlossene Bodenfläche begeistert weniger, trotz eines oder gerade wegen des Gummibelags.«

Wir fahren durch den Heinrich-Imbusch-Weg zur Adam-Stegerwald-Straße. Am Ende der Straße befindet sich die Chistuskirche.

Oberschule an der Kurt-Schumacher-Allee

– Gymnasiale Oberstufe –
Kurt-Schumacher-Allee 65
28327 Bremen
Tel. 361-5650
info@ksa-bremen.de
www.ksa-bremen.de

Schwerpunkte der Schule

- künstlerisch-musischer Bereich
- naturwissenschaftlicher Bereich
- in der gymnasialen Oberstufe das Fach Pädagogik
- umfangreiches Angebot in der Studien- und Berufsorientierung

Schule an der KSA

Christuskirche

Mit meiner Erzählung beginne ich bei den Anfängen: »Das kirchliche Gemeindeleben begann schon früh in der Neuen Vahr. Die drei Ursprungsgemeinden wurden alle um 1960 gegründet. Die erste Kirche war eine Baracke, eine Notkirche. ›Die Holzwände waren in angenehmer Naturfarbe gehalten, der Altar ausgesprochen schlicht und dennoch eindrucksvoll gestaltet. Architekt Enno Huchting hat hier gute Arbeit geleistet.‹ So stand es in der Zeitung. Erster Gemeindepfarrer war Hans-Jürgen Kalberlah, der noch immer Verbindungen zur Gemeinde der Christuskirche hat.

Christuskirche

Evangelische Kirchengemeinde in der Neuen Vahr

Adam-Stegerwald-Str. 42
28327 Bremen
Tel. 460217-0
buero.neuevahr@kirche-bremen.de
www.kirche-neuevahr.de

Gemeindezentrum Christuskirche

Adam-Stegerwald-Str. 42
Krippe Christuskirche
Tel. 460217 18
krippe.christuskirche@kirche-bremen.de

Die drei ehemals selbstständigen evangelischen Gemeinden Christus-, Dreifaltigkeits- und Heilig-Geist-Kirche entschlossen sich zu einer Fusion. Am 1. Januar 2006 entstand die Evangelische Kirchengemeinde in der Neuen Vahr. Zurzeit gehören ihr etwa 6.600 Gemeindeglieder an.

Die Gemeinde engagiert sich im ökumenischen Prozess für Gerechtigkeit, Frieden und Bewahrung der Schöpfung. Sie ist offen für die Segnung gleichgeschlechtlicher Paare.

Die Christuskirche gehört zu den bemerkenswerten Gebäuden der Neuen Vahr. Sie entstand 1960 nach dem Entwurf von Enno Huchting und Karl-Heinz Lehnhoff. Wie bei einigen anderen Bauten wurde auch hier der Baukörper auseinandergerissen. Der Turm ragt als zerbrechliche Beton-Campanile in die Höhe – freigestellt vom Kirchenraum. Vor der Kirche entstand vor einigen Jahren ein Labyrinth. Zur Gemeinde gehört eine Krippe mit zwei Krippengruppen für Kinder bis zu drei Jahren, die auch Mittagessen bekommen.«

Das Labyrinth scheint meinen Begleiter zu begeistern. Er muss erst einmal den Weg zur Mitte finden. Bei offener Kirchentür blickt man von dort aus auf den Altar.

Kinder- und Familienzentrum Heinrich-Imbusch-Weg

KITA Heinrich-Imbusch-Weg

Kinder- und Familienzentrum Heinrich-Imbusch-Weg

Heinrich-Imbusch-Weg 2
28327 Bremen • Tel. 3613129
HeinrichImbuschWeg@kita.bremen.de

Wir schieben unsere Fahrräder ein Stück weiter durch den Heinrich-Imbusch-Weg Richtung Julius-Leber-Straße. »Was ist das für eine Anlage hier links?«, fragt Alexander Meyer.

»Das ist das Kinder- und Familienzentrum Heinrich-Imbusch-Weg«, antworte ich, »so heißen die größeren Kindertagesstätten der Stadt Bremen. In insgesamt zehn Gruppen werden zurzeit 140 Vorschulkinder, zehn Kinder unter drei Jahren und 40 Hortkinder betreut. Das Haus ist ein anerkannter Bewegungs-Kindergarten.

Die Schwerpunkte der Arbeit sind: Sprache, Bewegung und multikulturelle Erziehung. Die Kinder werden darin unterstützt, sich in ihrem eigenen Tempo zu entwickeln um, ausgehend von ihrem Entwicklungsstand, spielerisch die Welt zu erschließen. In Zusammenarbeit mit der Schule werden angehende Schulkinder besonders gefördert und auf den Schulbesuch vorbereitet. Gekocht wird in der eigenen Küche. Es gibt eine vollwertige und frisch zubereitete Kost.«

Wir stehen vor dem Eingangstor mit Kindersicherung. Alexander Meyer: »Das sieht alles so modern aus. Gehört das ganze Gelände dazu?«

»Die Kita wurde in den letzten Jahren modernisiert und erweitert. Das naturnah gestaltete Außengelände beginnt hinter den Geschäftsräumen der Kirchengemeinde hier links und geht bis zur Julius-Leber-Straße, wohin wir jetzt gehen. Das Gelände wurde so angelegt, dass die Kinder immer neue Erfahrungen und Entdeckungen machen können.«

Alexander Meyer staunt und denkt an seine Kindheit zurück. »Damals gab es so etwas nicht. Dafür konnten wir direkt in der Natur spielen. Naja, ein bisschen können das die Kinder hier ja auch.«

Der neue Carl-Goerdeler-Park und die Fleete

Brücke zum Carl-Coerdeler-Park

Wir schieben unsere Fahrräder ein paar Meter weiter. Der Blick gleitet über eine Brücke in einen Park. »Das hier«, beginne ich, »ist neu auf unserer Entdeckungstour. Wir müssen über ein Fleet, von dem es mehrere in der Vahr gibt. Ich sagte schon, das ganze Gebiet war sehr feucht. Deshalb musste der Landschaftsplaner Karl-August Orf Entwässerungsgräben und kleine Seen anlegen. Das Vahrer Fleet, Hematenfleet, Mittelkamps- und Achterkampsfleet sind die Hauptentwässerungsgräben in der Vahr. Sie führen das überschüssige Wasser über die Kleine Wümme in die Wümme. Streckenweise fließen sie durch Rohre, um ihr Ziel zu erreichen. Das Mittelkampsfleet ist sehr eisenhaltig, alle sind sauerstoffarm, was sich an der geringen Gewässerfauna zeigt. Mittelkamps- und Achterkampsfleet sollen den Vahrer See durchfließen. Beim Achterkampsfleet kann ich mir das nicht vorstellen, denn der fließt entlang der Grenze Sebaldsbrück und Oberneuland. Allerdings gibt es eine Abzweigung vom Achterkampsfleet, die in den See führt. Leider sind die Fleete auf den Karten nicht immer mit einem Namen versehen. Zum Vahrer See kommen wir noch.

Wir gehen jetzt über das Mittelkampsfleet und sehen vor uns das, was bis 2013 noch ein großer Sportplatz beziehungsweise ein Fußballplatz war. Jahrelang wurde dieser Platz vernachlässigt und schließlich zu einem Schandfleck. Ortsamt und Beirat haben sich lange bemüht, diesen Schandfleck zu beseitigen. Bei einer

Begehung mit Bürgermeister Jens Börnsen wurden ihm nicht nur die Stolperstellen auf den Wegen in dieser Grünanlage, sondern auch der ehemalige Sportplatz gezeigt.

Durch die Ortsamtsleiterin Dr. Karin Mathes wurde ein runder Tisch organisiert, um eine einvernehmliche Lösung zu finden. Dafür waren mehrere Sitzungen nötig. Durch den runden Tisch konnte die Blockade gelöst werden, und alle stimmten den Sanierungsarbeiten zu. Schnell wurde klar, dass kein neuer Sportplatz entstehen sollte, jedoch waren die Schulen darauf angewiesen, diesen Ort als Sportplatz zu nutzen. Als Lösung kristallisierte sich eine flexible Variante heraus: Es sollen mobile und multifunktionale Sportgeräte aufgestellt werden, welche von den Schulen benutzt werden können. Für die Hundehalter soll eine eingezäunte Extrafläche bereitgestellt werden. Die Wege wurden alle erneuert und aus den beiden Flächen wurde ein großer Park. Das ganze Vorhaben kostet rund 400.000 Euro.

Am 25. April 2014 wurden Einweihung und Namensgebung gefeiert. Der Carl-Goerdeler-Park, wie er jetzt offizell heißt, steht den Bewohnern und den angrenzenden Schulen und Kitas als Platz für Sport und Bewegung zur Verfügung. Probleme machen allerdings noch Hundebesitzer, die den Rasen als Hundewiese betrachten und die Hinterlassenschaften der Hunde nicht entsorgen.«

»Damit ich die Orientierung nicht verliere«, sagt Alexander Meyer, »an dem einen Ende ist die Schule an der Kurt-Schumacher-Allee, gegenüber dem Einkaufszentrum. Und was ist an der anderen Seite?«

»Da ist noch ein kleiner Grünstreifen, der die Rennbahn von den Wohngebäuden trennt«, antworte ich. »Der führt von der Stauffenbergstraße beim Wilhelm-Busch-Viertel bis zum Betriebshof in der Julius-Leber-Straße. Von hier aus gesehen natürlich umgekehrt.

Weil wir gerade bei der Rennbahn sind:

Eva-Charlotte Osterhorn lebt seit 1958 in der Vahr gegenüber der Rennbahn. In früheren, ruhigen Zeiten hat sie dort schon Rehe, Niederwild und Fasane gesehen, die bis in die Gärten kamen. Frau Osterhorn beobachtete seit 1988 ein Kuriosum, das sich jedes Jahr wiederholte. Mitte März kamen die Austernfischer zu zweit und verschwanden Anfang September zu viert. Zum Leben brauchen sie salziges Wasser und Land. Das fanden sie beim See auf dem Rennplatz. Ihr Nest bauten sie allerdings auf dem Ärztehaus der Berliner Freiheit. Waren die Jungen geschlüpft, flogen die Eltern ununterbrochen zwischen Ärztehaus und Rennplatz hin und her, um sie mit Nahrung zu versorgen. Zum ersten Flugversuch stürzten sich die Jungen vom Dach. Bald danach versammelte sich die Vogelfamilie jeweils am Rennplatz, die letzten Tage bis zum Abflug waren dann gekommen. Ihre hellen Schreie verrieten es.

Jetzt geht es wieder ins Wohngebiet. Aber zuvor zeige ich Ihnen die Mauer, die ich schon erwähnte.«

Carl-Goerdeler-Straße, Schule und Wohngebäude

Carl-Goerdeler-Straße

»Ich habe lange versucht herauszubekommen, was die Mauer auf der Wiese zu bedeuten hat. Eines Tages bekam ich eine E-Mail aus China. Eine Bremerin, die in China lebt, aber aus der Vahr stammt, schrieb mir die Antwort. Sie hatte den Bericht auf der Internetseite www.VAHReport.de gesehen, in dem ich nach dem Grund der Mauer fragte.

Es ist eigentlich ziemlich simpel. In der Mauer befinden sich unterschiedlich große Flächen. Eine unten und eine oben. Darin waren einst Schiefertafeln für Kinder angebracht. Später wurden die zerbrochenen Tafeln gegen Farbe ausgetauscht und die Kinder konnten wieder malen, ohne Wände zu beschmutzen. Das wars.«

Wir fahren jetzt zur Straße, wo sich die Schule befindet. Das Schulgebäude Carl-Goerdeler-Straße liegt in dem Knick, den die Straße hier macht. Im Knick stehen große Bäume. Ein Baum davon ist eine besonders schöne Kastanie.

Zwischen Carl-Goerdeler-Straße/Graf-Sponeck-Straße

Lassen Sie uns jetzt durch den Wohnbereich bis zur Graf-Sponeck-Straße und Kurt-Schumacher-Allee fahren. Dann geht es über die Stauffenberg-Straße in die Witzlebenstraße. Werfen Sie vorher noch einen Blick auf die Vorgärten der Reihenhäuser.«

Dächer unterscheiden sich

Alexander Meyer bemerkt, dass sich einige der Gebäude von anderen unterscheiden. Meine Erklärung: »Die drei Architektenbüros haben jeder für sich geplant und dann einen gemeinsamen Entwurf erarbeitet. Die einzelnen Bauten der Architekten stehen zwar verteilt in der Neuen Vahr, aber immer bilden mehrere Gebäude ein Ensemble. Hans Bernhard Reichow baute eher bodenständiger und stets mit einem überstehenden Dach. Säume und Hafemann liebten die geometrischen Form – mit einer Ausnahme, zu der wir gleich kommen – und verzichteten auf einen größeren Dachvorsprung. Ernst May baute geschlossener als seine Kollegen, gerne mit Fenstern bis zum Boden und Dächern ohne Vorsprünge.«

Das Wilhelm-Busch-Viertel

Als wir die Stauffenbergstraße überqueren, fallen meinem Begleiter zwei Stellen auf: »Dahinten stehen Einfamilienhäuser, die nicht im Stil der Vahr gebaut sind. Und hier vorne der Spielplatz, wozu gehört der?«

Ich antworte: »Die kleinen Häuser gehören zur Wilhelm-Busch-Siedlung. Zum Spielplatz komme ich gleich. Im Juli 1965

begannen die Straßenarbeiten in der Gartenheimsiedlung ›Hinter dem Rennplatz‹. Es gab dort drei Straßen: Georg-Droste-Weg (heute Hans-Huckebein-Weg), Wilhelm-Busch-Weg und Hermann-Löns-Weg (heute Ludwig-Roselius-Allee). Da es in der Neustadt bereits einen Georg-Droste-Weg gab und der Hermann-Löns-Weg als Durchgangsstraße fungierte, wurden mit dem Bebauungsplan im Jahre 1958 die Straßen nach den Figuren von Wilhelm Busch benannt.

Hier ein Zitat dazu:

›Hinter dem Rennplatz kommt erst mal eine Straße, die ›Hinter dem Rennplatz‹ heißt, und daran anschließend ist Wilhelm Busch zu Hause. Natürlich nicht der leibhaftige Wilhelm Busch. Aber hinter dem Rennplatz begegnet man überall seinen lustigen, pfiffigen, eigenbrötlerischen Gestalten. Auf den Straßenschildern, aber nicht nur dort. Könnten denn die beiden Jungen, die drüben am Gartenzaun lehnen, nicht Max und Moritz sein? Sie machen Gesichter, als heckten sie gerade etwas aus!‹

Ausschnitt aus der Festschrift zum 40-jährigen Jubiläum der Gartenheimer Gemeinschaft Wilhelm Busch e. V. (1963–2003)

Das Viertel hat einen Verein mit einem Vereinsheim, der sich um die Belange des Wilhelm-Busch-Viertels kümmert und einen Bauernladen bewirtschaftet.

Böse Zungen erzählen, das Baumaterial hätte man sich bei der GEWOBA besorgt. Zur Strafe gehöre das Viertel nicht zur Vahr, sondern zu Sebaldsbrück«, erläutere ich.

Grundschule an der Witzlebenstraße

»So, und nun zum Spielplatz, der zur Grundschule an der Witzlebenstraße gehört. Der Schatz dieser Schule ist das große, offene Schulgelände mit Fußball- und Asphaltplatz, mit Wiesen, Klettergeräten und seit Sommer 2012 auch mit einem Wasserlauf, der

Grundschule an der Witzlebenstraße

Witzlebenstraße 3
28327 Bremen • Tel. 361-3373
127@bildung.bremen.de
www.bildung.bremen.de

von den Schülerinnen und Schülern selbst entworfen, gebaut und gestaltet wurde. Unterricht kann hier auch unter einem Baum im grünen Klassenraum auf Baumstämmen stattfinden. Die Schülerinnen und Schüler, aber auch die Eltern gestalten weiterhin das Schulgelände gemeinsam mit dem Schulpersonal. So wurden jüngst acht Bäume rund um das neue Klettergerüst gepflanzt und der neu entstandene Schulgarten umgestaltet. Am Fleet entstand 2013 eine Terrasse mit Elementen zum Balancieren im Wasser.

Die Schule an der Witzlebenstraße ist eine zwei- bis dreizügige Grundschule mit elf Klassen. Im Schuljahr 2012/2013 wurden in etwa 220 Schülerinnen und Schüler unterrichtet. Es ist eine verlässliche Grundschule, das heißt, die Kinder sind täglich von acht bis 13 Uhr in der Schule. Nach 13 Uhr können die Schülerinnen und Schüler der zweiten bis vierten Klassen an unterschiedlichen AGs teilnehmen.«

Wir fahren an dem hinteren Schulgelände entlang in die Witzlebenstraße. Links von uns, rechts neben dem See, ist der Anfang für einen Obstgarten gepflanzt. Die GEWOBA kauft und pflanzt seit 2012 jedes Jahr einen Obstbaum. Jeweils eine Klasse der Schule übernimmt dafür die Patenschaft. Unser nächstes Ziel ist der Treffpunkt Waschhaus in der Ludwig-Beck-Straße.

Sauerstoffpfad Witzlebenstraße

Treffpunkt Waschhaus – Barockgarten – Irrgarten

»Mit fällt gerade ein«, sage ich, »haben Sie bemerkt, dass unter den meisten Straßenschildern eine kurze Angabe zum Namensgeber steht?

In der Ludwig-Beck-Straße wurde eine der wenigen Ausnahmen gemacht: Vier Reihenhäuser wurden nachträglich errichtet.

Und noch etwas ist hier zu sehen, eine Rampe, die nachträglich für einen Rollstuhlfahrer angebaut wurde. Davon gibt es noch mehr in der Neuen Vahr. Ebenso die Hinweisschilder auf ein Hauswartbüro, manchmal auch auf ein Waschhaus.

Ein Hauswart bei der GEWOBA ist nicht mit einem Hausmeister zu verwechseln. Der Hauswart kümmert sich um alles, was technischer Art im Gebäude geschieht und leitet das an Vertragsfirmen weiter. Gibt es andere Probleme, werden diese hausintern weiter verfolgt.

Treffpunkt Waschhaus

Ludwig-Beck-Straße 2a
28327 Bremen • Tel. 4789430
info@treffwaschhaus.de
www.treffwaschhaus.de
Programm und Informationen auf www.vahreport.de

Das gesamte Haus war mal ein Waschhaus. So, wie aus dem Waschhaus in der Emil-Sommer-Straße der KulturSalon wurde, gab die GEWOBA 1999 den freigewordenen Platz in die Hände eines Nutzerrats. Die 184 Quadratmeter wurden mietfrei zur Verfügung gestellt. Anfangs gehörte das Wasch-

Barockgarten

haus zum Bürgerzentrum Neue Vahr und wurde mit WiN-Geldern (Wohnen in Nachbarschaften) finanziert. 2004 endete die Förderung.

Der Nachbarschaftstreff wurde weiterhin unter der Trägerschaft des Bürgerzentrums geführt und zugleich aktiver bei den Angeboten. 2006 wurde dann der Verein Nachbarschaftstreff Waschhaus gegründet. Von den 60 Mitgliedern, vorwiegend im Rentenalter, bringen sich etwa 40 aktiv ein. Alle arbeiten ehrenamtlich und zahlen einen Mindestmitgliedsbeitrag von einem Euro im Monat. Gäste im Treff kommen nicht nur aus der Nachbarschaft, sondern aus der gesamten Vahr. Dieser Treff gilt als der aktivste in der Vahr. Höhepunkt ist das jährlich stattfindende Straßenfest.

Der Verein hat die Patenschaft für den Barockgarten übernommen und pflegt ihn. Hinter dem Barockgarten befindet sich der Irrgarten. Ich habe lange gebraucht, um den Irrgarten zu finden.«

Wir fahren zickzack zwischen den Wohnbauten hindurch in Richtung Kurt-Huber-Straße, die die Witzlebenstraße mit der Geschwister-Scholl-Straße verbindet. Auch hier viel Grün, freie Flächen, angebaute Balkone und Spielplätze. Die Farben der Natur werden mit Farben an den Gebäuden ergänzt.

Grenze der Vahr und Betriebshof der Straßenbahn

Die Grenze der Vahr ist der Weg Achterdiek mit dem Achterkampsfleet hinter den Einfamilienhäusern der Kurt-Huber-Straße. Weg und Fleet kommen von der Ludwig-Roselius-Allee und führen fast schnurgrade bis zum Kleingartengebiet Rose am See, wo sie einen Schlenker um die Autobahnzufahrt machen. Der Weg endet hier als Achterdiek. Das Fleet führt mit anderen Wegen weiter zum Rhododendronpark.

»Die Geschwister-Scholl-Straße ist die Verlängerung der Kurt-Schumacher-Allee, wo die Straßenbahnlinie 1 von Huchting kommend nach Mahndorf fährt. An der Ecke Geschwister-Scholl-Straße und Kurt-Huber-Straße befindet sich bereits auf Sebaldsbrücker Gebiet der BSAG-Betriebshof. 2010 bestand der ›Betriebshof der Bremer Straßenbahn AG in der Vahr‹ seit 50 Jahren.

Dem Betriebshof geht es wie dem Wilhelm-Busch-Viertel – beide werden zur Vahr gezählt. Dieses Verwirrspiel ist interessant: Gestern war ich hier, da stand noch ein großes Schild in der Einfahrt: ›… Betriebswerkstatt Vahr, Achterdiek 184‹. Heute ist das Schild weg und auf dem neuen fehlt ›Vahr‹. Auf dem alten Schild stand es noch.

Wenn draußen die Sonne untergeht, erwacht die Werkstatt auf dem Betriebshof Neue Vahr zum Leben: Ob Sommer oder Winter, ob Weihnachten, Silvester oder ein ganz normaler Wochentag – für die Reinigungskräfte, Elektriker oder Schlosser der Bremer Straßenbahn AG (BSAG) gibt es immer etwas zu tun. Schließlich müssen sie innerhalb weniger Stunden Dutzende von Bussen und Straßenbahnen für den Betrieb am nächsten Tag fit machen. Rund 80 Busse und 40 Straßenbahnen gehören zu diesem Depot. Alle Fahrzeuge werden in den Fahrtpausen und in der Nacht gereinigt, technisch kontrolliert und repariert. Hier herrscht immer Hochbetrieb, an 365 Tagen im Jahr.«

Kurt-Schumacher-Allee und das Schlangenhaus

Wir fahren zurück zum Ende der Kurt-Schumacher-Allee. Vor uns ist das Hochhaus mit der Hausnummer 71 nicht zu übersehen. Vor der Kreuzung Stauffenbergstraße halte ich an.

»Herr Meyer«, sage ich, »hier ist der Ausläufer des kleinen Sees. Wenn Sie links am Fleet vorbeischauen, sehen Sie den Rest eines Baumes. Trotz gepflegter Wiesen legt die GEWOBA viel Wert auf kleine Naturgebiete. So bleiben manchmal Rasenflächen unbearbeitet, umgeben von gemähter Fläche. Oder Baumreste bleiben liegen. Von hier aus rechts entlang des Sees gibt es einige Spiel- und Sitzmöglichkeiten, wie überall in der Vahr.«

Wir überqueren die Stauffenbergstraße. In der Mitte bleibt Alexander Meyer stehen und stellt fest: »Die kleine Insel sieht etwas anders aus als gewohnt.«

Fleet und Spielplatz

»Das war ein Projekt von VAJA«, erkläre ich. »VAJA steht für ›Verein zur Förderung akzeptierender Jugendarbeit‹. Streetworker kümmern sich seit 1992 vor allem um Jugendliche und junge Menschen, die von anderen Angeboten der Jugendarbeit nicht ausreichend oder gar nicht mehr erreicht werden, die sich als Cliquen oder Szenen definieren und für die der öffentliche Raum zum zentralen Aktions- und Aufenthaltsort ihrer Freizeit geworden ist. Der VAJA sucht den Kontakt zu ausgegrenzten Jugendlichen, unterstützt sie in ihrer Lebensbewältigung und bemüht sich gemeinsam mit den Jugendlichen, ihre Lebenswelt positiver zu gestalten. Mit der so genannten akzeptierenden Jugendarbeit werden Jugendliche aus unterschiedlichsten Milieus, Szenen und Cliquen erreicht.

VAJA ist in der Vahr auch aktiv mit eigenen Projekten, wenn es Probleme mit Jugendlichen gibt, und zur Unterstützung bei Projekten in Jugendtreffs. Was Sie ansprachen, war das Projekt ›Vahr Gardening‹ in verschiedenen Kooperationen, in diesem

Verein zur Förderung akzeptierender Jugendarbeit e. V.

Hinter der Mauer 9, 28195 Bremen
Tel. 76266 • info@vaja-bremen.de
www.vaja-bremen.de

Fall mit dem Jugendbereich der Kirche. Leider hat die Zusammenarbei nicht gut funktioniert.«

Vor uns sieht man ein kleines Kunstwerk an einem Gebäude, in dem offenbar Technik untergebracht ist. Ein paar Meter weiter beginnt ein ungewöhnliches Gebäude.

»Vor uns sehen Sie eine bemerkenswerte Ausnahme unter den einförmigen Bauten und ihren geometrischen Formen, die Säume und Hafemann errichtet haben«, sage ich. »Es ist der sogenannte Schlangenblock an der Kurt-Schumacher-Allee. Durch den schlangenförmigen Grundriss entsteht eine Wiedererkennbarkeit. Mit dem Abweichen der schematisierten Zeilen haben die Architekten Säume und Hafemann versucht, eine außergewöhnliche Architektur zu schaffen. Bei einem Großteil der Wohnungen verläuft eine geräumige Loggia vom Schlafzimmer bis zum Kinderzimmer.«

Obwohl Herr Meyer einen munteren Eindruck macht, war er die letzte Zeit ziemlich ruhig. Vielleicht liegt es daran, dass er nicht gewohnt ist, mit dem Fahrrad unterwegs zu sein. Man spürt sein Hinterteil wieder, auch verursacht das andauernde Auf- und Absteigen gewisse Ermüdungen.

»Da wir einen Teil der Strecke gefahren sind, könnten wir eigentlich …«

»Was meinen Sie?«, frage ich, »wollen wir die andere Seite auch gleich abfahren? Sie ist nicht sehr groß und das Wetter gut.«

Herr Meyer hält das für eine gute Idee. Also auf die Räder und zurück zum Ende der Geschwister-Scholl-Straße.

TuS Vahr Bremen e. V.

Kurt-Schumacher-Allee 44
28327 Bremen • Tel. 463990
info@tus-vahr-bremen.de
http://tus-vahr-bremen.de

TuS-Sportarten

- Badminton
- Ballspiele
- Fitness-Kurse
- Gymnastik
- Gesundheitssport
- Jazzdance
- Tischtennis
- Judo
- Karate
- Kinderturnen
- Schwimmen
- Seniorenclub
- Tanzen

Zwischen Kurt-Schumacher-Allee/ Geschwister-Scholl-Straße, Kleingartengebiet, Richard Boljahn-Allee und Berliner Freiheit

TuS Vahr – »Der Verein« im Stadtteil

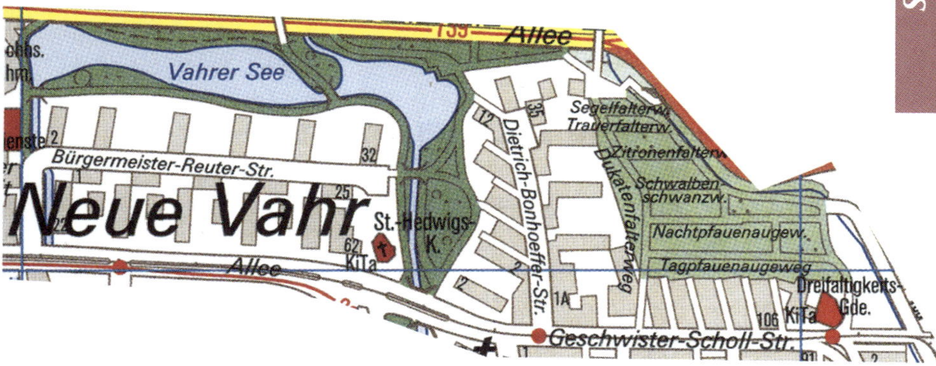

Wir fahren entlang der Kurt-Schumacher-Allee und wollen zum Ende der Geschwister-Scholl-Straße. Dabei erzähle ich: »Sie haben sicher schon vom TuS Vahr gehört.«

»Ja«, sagt Alexander Meyer, »das habe ich. Bisher konnte ich aber nicht erfahren, wo das Vereinsheim ist.«

Ich weiß es: »Dieser Verein, der seit 1959 besteht, hat kein Vereinsheim. In der Kurt-Schumacher-Allee 44 gibt es eine Geschäftsstelle. Aus der Sicht eines klassischen Sportvereins ist es kaum vorstellbar, dass ein Turn- und Sportverein weder Vereinsheim noch Turnhalle besitzt. Heute, so kann man sagen, ist das eine moderne Vereinsführung: Der Verein organisiert die sportlichen Aktivitäten, und andere halten sozusagen die Hardware, die Plätze, Räumlichkeiten und Geräte, vor.«

»Und wie funktioniert solch ein Verein?«, fragt Meyer, »ich kann mir das gar nicht vorstellen.«

»Mir hat der Vorsitzende Uwe Jacobs bei einer Feier mal etwas dazu erzählt«, sage ich, »weil ich mir das auch nicht vorstellen konnte.

Der TuS Vahr ist mit seinen rund 1.000 Mitgliedern der größte Sportverein im Stadtteil Vahr. Die Mitglieder werden in sieben Abteilungen von einem Diplom-Sportlehrer und weiteren 30 gut ausgebildeten Übungsleitern betreut. Das Sportangebot reicht vom Eltern-Kind-Turnen bis zu Kursangeboten im Seniorenbereich. Fitness-Kurse sowie diverse Gesundheitskurse vervollständigen das Angebot.

Der Verein widmet sich darüber hinaus intensiv der Integration von Neubürgern. Teilnehmer aus den Turngruppen treffen sich beispielsweise neben dem wöchentlichen Training zum Stammtisch, sommerlichen Ausflügen, Radtouren, Grillfesten in Schrebergärten, Weihnachtsfeiern und so weiter. Die Mitglieder des Seniorenclubs kommen alle vier Wochen zum sonntäglichen Klönschnack im Bürgerzentrum zusammen, um ihre Aktivitäten zu besprechen und in die Tat umzusetzen.

Zwei Jahre nach der Grundsteinlegung zum größten geschlossenen Neubaugebiet der Bundesrepublik, im Mai 1959, erfolgte die Gründung des TuS Vahr bei einer der Großveranstaltungen. Zu dieser Zeit schien die Gründung eines Sportvereins mehr als ungünstig zu sein. Die Neue Vahr war noch eine Baustelle. Außer der Gartenstadt Vahr und zwei weiteren Bauabschnitten waren die anderen Teilabschnitte noch nicht fertig. Nur eine Schule war bereits errichtet worden, von Turnhallen und Sportstätten keine Rede. Aber es gab Optimisten und Sportbegeisterte, die auf einer – in Turnerkreisen üblichen – Himmelfahrtstour sämtliche Vorbehalte über Bord warfen und den Entschluss fassten, einen Verein zu gründen.

Wer mag heute glauben, dass ein Sportbetrieb zum Teil unter freiem Himmel auf einem Acker und in einer verwahrlosten Kasernenhalle, mit kaputten Fenstern und ohne Toiletten, kalt und schmutzig, möglich war. Aus Mangel an geeigneten Übungsstätten mussten viele Sportangebote im Freien stattfinden. So trainierten die Leichtathleten, insbesondere die Läufer und Speerwerfer, auf dem Grünstreifen entlang der Franz-Schütte-Allee. Turner und Leichtathleten übten auf einer Wiese, wo später der Sportplatz Carl-Goerdeler-Straße angelegt wurde, der jetzige Carl-Goerdeler-Park.«

Katholische Kirche St. Hedwig mit Kindertagesstätte

Vor der Kirche St. Hedwig bleiben wir stehen. »Die Kirche St. Hedwig ist eines der bedeutendsten Bremer Beispiele einer ›orga-

Kirche St. Hedwig

Kath. Pfarrgemeinde St. Raphael
Kurt-Schumacher-Allee 62
28327 Bremen, Tel. 4673913
dau@raphael-bremen.de
www.raphael-bremen.de
st.-hedwig@kiki-bremen.de

nischen‹ Bauauffassung«, beginne ich zu erzählen, »wie sie auch Alvar Aalto vertrat. Deshalb steht sie trotz ihrer wenigen Jahre bereits unter Denkmalschutz.

Grundriss und Raumgefüge der Kirche St. Hedwig sind trotz der vielseitigen Architektur der 1960er-Jahre etwas Besonderes. Mit ihren geschwungenen Formen setzt die Kirche außerdem einen starken Kontrast zu den quaderförmigen Wohnhäusern der Neuen Vahr. Im Jahr 2008 wurde St. Hedwig zur Pfarrkirche im Pastoralen Raum St. Raphael bestimmt.

Der Besucher betritt die Kirche von der Westseite und gelangt zunächst in die Hedwigskapelle unter der Empore. Von dieser in der Tradition vieler romanischer Kirchen gedrückt wirkenden Eingangssituation öffnet sich der Blick in die Weite des geschwungenen Kirchenschiffes und lässt innerlich ›aufatmen‹.

Der Grundriss der Kirche bildet einen Fisch nach. Der Fisch ist in der Ikonografie der Urkirche ein Symbol für Christus, denn die fünf Buchstaben des griechischen Wortes ›IXTUS‹ (Fisch) bilden die Anfangsbuchstaben des Christusbekenntnisses.

Seit einigen Jahren hängt in der Kirche eine Weltkarte. Sie zeigt mit Flaggen gekennzeichnet viele Herkunftsländer der Gemeindemitglieder an, die aus rund 80 Nationen stammen. Das ist auch in anderen Bremer Gemeinden ähnlich, aber die Vielfalt der Herkunftsländer ist in keiner anderen Kirche so auffällig und prägend wie in St. Hedwig.

Außerdem zieht sich eine lange Reihe von Vaterunser-Texten in vielen Sprachen die Wand entlang bis in den Altarraum.

Viele Sprachen werden in der Gemeinde gesprochen. Unter anderen ist auch die aramäische Sprache Jesu dabei, die bis heute von einer der Familien artikuliert wird.

In der Katholischen Kindertagesstätte St. Hedwig werden 100 Kinder in fünf Gruppen betreut. Träger der Kindertagesstätte ist der Katholische Gemeindeverband in Bremen.

Die Einrichtung hat in vier Kindergartengruppen Platz für 80 Vorschulkinder im Alter von drei bis sechs Jahren und 20 Plätze für Grundschulkinder im Alter von sechs bis zehn Jahren.

Nicht alle Kinder in der Einrichtung sind katholisch getauft. Man ist offen für alle Familien aus dem Stadtteil, die sich für die pädagogische Ausrichtung und für die religionspädagogische Arbeit interessieren. Die Kinder kommen aus unterschiedlichen Herkunftsländern, aus differenzierten Lebenssituationen und bringen einen großen, individuellen Wissens- und Erfahrungsschatz mit.«

Gleich neben der Kirche beginnt der Park vom Vahrer See. Wir bleiben aber noch auf der Straße und fahren an einer Ladenzeile vorbei.

Ladenzeile Geschwister Scholl-Straße – Dietrich Bonhoeffer-Straße

»Muss das schön aussehen, wenn die Japanische Kirsche in voller Blüte ist«, sagt Alexander Meyer, als wir an den Bäumen vorbeifahren.

»Auf der anderen Straßenseite geht es zum Treffpunkt Waschhaus«, setze ich meine Ausführungen fort, »und vor uns ist die Dietrich-Bonhoeffer-Straße mit einer Verlängerung der Ladenzeile von der Geschwister-Scholl-Straße, die sich auf zwei verschiedenen Höhen befindet. Dieser Teil der Ladenzeile ist noch richtig genutzt. Der Inhaber des Frisörgeschäfts ist der einzige Geschäftsinhaber, der nicht gewechselt hat, so dass er vor einigen Monaten sein 50-jähriges Jubiläum feiern konnte.

Japanische Kirsche

Am Ende der Straße geht es links zum See und rechts in ein Kleingartengebiet. Wir fahren aber zuerst zur nächsten Kirche.«

Dreifaltigkeitskirche, Kita, Jugendliche, Frühförderung

»Wir stehen vor der Dreifaltigkeitskirche, die von 1966 bis 1967 gebaut wurde«, sage ich und erzähle weiter: »Sie hat eine ungefähre Höhe einschließlich Kreuz von 24,7 Metern und eine maximale Dachhöhe von ungefähr 15,7 Metern. Architekt ist Peter O. Ahlers. 1979 wurde innen eine Kleuker-Orgel errichtet.

Dreifaltigkeitskirche

Der Kirchengrundriss basiert auf einem dreieckigen Aufbau, eine symbolische Anspielung auf den Namen des Gotteshauses. Der Turm mit aufragendem Betonkreuz ist in die Gesamtform eingeschlossen. Im Turm befindet sich das Auflager der vier Hauptbalken des Kirchendaches, die, fächerförmig angeordnet, an ihren gegenüberliegenden Enden auf fast ebenerdige Einzelfundamente treffen. So entsteht ein zeltartiger Kirchenraum, an dessen niedrigster Seite die

Kirche St. Hedwig 1966

Dreifaltigkeitskirche

Ev. Kirchengemeinde Neue Vahr
Geschwister-Scholl-Str. 136
28327 Bremen • Tel. 46021712
schnepel@kirche-bremen.de
www.kirche-neuevahr.de

Altarzone liegt. Diese ist durch versetzt gestellte Wände ebenfalls dreigeteilt. Die blau bezogenen Bankreihen sind entsprechend auf Kanzel, Altar und Taufbecken hin orientiert.

Kita der Dreifaltigkeitskirche
Jugendtreff & Frühförderung

Geschwister-Scholl-Straße 136
28327 Bremen • Tel. 460217 27
kita.dreifaltigkeit@kirche-bremen.de
www.kirche-neuevahr.de
evjugendneuevahr@kirche-bremen.de
www.kirche-neuevahr.de
fruehfoerderzentrum@kirche-bremen de

Im Kindertagesheim Dreifaltigkeitskirche werden 60 Kinder in drei Gruppen mit unterschiedlichen Betreuungszeiten betreut. In jeder der drei Gruppen arbeiten zwei Erzieherinnen im Team. 40 Kinder werden täglich im Haus bekocht, die Zutaten kommen aus der Region und sind aus biologischem Anbau. Der Kita-Bereich wird von 2014 bis 2015 erneuert und erweitert.

Kinder und Jugendliche haben in der Gemeinde einen Ort, an dem sie Gemeinschaft erleben und mitgestalten können. Bei Gruppen, Projekten und Freizeiten dreht sich alles um sie. In der Gemeindejugendvertretung bestimmen Jugendliche über die Kinder- und Jugendarbeit mit. Es gibt verschiedene regelmäßige Gruppen und besondere Angebote. Im Kinder- und Jugendbereich arbeiten neben den Hauptamtlichen etwa 20 Jugendliche und einige erwachsene Ehrenamtliche.

Das Frühförderzentrum ist eine Tageseinrichtung für Kinder. Dort wird ein breit gefächertes Förder- und Beratungsangebot geboten. Beantwortet werden Fragen zur Entwicklung des Kindes, und es wird geholfen, wenn ein Kind heilpädagogische Frühförderung und medizinisch-therapeutische Leistungen benötigt.«

Kleingärtnerverein Rose am See

Unser nächstes Ziel ist der Kleingartenverein Rose am See. Der Verein wurde 1960 gegründet. Sein Name entstand durch die Nähe zum Vahrer See und die Rosen, die damals in den entstehenden Kleingärten blühen sollten. Die Gründungsfeier mit dem Namen Rose am See fand 1961 statt. Das Gartengelände befindet sich im Viereck Richard-Boljahn-Allee, Achterdiek, Geschwister-

Scholl-Straße (Hochhaus Nr. 8) und Dietrich-Bonhoeffer-Straße. Dem Verein ist es gelungen, Kleingartenbesitzer aus etlichen anderen Kulturen einzubinden. Das war nicht einfach, hat sich aber gelohnt, wie ich selbst beim letzten Sommerfest erleben konnte.«

»Ist Rose am See das einzige Kleingartengebiet in der Vahr?«, will Alexander Meyer wissen.

»Nein«, sage ich, »es gibt noch einige mehr, wie Sie sehen werden. Jetzt fahren wir noch ein Stück weiter bis zu den Zickzack-Gebäuden. Achten Sie mal auf die Grünfläche. Was fällt Ihnen auf?«

Meyer schaut sich um – und landet im Gras.

»So genau sollten Sie nicht hinschauen«, rufe ich. »Ist alles in Ordnung?«

»Ja«, kommt es zurück, »gut, dass ich nicht weiter gekommen bin, sonst wäre ich wohl auf der Tanzfläche gelandet!«

Rose am See e. V./www.roseamsee.de

Wir lachen beide. Es sieht schon etwas seltsam aus, eine mit Platten ausgelegte Fläche im Rasen. Wahrscheinlich ist das der Platz, wo gefeiert werden kann.

Weiter geht es in die Bürgermeister-Reuter-Straße.

Bürgermeister-Reuter-Straße – Gebäude von Ernst May

»Ernst May«, sage ich, »baute geschlossener als seine Kollegen, seine Häuser ergeben ein Bild. In der Bürgermeister-Reuter-Straße stehen auf der Seeseite Blöcke, deren Fassade durch die Anordnung der Balkone aussehen, als seien sie im Zickzack gebaut. Auf der anderen Straßenseite stehen die Gebäude auf Stelzen, ohne den freien Raum im Ergeschoss zu nutzen. May baute auch gerne Fenster bis zum Boden und seine Dächer haben keine Vorsprünge. Zwischen den großen Wohnblöcken gibt es Obstwiesen. An der Straße stehen Erdbeerapfelbäume und auf dem Rasen Zierapfelbäume, weil sie schöner blühen. Zur Erholung drehen wir jetzt noch eine Runde um den Vahrer See.«

Der Vahrer See

»Das können wir gerne machen«, meint Herr Meyer, »aber eine kleine Pause wäre auch nicht schlecht.«

»Was halten Sie davon, wenn wir uns eine schöne Bank suchen und den Blick auf den See genießen. Dazu erzähle ich Ihnen etwas. Die Runde drehen wir danach.« »Gute Idee!«, lautet die Antwort.

Bänke gibt es rund um den See. Direkt am Wasser und etwas abseits. Da wir ungefähr in der Mitte des Sees sind, das heißt zwischen den beiden Teilen, setzen wir uns auf eine Bank ohne Rückenlehne mit Blick auf das Hochhaus.

Ich beginne: »Der über 500 Meter lange Vahrer See sollte, so wollten es die Planer, die Distanz zur damaligen Franz-Schütte-

Vahrer See

Allee, jetzt Richard-Boljahn-Allee, und den siebengeschossigen Wohnbauten, den Zichzack-Häusern, wie ich sie nannte, vergrößern. Die Ingenieure konstruierten ihn als Auffangbecken für das Wasser starker Regenfälle. Gleichzeitig nutzten die Techniker des Heizwerkes das Wasser des Sees als Kühlwasserreservoir. Dem Heizwerk ist auch die Fontäne zu verdanken, die in warmen Zeiten das Wasser abkühlte und den See mit Sauerstoff versorgte. Durch die neue Technik wird der See vom Heizwerk nicht mehr in Anspruch genommen. Naja – die Bewohner nutzen den See natürlich auch für Erholung, Entspannung und Bewegung.

Am Ende links ist eine befestigte Fläche, wie eine Terrasse, wo fast immer Menschen sitzen. Den Seitenarm, hinten rechts, mit der kleinen Insel, sahen Sie bereits, als wir hinter der Kirche St. Hedwig fuhren. An der anderen Seite, beim Marktplatz, ist ein kleiner Spielplatz. Auf der Fläche davor fand, bis auf eine Ausnahme, immer das Stadtteilfest SaVAHRi statt. Dieser ganze Teil wurde 2014 aufgewertet. Für Kinder gibt es neue Spielgeräte und für Erwachsene Freiluft-Trainingsgeräte.

Die Vahrer-See-Fontäne

In einem Wegeplan führte der Georg-Elser-Weg von der Otto-Suhr-Straße vorm Aalto-Hochhaus quer über den Marktplatz, dann über die Studentenbrücke am See entlang. Ob der Weg heute noch so genannt wird, ist mir nicht bekannt. Die Fontäne wird im Herbst mit einem riesigen Kran eingeholt und auf einem Tieflader zur Überholung gebracht. Zum 1. Mai erfreut sie uns dann wieder.

Wenn Sie das Leben am See interessiert, ich bin mal 15 Monate lang, teilweise dreimal am Tag, um den See gegangen. Mal mit Fotokamera, mal mit Filmkamera oder mit beidem. In diesem Jahr erschien mir der See mit den vielen Pflanzen und Tieren besonders interessant. Herausgekommen ist ein Film auf DVD, bei dem meine Frau auch eine Rolle spielt. Als kleinen Vorgeschmack habe ich Ihnen ein paar Bilder vom winterlichen See mitgebracht. Da blieb den Enten und Teichhühnern nicht mehr viel Platz im Wasser. Ob der von mir gefundene und von jemanden verlorene Einkaufszettel zu Ärger führte, ist nicht bekannt. So, genug geredet. Eine Runde drehen wir und dann ab ins Aalto.«

»Moment«, sagt Alexander Meyer, »ich habe noch ein paar Fragen: Wie ist die Fontäne befestigt? Gibt es Fische im See? Darf man hier angeln?«

Meine Antworten darauf: »An der Fontäne hängt ein Gewicht in der Größe eines Fünf-Liter-Eimers. Fische gibt es auch, aber der

Vahrer See

See gehört zum Deichverband. Und deshalb wird das Angeln wohl nur mit Angelschein erlaubt sein, wenn überhaupt. Angler verstecken sich gerne in dem Seitenbewuchs, der immer mal wieder radikal entfernt wird, aber bald wieder nachwächst. Ob die kleinen Fische, die sie herausholen, schmecken, bezweifle ich. Erwähnenswert ist noch, dass jedes Jahr der Vahrer Seen-Lauf stattfindet. Ein Großereignis. Irgendwann könnte die magische Grenze von 1.000 Läufern überschritten werden.«

»Wenn ich das so höre«, sagt Alexander Meyer, »sollte man öfter und mit offenen Augen um den See gehen. Das scheint sich zu lohnen.«

»Es gibt täglich Veränderungen«, sage ich, »dazu kommt das sich ständig ändernde Licht, womit sich auch die Farben ändern, aber auch das Aussehen des Wassers. Und …«

»Moment, bitte keinen Vortrag über Foto- oder Filmaufnahmen«, sagt Meyer, »lassen Sie uns um den See fahren, und dann möchte ich mich kurz noch mit Ihnen auf den Marktplatz setzen und ein Zwischenfazit ziehen.«

Zwischenzusammenfassung

Wir sitzen auf der Bank vor dem Reformhaus, mit Blick über den Marktplatz zum Vahrer See. Alexander Meyer beginnt: »Ich möchte unsere Spaziergänge und Fahrten auf die Reihe bringen. Bitte verbessern Sie mich, wenn etwas nicht richtig ist. Bevor die Vahr-Informationen begannen, haben Sie erzählt, wie Sie in die Vahr gekommen sind und Video-Reporter der Vahr wurden. Offen ist da noch die weitere Enttäuschung. Ich vermute, es geht dabei um das Geld für die laufenden Kosten vom VAHReport.«

»Das kann ich kurz und schnell erklären«, sage ich. »Der damalige Beiratssprecher und jetzige Bürgerschaftsabgeordnete Helmut Weigelt fasste das im Interview mal sinngemäß so zusammen: ›Wir glaubten, da ist so ein Spinner in die Vahr gezogen und will sich von uns eine Kamera finanzieren lassen. Wie falsch man mit seinen Vorurteilen liegen kann, hast Du uns bewiesen. Wir möchten nicht mehr auf den VAHReport verzichten, der ist goldwert für den Stadtteil.‹

Nach mehreren Anläufen und dem Nachweis, was ich mit dem VAHReport sendete, wurden dann nach ungefähr zwei Jahren die laufenden Kosten problemlos über Fördermittel finanziert. Etwas Geld kommt auch durch DVD-Verkäufe in die Kasse.«

»Dann war der Weigelt ja richtig ehrlich«, freut sich Meyer. »So, und nun mache ich weiter. Oben auf dem Aalto-Hochhaus habe ich erfahren, wie und warum die Vahr entstand. Sie haben den Sauerstoffpfad erklärt, das Aalto-Hochhaus und vieles mehr. Das war der große Überblick in doppeltem Sinne. Sie haben mir Auszüge aus dem Stadtteilbericht zusammengestellt und mit GEWOBA-Informationen ergänzt.

Das ist nicht nur eine sehr aufschlussreiche Information, sondern auch eine weitere Einführung für unsere Rundgänge. Die Vielfältigkeit der Berliner Freiheit habe ich immer noch nicht ganz verdaut. Aber ich achte jetzt auf die Schilder, um zu erkennen, was es hier wirklich alles gibt. Die erste Runde führte durch Nordwest und da in den nördlichen Teil, die zweite durch den südlichen Teil. Dann haben wir den Teil Südost, zuerst südlich und dann nördlich durchforstet. Ist das so richtig?«

»Ja«, antworte ich, »wenn Sie auch noch wissen, was da jeweils zu finden ist.«

»Dafür habe ich eine Lösung parat«, sagt Meyer, »ich nehme die Karte und mache mit meiner Frau die Runden einfach mehrmals. Dabei erzähle ich ihr dann das, was ich behalten habe. Wie geht es weiter?«

»Beim nächsten Treffen, wieder mit dem Rad, geht es in die Neue Vahr Nord. Sie entscheiden, ob es zuerst nach rechts oder links geht.« Mein Begleiter meint, dass dieses Gebiet hoffentlich kleiner ist. Ob das stimmt, werden wir sehen.

Neue Vahr Nord

Zwischen Karl-Kautsky-Straße, Richard-Boljahn-Allee, Autobahn und Golfplatz

Ende August-Bebel-Allee – Anfang Paul-Singer-Straße

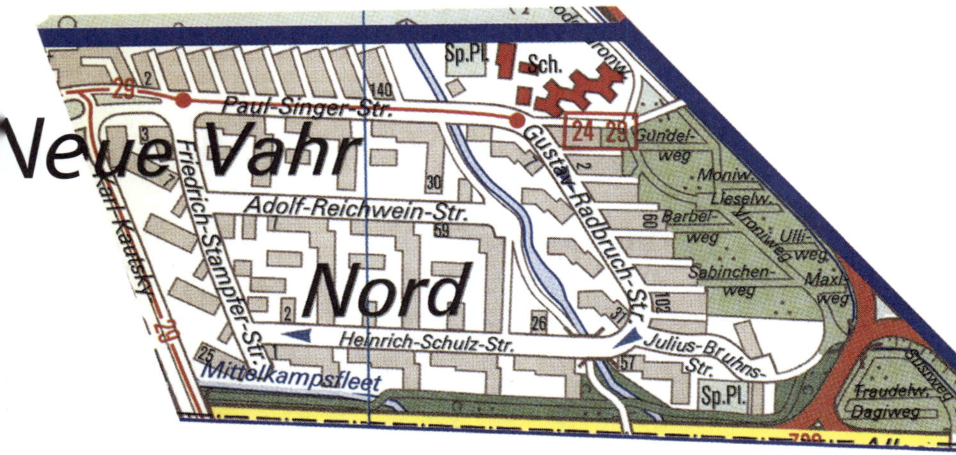

Oben auf der Karl-Kautsky-Brücke, mit Blick in die Neue Vahr Nord, entscheidet sich Alexander Meyer für die rechte Seite. »Das letzte Stadtteilfest SaVAHRi fand hier auf der Brücke statt«, sage ich, während wir auf das Kunstwerk inmitten eines Verkehrskreisels, mit dem Namen »Paare« von Hans-J. Müller aus dem Jahr 2002, zufahren.

»Auf sieben Halbbögen, die in einer Gruppe einander zugeordnet sind, sind die Büsten-Profile von Paaren zu sehen«, beginne ich, »es sind Mann und Frau im Gegenüber. Sie symbolisieren Kommunikation und Miteinander im Stadtteil. Durch die Signalfarben Rot-Gelb-Orange wird das Ensemble zum weit sichtbaren Zeichen im Straßenraum. 22 Tonnen Stahl wurden mit einem Schwertransporter vom Entstehungsplatz im Hafen zum Kreisel August-Bebel-Allee transportiert und bei minus sieben Grad auf-

»Paare« von Hans-J. Müller, 2002

gestellt. Gesamtkosten: rund 100.000 Euro.

Dahinter befindet sich eine Ladenzeile, in der es aber keinen Laden mehr gibt, wie in den meisten Ladenzeilen. Wir befinden uns am Ende der August-Bebel-Allee und fahren in die Paul-Singer-Straße. Nummer eins ist das Hochhaus. Auch hier, wie in einigen Hochhäusern der Vahr, gibt es einen Concierge, in anderen gibt es wiederum eine Videoüberwachung. Paul-Singer-Straße Ecke Friedrich-Stampfer-Straße ist die erste Ladenzeile, die modernisiert wurde. Der Grund wird wohl sein, dass sich in diesem Komplex ein Waschhaus und ein Hauswartbüro der GEWOBA befinden.«

Paul-Singer-Straße

Friedrich-Stampfer-Straße, Heinrich-Schulz-Straße

Eigentlich will ich auf der Paul-Singer-Straße weiterfahren. Aber Alexander Meyer steht auf der Straße und sieht am Ende das Aalto-Hochhaus. Er fragt: »Ist das die Straße, wo der barrierefreie Übergang zum Aalto-Hochhaus entstehen soll?«

»Ja«, sage ich, »fahren wir mal dahin. Ich sagte schon, dass es einige Häuser in der Neuen Vahr gibt, die nachträglich gebaut wurden. Hier ist so eine Stelle. Sie sehen das an dem Stil der Häuser.«

»Was hat es mit dem Bambus auf sich?«, fragt Meyer.

»Der gehört zum Bambusgarten«, antworte ich, »der sich

nicht nur an einer Stelle befindet, sondern aufgeteilt an mehreren Stellen in dem kleinen Gebiet. Man wollte Punkte schaffen, an denen sich Bewohner treffen oder mal eine Pause einlegen können. An den meisten Stellen sind auch Bänke.

Am Ende der Friedrich-Stampfer-Straße ist ausreichend Platz für den barrierefreien Übergang. Eine gute Verbindung zur anderen Seite der Brücke gibt es auch. Wir fahren jetzt durch die Heinrich-Schulz-Straße zur Gustav-Radbruch-Straße.

Gustav-Radbruch-Straße – Julius-Bruhns-Straße

»An der Ecke ist wieder eine Besonderheit, die zeigt, wie sich die GEWOBA die Zukunft im Quartier vorstellt. Sie möchte den Bewohnern die Möglichkeit bieten, bis zum Tod in dem gewohnten Quartier zu bleiben. Wie ich Ihnen bereits erzählt habe, gibt es Bewohner, die viermal umgezogen sind: zuerst als Paar in eine kleine Wohnung, dann mit Kindern in eine größere. Als die Kinder auszogen, ging es wieder in eine kleinere Wohnung. Und wenn es ohne Hilfe nicht mehr alleine geht, könnten einige der Angebote für ›Betreutes Wohnen‹ genutzt werden.

Demenz-WG Domizil

Gustav-Radbruch-Straße 31

Das Domizil ist so ein Angebot. Gegen den etwas seltsamen Protest der Hausbewohner wurde ein Teil der unteren Etage zu einer Demenz-Wohngemeinschaft für zehn Personen umgebaut. Die Wohnungen vermietet die GEWOBA, vorzugsweise an Bewohner der Vahr. Die vollständige Betreuung hat ein Pflegedienst übernommen, der jedoch nicht zwingend ist. Vorne wurde ein Fahrstuhl angebaut, hinten eine große Terrasse.«

»Hat sich der Protest erledigt oder wird er fortgeführt?«, fragt Alexander Meyer.

»Die letzte Information besagt, dass es keinerlei Probleme mehr gibt. Hinter dem Gebäude ist ein Fleet mit Steg, und auf der anderen Seite sind Spielgeräte am Wegesrand: der Oma-Enkel-Weg. Sehen wir uns das mal an.«

Zurück in der Kurve, gegenüber vom Domizil, fahren wir in die Julius-Bruhns-Straße. Alexander Meyer bleibt auf der Straße stehen und sagt: »Von hier aus links in der Gustav-Radbruch-Straße sind die Wohnblöcke und rechts Einfamilienhäuser. Das heißt, wir haben den Rand der Vahr erreicht.«

»Das ist fast richtig«, sage ich, »denn hinter den Reihenhäusern ist noch ein Kleingartengebiet. An der Ecke ist auch ein E-Mobil-Platz, wie wir ihn an der Karl-Kautsky-Straße gesehen haben.«

Kleingartengebiet Neue Vahr Nord

Kleingartenverein Neue Vahr e. V.

Wilhelm-Liebknecht-Str. 38
Tel. 4675596 • klgv-neue-vahr.de

»Bei dem Hochhaus ist ein Spielplatz mit einem kleinen Bolzplatz. Lassen Sie uns mal in eine etwas verzwickte Ecke fahren. Es gibt ein winziges Kleingartengebiet, genau in der Auf- beziehungsweise Abfahrt der Autobahn zur Richard-Boljahn-Allee. Man muss über die Fußgängerbrücke gehen, um dahin zu kommen. Von der anderen Seite erreicht man diese kleine Ecke durch eine Unterführung des Autobahnanschlusses, die Verbindung zum Kleingartenverein Neue Vahr.«

Wir fahren von der Julius-Bruhns-Straße weiter in das Gebiet Kleingarten Neue Vahr. Alles macht einen sehr gepflegten Eindruck, wie auch die anderen Kleingärten.

»Etwas ist hier anders. Das erfuhr ich bei der Feier zum 50-jährigen Jubiläum. Im Laufe der Jahre hat der Verein an vielen Wettbewerben teilgenommen und auch einige Auszeichnungen erhalten.

Besonders stolz ist der Verein auf das Vereinsheim, das in den Jahren 1978 (Planung) bis zum Jahr 1980 von den Gartenfreunden nicht nur erstellt, sondern auch finanziert wurde. Es ist der Mittelpunkt der Anlage und dient allen Aktivitäten des Vereins. Die erste Jahreshauptversammlung fand im März 1980 in diesem Vereinsheim statt.

Die verliehenen Auszeichnungen

1981	3. Platz	Altanlagen Gruppe 1
1983	3. Platz	Altanlagen Gruppe 1
1999	4. Platz	Natur und Gärten
2005	1. Platz	Natur und Gärten
2013	2. Platz	Natur und Gärten

Vereinsheim Kleingartenverein Neue Vahr e. V.

Nord

Die Anlage verfügt über 94 Parzellen. Darunter sind zwei Parzellisten türkischer Herkunft. Knapp die Hälfte der Mitglieder kommt aus den ehemaligen Ostblockstaaten Polen und Russland. Die Parzellen sind zwischen 301 und 453 Quadratmetern groß. Die Durchschnittsfläche beträgt 366 Quadratmeter.

Das Durchschnittsalter der Mitglieder beträgt knapp 49 Jahre. 31 Parzellen sind von weiblichen Mitgliedern gepachtet. Etwa fünf Parzellen wechseln pro Jahr ihren Pächter.

Eines muss ich noch erwähnen: Die Dekoration anläßlich des Festes zog sich durch alle Wege, war originell und mit viel Liebe gestaltet.«

Paul-Singer-Straße, Ecke Gustav-Radbruch-Straße

Paul-Singer-Schule

Grundschule an der Paul-Singer-Straße

Ganztagsschule
Paul-Singer-Straße 160
28329 Bremen
Tel. 361-3356
094@bildung.bremen.de
www.paul-singer.de

Wir schwingen uns wieder auf die Räder und fahren zu den Reihenhäusern. Vor einer beliebigen Reihe schieben wir die Räder bis zur Ecke Gustav-Radbruch-Straße/Paul-Singer-Straße. Alexander Meyer zeigt auf das Schulgelände gegenüber einer kleinen Ladenzeile, wo es am Ende noch einen Bäckerladen gibt. Er fragt dabei: »Da ist ja schon wieder ein großer Komplex. Was ist das?«

»Wir sind jetzt in der Paul-Singer-Straße bei der Grundschule an der Paul-Singer-Straße. Das ist die bisher einzige Ganztagsgrundschule in der Vahr. Ortsamt und Beirat sind intensiv bemüht, weitere Ganztagsschulen zu bekommen. 2014 gab es die Zusage, alle Vahrer Grundschulen sollen Ganztagsschulen werden. Ich bin oft hier, da die Schulleitung viel für die Kinder tut, was nicht unmittelbar als vorgeschriebener Unterricht festgelegt ist. Es gibt auch Zusammenarbeit mit Künstlern, Musikern, Beratern für richtiges Essen und vieles mehr.

Die Grundschule an der Paul-Singer-Straße ist eine dreizügige Ganztagsgrundschule mit ungefähr 280 Schülerinnen und Schülern. Dem Kollegium gehören 20 Lehrerinnen und Lehrer sowie elf sozialpädagogische Fachkräfte an. Die Schule besteht seit beinahe 50 Jahren. Seit dem Schuljahr 2011/2012 hat sie ihren Ganztagsbetrieb aufgenommen.

Kooperationen finden mit dem TuS Vahr, der Botanika, der Sarah-Wiener-Stiftung, dem Sportgarten, dem Bürgerzentrum, der Stadtbücherei im Einkaufszentrum der Berliner Freiheit und den Bremer Philharmonikern statt.

Die Schule verfügt über eine eigene Bücherei, einen Bewegungs- und einen Ruheraum. Momentan wird an der Einrichtung eines Forscherraums in Kooperation mit der Deutschen Kinder- und Jugendstiftung gearbeitet. Auf dem Gelände findet man auch einen Schulgarten und einen interessant gestalteten Schulhof mit einem Fahrradparcour.

In der Nachbarschaft zum Schulgrundstück ist zudem die Jugendhütte Vahr mit einem großen Bolzplatz, der von den Schülerinnen und Schülern ebenfalls genutzt wird.

Ein Kunstwerk ist auch vorhanden. Die beiden Seelöwen vor dem Eingang zu diesem Schulgebäude standen seit 1964 vorne auf dem derzeit nicht mehr schönen Vorplatz. Sie stammen von Angelika und Peter Lehmann, die auch die Schweine in der Sögestraße gestaltet haben.

Ja, lieber Herr Meyer, das ist Schule heute, etwas anders als zu unserer Zeit.«

Alexander Meyer teilt meine Ansicht, und wir drehen eine Runde auf dem großen Pausenhof, damit Alexander Meyer sieht, wie groß die Schule und das Gelände sind.

Schule Paul-Singer-Straße Seeloewen

Jugendhütte Vahr – Die Bude

Jugendhütte Vahr

AWO Soziale Dienste
gemeinnützige GmbH
Paul-Singer-Straße 158
28329 Bremen
Tel. 461809
jc-vahr@awo-bremen.de

Gleich neben der Schule ist die schon erwähnte Jugendhütte Vahr, genannt Bude. »Der Name stammt aus früherer Zeit, als es wirklich nicht mehr als eine Bude war«, erzähle ich. »Inzwischen ist es eine Freizeiteinrichtung mit Angeboten für kleinere Kinder bis zu jungen Erwachsenen, die nur indirekt mit den Jugendlichen den Fußballplatz nutzen, da sie zu alt für die Einrichtung sind. Einzigartig ist das Gelände. Rechts neben dem Haus ist ein großer

Jugendhütte Vahr

freier Platz. Neben dem großen Fußballplatz gibt es einen Hügel und dahinter befindet sich das Fleet. Unter den Bäumen sind Freiluft-Sportgeräte. Zum Angebot gehört auch Schwimmen. Wenn finanziell möglich, werden Ausflüge unternommen.

2014 wurde der Fußballplatz mit einer Lichtanlage ergänzt. Durch die veränderten Schulzeiten kommen die Jugendlichen später dort hin. In der dunklen Jahreszeit kann der Platz dann auch am späten Nachmittag und abends genutzt werden.«

Staunend steigt Alexander Meyer auf das Rad und sagt: »Was den Kindern und Jugendlichen heute alles geboten wird, erstaunt mich doch sehr. Ohne Ihre Führung würde ich gar nicht erfahren, was sich hinter diesen Orten, egal ob Schule, Treffpunkt, Kirche oder Freizeitheim, alles verbirgt.«

»Ich hätte es auch nicht geahnt und schon gar nicht gewusst, wenn ich nicht den VAHReport machen würde«, antworte ich.

Projekt »Spielen und Lernen«

- täglich 14–18 Uhr mit Freizeitangeboten und Hausaufgabenbetreuung
- offene Tür, Sportangebote, Werkstatt, Medienangebote, Ausflüge
- mittwochs Mädchentag, das Freizeitangebot wird gemeinsam mit den Mädchen festgelegt

Übrigens, Sie sollten sich mal auf der Internetseite www.VAHReport.de umsehen. Zu fast allem, was ich Ihnen erzähle, gibt es Videos. In fünf Jahren habe ich über 2.800 Videos eingestellt, die alle noch vorhanden und anzusehen sind.«

Bevor wir losfahren, sage ich noch: »Irgendwo dahinten existierte zwischen 1961 und 1974 ein kleiner Zoo auf Oberneulander Gebiet, dem Nedderland, der bei den Kindern der Vahr sehr beliebt war. Von der Straße Achterdiek führte eine Schmalspurbahn zum Eingang des Zoos. Unglücklich war nur, dass zwischen der Paul-Singer-Straße und dem Zoo die Autobahn ein Hindernis darstellte. Die für den Zoo und für die Bewohner nützliche

Fußgängerbrücke wurde erst gebaut, als es für den Zoo zu spät war. 1973 wurde wegen zu geringer Besucherzahl das Konkursverfahren eröffnet.

Die Grenze der Vahr Nord, hinter den Kleingärten, bildet das Achterkampsfleet. Dahinter liegt die Autobahn, und Oberneuland beginnt. Als Stadtteilgrenze hinter den Reihenhäusern, die an der Außenseite der Paul-Singer-Straße stehen, dient ein Zaun. Der beginnt, vom Ende der Neuen Vahr aus gesehen, hinter dem Gelände der Paul-Singer-Schule und endet kurz vor der Bürgermeister-Spitta-Allee. Hinter dem Zaun hat der Club zur Vahr sein Hockey- und Golf-Gelände.

Paul-Singer-Straße: Eigentumswohnungen

Friedrich-Stampfer-Straße

Wir fahren nun die Paul-Singer-Straße entlang bis zum Kreisverkehr mit den Paaren. Auf der anderen Straßenseite sehen Sie zwei unterschiedliche Wohnblocks. In dem bunten Block befinden sich nur Eigentumswohnungen. Die GEWOBA verkaufte bis zu 20 Prozent der Wohnungen vorwiegend an ihre Mieter. Als Hausverwaltung für die neue Eigentümergemeinschaft bot sich die GEWOBA an.

So, wir sind wieder am Ausgangspunkt angekommen. Werfen Sie noch einen Blick auf die Rückseiten der Gebäude Friedrich-Stampfer-Straße. Ich nehme an, Sie sind damit einverstanden, wenn wir uns den Rest der Neuen Vahr Nord auch noch ansehen.«

Alexander Meyer stimmt zu. Er weiß ja nicht, was jetzt noch alles auf ihn zukommt.

Zwischen Karl-Kautsky-Straße, Richard-Boljahn-Allee, Bürgermeister-Spitta-Allee und Golfplatz

Vahrfalla

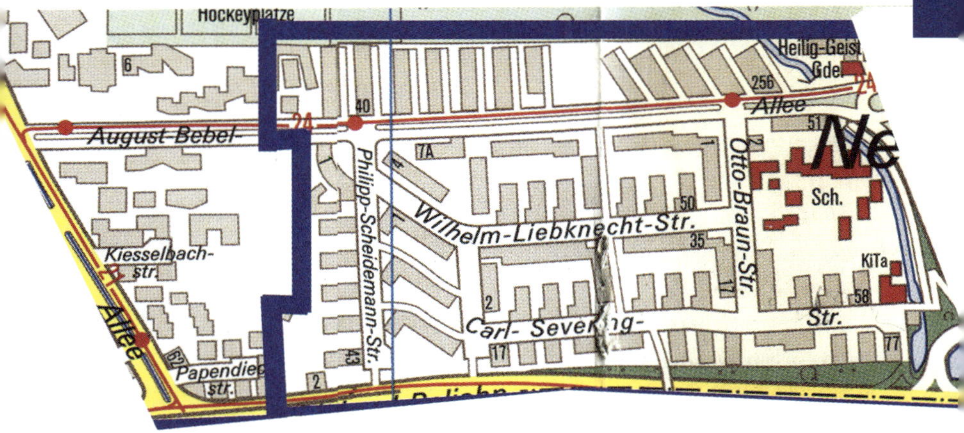

Alexander Meyer will sich die Stahlfiguren aus der Nähe ansehen. Dabei fällt sein Blick auf die August-Bebel-Allee in Richtung Bürgermeister-Spitta-Allee. »Man sieht ja kaum die Straße vor lauter Grün«, sagt er.

»Das können wir ändern«, antworte ich und zeige ihm ein altes Foto. »Das wurde vom anderen Ende der Straße aufgenommen. Damals stand dort das IBM-Hochhaus.

> ***Vahrfalla***
>
> August-Bebel-Allee 286
> 28329 Bremen • Tel. 69647300
> www.dikita-bremen.org/

In der ehemaligen Ladenzeile ist links eine Kinderkrippe. Der Name entstand aus Farfalla, italienisch für Schmetterlinge, und Vahr: Vahrfalla. Die Gruppe besteht aus acht Kindern im Alter von mindestens acht Wochen bis zum Übergang in den Kindergarten. Die Kinder wohnen im Stadtteil Bremen-Vahr.

Bei der Gruppenzusammensetzung wird auf eine ausgewogene Altersmischung und Geschlechterzusammensetzung geachtet.

Die Elternschaft ist hinsichtlich ihrer Lebensverhältnisse heterogen. Das Team besteht aus vier sozialpädagogischen Fachkräften, zusätzlich ist ein Mitarbeiter im freiwilligen sozialen Jahr vom Diakonischen Werk Bremen beschäftigt. Die Kinder können den Spielplatz vor der Tür zum Familien- und ›QuartiersZentrum‹ benutzen.«

August-Bebel-Allee: Vahrfalla

Familien- und QuartiersZentrum Neue Vahr Nord (FQZ)

Geschichte in Kurzfassung

»Das ›Familien- und QuartiersZentrum Neue Vahr Nord‹ ist ein ehemaliges Waschhaus. Über die Entstehung habe ich eine Dokumentation produziert. Entsprechend viel könnte ich erzählen. Eine Kurzfassung: Über viele Jahre hat sich das Netzwerk Vahr Gedanken darüber gemacht, wie man es schaffen könnte, in der Neuen Vahr Nord einen dringend benötigten Bewohner-Treffpunk zu bekommen. Bei vielen Planungsveranstaltungen war das ein Thema. Es wurden zahlreiche Ideen ge-

> ***Familien- und QuartiersZentrum***
>
> August-Bebel-Allee 284
> 28329 Bremen • Tel. 67328431
> info@fqz-bremen.de/www.fqz-bremen.de

sammelt, die nur Ideen blieben. Dann endlich tauchte am Horizont eine Lösung auf. Die GEWOBA wollte das Waschhaus verkleinern.

Bei allem, was Stadtteilarbeit betrifft, ist die GEWOBA zwar großzügig, aber aus dem Waschhaus einen Nachbarschaftstreff zu machen, erschien kaum vorstellbar. Die Ideen für das geplante Haus waren zudem noch recht umfangreich. Trotzdem half die GEWOBA und siedelte das kleinere Waschhaus um, in die Friedrich-Stampfer-Straße.

Waschhaus 2003

Auf der Suche nach Geld erwies sich eine Förderung durch das ExWoSt-Programm als Segen. Das steht für ›Experimenteller Wohnungs- und Städtebau‹. Um die 460.000 Euro wurden bereitgestellt unter der Bedingung, dass aus dem Waschhaus ein besonderes Gebäude würde und dass die sogenannten neuen Medien im Haus berücksichtigt würden. Mit diesem Grundstock war es einfacher, an weitere Mittel zu gelangen. Am Ende wurde das Familien- und QuartiersZentrum im Mai 2010 eingeweiht. Der Architekt Eberhard Haering schuf tatsächlich etwas Spezielles aus dem Waschhaus.

Das Projekt ist ein Beispiel für die Philosophie der GEWOBA, ganzheitlich für ihre Quartiere und Bewohner zu sorgen. Das Unternehmen begreift sich als Partner der öffentlichen Hand, um gemeinsam mit sozialen Einrichtungen und Vereinen in der Quartiersentwicklung mitzuwirken. So war und ist es auch beim Familien- und QuartiersZentrum.

Aufgabe und Aktivitäten

Das Familien- und QuartiersZentrum soll dazu beitragen, als Treffpunkt und mit passenden Angeboten die Lebenssituation der Bewohnerinnen und Bewohner in der Vahr zu verbessern.

So werden Solidarität, Verständigung und Dialog der Nationalitäten und Generationen untereinander gefördert. Es wird von einem Trägerverein betrieben und genutzt. Ein Café und Medienraum sowie Räumlichkeiten für Beratungen, Gruppentreffen und eine Krabbelgruppe stehen zur Verfügung.

FQZ Café

FQZ heute

Das Projekt wurde im Wettbewerb ›Soziale Stadt 2010‹ mit dem ersten Preis ausgezeichnet.

Unbedingt erwähnen möchte ich, dass eine für mich erfreuliche Begleiterscheinung war, dass der VAHReport im Medienraum ein wesentlicher Bestandteil wurde. Ich konnte die gesamte Ausstattung für den VAHReport ordern. Alles wurde geliefert und kam in den Tresor. Anschließend begann ein etwas mühsamer Weg, bis ich die Ausstattung auch benutzen durfte. Doch das ist alles gut geregelt worden und Vergangenheit.

Umfangreiche Kooperationen und Angebote

Das Familien- und QuartiersZentrum ist ein offener Treffpunkt, der durch einen Zusammenschluss von sechs Institutionen getragen wird.

Die Angebote sind miteinander verzahnt und projektübergreifend. Es sind Angebote der einzelnen Träger, aber auch des FQZ. Sie reichen von Kinderbetreuung und Beratung für Familien und Seniorinnen über Feiern, kreatives Gestalten, Bewegung und Kultur bis hin zu Schulung und Qualifikation.

FQZ-Träger

- Amt für soziale Dienste, Haus der Familie
- St Petri, flexible Erziehungshilfen
- Förderwerk e. V., Beschäftigungs- und Qualifizierungs-Träger
- Förderverein des FQZ Neue Vahr Nord e. V.
- Elterninitiative, Spielplatz Philipp-Scheidemann-Str. e. V.
- Evangelische Kirchengemeinde in der Neuen Vahr

Das Projekt ›Treffpunkt Café und Nachbarschaftsservice‹ im Familien- und Quartierszentrum gilt als regionales Netzwerk zur Unterstützung des nachbarschaftlichen Zusammenlebens. Im Café gibt es täglich einen Mittagstisch und frisch gebackenen Kuchen.

Der Elterntreff ist ein gemeinsames Projekt des kirchlichen Kindertagesheims und dem Haus der Familie, der in der Orangerie im ersten Stock des FQZ stattfindet. Hausaufgabenhilfe und ein PC-Kurs der kirchlichen Sozialdiakonie finden ebenfalls im FQZ statt.

Der Kurs ›Fit im Alter‹, der vom Förderwerk ausgerichtet wird, wird im Saal des Gemeindezentrums Heilig-Geist-Kirche veranstaltet. Der kostenlose Mittagstisch vom Projekt Mahlzeit wird verlässlich jeden Sonntag im Saal des Gemeindezentrums Heilig-Geist-Kirche ausgegeben.«

»Bevor Sie weiterreden, sollten wir uns setzen und etwas trinken. Ich bin sicher, das wird uns beiden gut tun«, sagt Alexander Meyer.

»Guter Gedanke. Der Kuchen ist lecker, sollten Sie probieren«, sage ich, während wir ins Café gehen. Im Eingangsbereich ist viel Patchwork ausgestellt. »Und woher stammen die Bilder an den Wänden?«, fragt Meyer und lauscht den Tönen aus dem Hintergrund.

FQZ-Konzert
Jeanette Hain

Ich antworte: »Das alles kommt hier aus dem Haus. Aus der Gruppe ›Fit im Alter‹ hat sich ein Ableger entwickelt, eine Senioren-Trommelgruppe, die Sie im Hintergrund hören. Die Bilder sind von den Freitagsmalern und die ausgestellten Sachen vorne sind von der Patchwork-Gruppe.«

Gedankenverloren oder interessiert betrachtet Meyer die Bilder an der Wand. Ich beobachte ihn eine ganze Zeit. Was mag in ihm vorgehen, denke ich. Die Antwort auf meine Gedanken kommt unerwartet: »Vom Kreisverkehr aus sieht man die Kirche, alles andere wird kaum wahrgenommen«, beginnt Meyer. »Und dann erfahre ich nicht nur, was hier alles geboten wird, sondern auch, dass sechs Institutionen sehr eng zusammenarbeiten und die Angebote gemeinsam ausführen. Ich hätte nicht gedacht, dass es so etwas gibt.«

Gut gestärkt und erholt geht es vor die Tür zur Kirche.

Heilig-Geist-Kirche

Ich beginne wieder: »Die Heilig-Geist-Kirche beziehungsweise -Gemeinde ist der dritte Teil der Evangelischen Kirchengemeinde Neue Vahr. Die Zusammenarbeit mit den Institutionen erfolgt vorwiegend über die Sozial-Diakonie.

Die Kirche Heilig-Geist wurde 1961 von Joachim Böhmert und Gerhard Müller-Menckens gebaut. Die Turmhöhe beträgt etwa 30,2 Meter, die Uhr ist in zirka 20,6 Metern Höhe angebracht worden.

Heilig-Geist-Kirche

Gemeindezentrum Heilig-Geist-Kirche
August-Bebel-Allee 276
Tel. 460217-0
buero.neuevahr@kirche-bremen.de
www.kirche-neuevahr.de
Sozialdiakonie • Tel. 46021717

Die Sozialdiakonie ›VAHReint-Kirche für den Stadtteil‹ umfasst folgende Bereiche und Angebote: Familiensonntag, kostenlose Sozial- und Finanzberatung in Zusammenarbeit mit der Inneren Mission, PC-Kurs für Senioren, Hausaufgabenhilfe, Familiendonnerstag, Mitwirkung beim Projekt MahlZeit, Kleiderkammer, Fast-umsonst-Laden, Fahrrad-Selbsthilfe-Werkstatt, Projekte mit den Kitas in Heilig-Geist sowie Familien- und QuartiersZentrum.«

Projekt MahlZeit

»Die Aktion MahlZeit wurde von Marc Cantauw, Ulrike Eigner, Dirk Stöver und Pastor Heinz-Martin Krauß ins Leben gerufen und inzwischen mehrfach ausgezeichnet. Finanziert wird das Projekt durch Spenden. Die Arbeit übernehmen 28 ehrenamtliche Helfer, vorwiegend von der Elterninitiative Philipp-Scheidemann-Straße und der Evangelischen Kirchengemeinde in der Neuen Vahr. Jeden Sonntag nehmen 100 bis 120 Kinder mit Eltern aus der Neuen Vahr um 12.30 Uhr eine kostenlose warme Mahlzeit ein. Weiter gibt es kostenlose Kleidung, kostenloses Spielzeug, eine Bücherei und Ausflüge, die jeweils für bis zu 160 Kinder ein Stück Ferien bedeuten.«

Aktion MahlZeit Bremen

August-Bebel-Allee 274
28329 Bremen
Tel. 1715839190
info@mahlzeit-bremen.de
www.mahlzeit-bremen.de

Kleiderkammer

»Die Garagen an der Heilig-Geist-Kirche wurden zur Kleiderkammer umgebaut. Sie ist sonntags zur MahlZeit von 12.30 bis 13.30 Uhr geöffnet und donnerstags von 10.00 bis 12.00 Uhr.«

Fast-umsonst-Laden

»Der Laden ist in den Räumen der Gemeinde. In dem Fast-umsonst-Laden kosten drei Haushaltsgegenstände einen Euro. Im Jahr 2011 sind ca. 1.000 Euro eingenommen worden.«

Der Fast-umsonst-Laden ist geöffnet:

Mittwoch 14–16 Uhr, Donnerstag 10–12 Uhr und jeden ersten Sonntag im Monat am Familiensonntag • Spenden: 46021717

Kindertagesheim Heilig-Geist-Kirche

»Das Kindertagesheim Heilig-Geist-Kirche ist eine von drei Einrichtungen für Kinder in der Evangelischen Kirchengemeinde der Neuen Vahr. In dieser Einrichtung werden in sieben Gruppen insgesamt 138 Kinder betreut. Die Gruppen haben unterschiedliche Betreuungszeiten, und jeweils zwei Erzieherinnen kümmern sich als Team um eine der Gruppen. Zusätzlich gibt es einen Sozialpädagogischen Spielkreis. Alle Kinder werden jeden Tag im Haus bekocht, die Zutaten kommen aus der Region und werden täglich frisch zubereitet.«

»Derartig viele Angebote an diesem Ort – das ist fantastisch!«, ruft Alexander Meyer begeistert.

»Bei den Angeboten gibt es bestimmt noch mehr. Alle habe ich nicht im Kopf. Aber dafür gibt es ja das Internet«, gebe ich zurück.

Kita Heilig-Geist-Kirche

August-Bebel-Allee 274-276
28329 Bremen • Tel. 46021714
kita.heilig-geist@kirche-bremen.de
7 Kitagruppen (3–6 Jahre)

Wir steigen wieder auf unsere Fahrräder und weiter geht's. »Hier rechts«, sage ich, »ist ein Spielplatz, der wenig genutzt wird. Im Zuge der Kita-Neubauten wird auf diesem sogenannten Ampel-Spielplatz eine neue Kita gebaut werden. An der Übergangs-Kita kommen wir gleich vorbei. Vorsicht, wir müssen die Straßenseite wechseln!«

Otto-Braun-Straße – ehemaliges Schulgelände

Wir fahren in die Otto-Braun-Straße.

»Vor uns liegt das Gelände der ehemaligen Otto-Braun-Schule«, beginne ich.

»Wieso ehemalige, da ist doch richtig was los?«, sagt Alexander Meyer.

»Langsam«, erkläre ich weiter, »die ehemalige Schule gibt es seit Jahren nicht mehr. Es ist ein großer Komplex, den Sie von vorne nicht ganz einsehen können. Gebaut wurde die Schule von Ernst May. Sie war später aber zu groß für die zahlenmäßig immer weniger werdenden Kinder. Vor einigen Jahren übernahm die Freie Evangelische Bekenntnisschule Bremen (FEBB) einen Teil der Gebäude für eine Grundschule. Die Option für weitere Gebäude hat sie inzwischen aufgegeben. Somit steht der größte Teil der Fläche jetzt für eine Bebauung zur Verfügung.

Otto-Braun-Straße FEBB

Flötenspieler von Walter Wadephul

Kommen Sie, wir fahren zu der großen, freien Fläche. In diesem Gebäude vor uns ist die Aula der Schule, in der die Christusgemeinde Untermieter ist. Das ist eine Religionsgemeinschaft, die nicht zur Christuskirche gehört. Auf der kleinen Fläche hinter dem Haus pflanzen Kinder Obstbäume. Auf dem Rasen steht der Flötenspieler, gestaltet von Walter Wadephul.

Hinter dem Zaun sollen Einfamilienhäuser gebaut werden, so will es der Beirat. Die Stadt möchte aber Geschosswohnungen. Planungen gibt es bereits, die auch vom Beirat genehmigt, danach aber wieder geändert wurden, ohne den Beirat einzubeziehen. Da das nicht erlaubt ist, müssen die Differenzen beseitigt werden. Offen ist noch, wohin die Skateranlage umziehen kann. Dafür gibt es noch keinen Platz. Der Bolzplatz hingegen wurde in die neue Planung einbezogen.«

Kita Carl-Severing-Straße, Karl-Kautsky-See

»Wir fahren jetzt durch die Büsche zur Kita Carl-Severing-Straße. Sie haben die Kita schon vom Dach des Aalto-Hochhauses gesehen. Was man nicht sieht, ist das große Außengelände. Der Um- und Neubau hat mehrere Jahre gedauert und ist nun, nachdem der letzte Kita-Container verlegt wurde, fast fertig.

Hinter der Kita befindet sich der Karl-Kautsky-See, ein Auffangbecken für Regenwasser. Werfen Sie ruhig einen Blick auf unser schönes Aalto-Haus. Den Weg unter der Brücke kennen Sie bestimmt nicht. Das wird sich aber ändern, wenn die Ampelanlage fertig ist.«

Kita Carl-Severing-Straße

Karl-Kautsky-See

»Das ist ja ein herrlicher Blick von hier aus: die Brücke, das Grün und dahinter das Aalto-Hochhaus, das einfach schön ist«, sagt Alexander Meyer.

»Egal, von welcher Seite aus man es sieht«, ergänze ich.

Carl-Severing-Straße, Eule

Wir fahren zurück in die Carl-Severing-Straße, die während der grünen Jahreszeit immer etwas dunkel zu sein scheint. Eine dichte Baumreihe schirmt das Tageslicht ab. Wie überall, so gibt es auch hier unterschiedliche Gebäude und viel Platz mit Spielplätzen dazwischen. Mit einem kleinen Schwenk fahren wir zur Eule.

Carl-Severing-Straße

»Rein zufällig entdeckte ein Mitarbeiter der GEWOBA Landschaftsplanung den Künstler, der Skulpturen mit der Baumsäge herstellt. Ihm gefiel die Eule so gut, dass er darum bat, sie anschaffen zu dürfen. Bei der Vorstellung meinte ein Vorstandsmitglied, sie hätte ruhig etwas größer sein dürfen.

An dieser Stelle des Sauerstoffpfades wurden neue Bäume gepflanzt, auch einige Magnolien«, erzähle ich.

»Hier gibt es aber viele Pfähle mit Erklärungsschildern zu den Bäumen«, sagt Alexander Meyer.

»Ich habe sie kürzlich mal gezählt«, antworte ich. »Sieben sind es, wenn ich mich recht erinnere.«

Philipp-Scheidemann-Straße, Ecke August-Bebel-Allee

Weiter geht die Fahrt durch die Philipp-Scheidemann-Straße in Richtung August-Bebel-Allee. Die Rückseite eines Supermarktes ziert ein Kunstwerk, das legal von Sprayern erstellt wurde. Von vorne sieht das Geschäft nicht so farbenfreudig aus. Nachdem vor etlichen Jahren die gesetzlichen Öffnungszeiten abgeschafft wurden, war dieses Geschäft 24 Stunden am Tag geöffnet. Nach mehreren nächtlichen Überfällen musste die Öffnungszeit wieder normalisiert werden.

Neben dem Supermarkt befindet sich das Hochhaus Philipp-Scheidemann-Straße 1. Es wurde von Hans Bernhard Reichow entworfen. Reichow baute eher bodenständig, stets mit einem überstehenden Dach. Durch eine interessante Raumaufteilung wird Bewohnern das Gefühl vermittelt, dass jeder dort alleine wohnen würde.«

»Bei uns im Aalto-Hochhaus ist es mehr als ein Gefühl, von anderen getrennt zu wohnen«, sagt Alexander Meyer, »das ist Aalto ja sehr gut gelungen. Ist das hier auch so?«

Bremen.ru e. V.

Philipp-Scheidemann-Str.1
28329 Bremen/Tel. 6953418
info@bremen-ru.de
www.bremen-ru.de

»Das kann ich nicht sagen«, antworte ich, »werde mich aber mal schlau machen.

In der Nummer 1 befindet sich das Büro vom Verein Bremen.ru. Seit 2005 engagiert man sich ehrenamtlich für russischsprachige Migranten in Bremen und steht ihnen regelmäßig mit Rat und Tat zur Seite. Ziel ist es, für Menschen aller Altersklassen und Sozialschichten aus dem russischsprachigen und deutschsprachigen Umfeld gemeinsame Gespräche und Veranstaltungen zu ermöglichen und damit den Kulturaustausch sowie die Integration russischsprachiger Migranten in Deutschland zu fördern.

In zahlreichen Projekten, Initiativen und Kursen können die russischsprachigen Migranten integriert werden. Darüber hinaus werden Menschen aus der ehemaligen Sowjetunion unterstützt und ihnen gezielte Weiterqualifizierungen ermöglicht, um sie zu aktivieren und ihnen eine möglichst fundierte Basis für ihre Arbeitssuche zu schaffen.«

Einkaufswagen von David Bade

»Was hat man denn da im Gebüsch versteckt?«, fragt Herr Meyer.

»Das ist ein Kunstwerk von David Bade und heißt ›Einkaufswagen‹, erstellt 2005.«

»Und warum hat man das so versteckt?«

»Also«, sage ich, »die Erklärung für das Werk lautet so: ›Das Skulpturenensemble ist aus Polyester und Farbe, misst etwa zwölf mal fünf mal vier Meter und steht auf einer Grünfläche vor einem Einkaufszentrum. Ein Hund zieht einen übertrieben verformten, riesigen Einkaufswagen, der auch eine Kampfmaschine sein könn-

Einkaufswagen von David Bade

te, in Richtung Supermarkt. Vor ihm stehen eine Frau und ein Mann auf dem Kopf; sie balanciert auf einer Handtasche, er balanciert auf einer Krawatte. Die Konsumenten stehen Kopf, der Einkaufswagen wird zum Kampfwagen, der Richtung Supermarkt zieht.‹ So die Beschreibung. Und es wurde in der Tat zu einem Kampf-Objekt.«

»Verstehe ich nicht«, schüttelt Meyer den Kopf, »auch wenn ich nicht oft um Ergänzung Ihrer Erklärungen bitte, so muss es diesmal sein.«

»2005 kam die Skultur ›Der Einkaufswagen‹ in die Vahr. Wir sind 2007 hier eingezogen. 2009 begann der VAHReport zu senden. Ich sage das, um Ihnen den Zeitablauf zu erklären. Während dieser Jahre war alles im Lot. Zum Protest kam es dann 2010 oder 2011, also fünf oder sechs Jahre später. Der Protest richtete sich gegen die Größe, das Aussehen und vor allem gegen die angeblich pornografische Darstellung der beiden Figuren. Was da gesagt wurde … lassen wir das. Es wirft nur ein schlechtes Licht auf das Kunstverständnis einiger Bewohner der Gegend.

Das ganze Ungetüm sollte auf jeden Fall weg. Darum ging es. So einfach, wie sich das ein paar Kampfwagen-Erprobte vorstellten, ist das aber nicht. Letztlich bestimmt der Künstler, was mit seinem Werk passiert. David Bade war großzügig und stimmte einem Kompromiss zu, die niedrig wachsende Bepflanzung gegen eine höher wachsende auszutauschen. Das Foto zeigt, wie es im August 2009 aussah.«

Wir fahren anschließend an den Anfang der Wilhelm-Liebknecht-Straße.« »Heute geht es aber ganz schön kreuz und quer«, ruft Meyer mir nach und folgt mir.

»Hier vorne, bei Hausnummer 10, gibt es einen Anker von der ›MS Hartmut‹. Mehr kann ich nicht dazu sagen. Und darum fahren wir jetzt wieder zurück über die Straße zum Spielplatz.«

Die kleinen Kunstwerke in der Vahr

Während wir zurück über die Philipp-Scheidemann-Straße an dem Spraywerk vorbeifahren, fragt Meyer: »Die Kästen am Straßenrand sind alle bemalt worden, wer macht das denn?«

Ich antworte: »Das machen junge Leute unter Anleitung der Vahrer Maulwürfe. Oftmals sind es Personen, die zu Sozialarbeiten verurteilt wurden oder erzieherische Hilfe benötigen und bei der JUS sinnvolle gemeinnützige

Tätigkeiten ausführen. JUS steht für Jugendhilfe und Soziale Arbeit gGmbH. Zu den Vahrer Maulwürfen kommen wir noch. Aber was die Maulwürfe machen oder, besser gesagt, gemacht haben, sehen wir auf dem Spielplatz Philipp-Scheidemann-Straße.«

»Sie sagen ›gemacht haben‹, was heißt das?«, fragt Alexander Meyer.

»Ach, Herr Meyer«, antworte ich, »das ist eine unverständliche Geschichte. 2014 wurde in Berlin entschieden und vom Arbeitsamt Bremen weitergegeben, dass soziale Arbeiten beziehungsweise die Arbeit von Ein-Euro-Jobbern nicht in Konkurrenz zu regulären Arbeitsaufträgen stehen darf. Das ist soweit nicht neu und auch richtig. Bisher haben die Vahrer Maulwürfe unter anderem die Spielplätze gepflegt und verbessert. Das könnten aber auch vollbeschäftigte Gärtner tun. Also ist es nicht mehr erlaubt.

Obwohl die Stadt kein Geld mehr dafür hat und deshalb die Grünpflege stark eingeschränkt ist, dürfen die Maulwürfe diese Arbeiten nicht mehr erledigen. Sie basteln dafür jetzt Spiele oder bemalen Steine. Verstehen Sie das? Ich nicht. Für die Vahr und andere Stadtteile ist dieses weltfremde und sozial schädliche Vorgehen mit herben Verlusten verbunden.«

Spielplatz Philipp-Scheidemann-Straße

Elterninitiative Philipp-Scheidemann-Straße

Philipp-Scheidemann-Straße 19a
28329 Bremen • Tel. 467020
spielhaus@spielplatz-bsp.de
www.spielplatz-bsp.de

»Dieser Spielplatz ist öffentlich, wird aber von einer ehrenamtlich tätigen Elterninitiative betreut. Dazu gehören auch ein Spielhaus für Kinder und der Spielkreis Vahrer Wichtel, beides ist ganzjährig geöffnet. Die Elterninitiative organisiert auch Fahrten mit den Kindern, oftmals als Urlaubsersatz. Pro Jahr werden mit deren Angeboten rund 800 Kinder erreicht. Der Spielplatz gehört zu den größten und am meisten besuchten Spielplätzen in Bremen. 2013 organisierte der Verein ein Zirkuszelt. Die Besitzer trainierten mit den Kindern. Die Vorstellung fand vor einem übervollen Zelt statt.«

»Herr Diehl, das kostet aber doch eine Menge Geld. Wie bringen die das auf?«, zeigt sich Herr Meyer interessiert.

»Der Zirkus hatte mehrmals auf der großen Wiese gastiert«, antworte ich, »und die Kinder waren da nicht wegzubekommen. Daraus entstand die Idee. Es wurden Sponsoren gesucht. Als eine beträchtliche Summe zusammen war, stellte der Verein einen Antrag für WiN-Mittel (Wohnen in Nachbarschaften) auf Förderung für den Restbetrag. Der wurde bewilligt. Initiative ist gefragt, dann gibt es manchmal (in der Tat: meistens wird zugestimmt, höchst selten abgelehnt. Irgend ein Topf lässt sich öffnen.) eine Förderung.«

»Und was hat der Spielplatz mit den Maulwürfen zu tun?«, fragt mein Begleiter.

»Fast alles, was Sie hier sehen, haben die Maulwürfe gemacht: Spielgeräte aufgebaut, Verschönerungen vorgenommen, Gehölzpflege durchgeführt und vieles mehr«, antworte ich.

Jugendfreizeitheim Rotes Haus

»Lassen Sie uns um die Ecke gehen, da ist der Jugendtreff, genannt ›Rotes Haus‹. Früher gab es hier den ›Jugendclub Otto‹ und eine kleine Jugendeinrichtung ›Rotes Haus‹. Der Jugendclub Otto musste seinen Standort aufgeben, und das Rote Haus wurde erweitert. Die Nutzer beider Einrichtungen hatten in den neuen Räumen genügend Platz und waren vereint.

Philip-Scheidemann-Straße Rotes Haus

Jugendtreff Rotes Haus

DRK Kreisverband Bremen e. V.
August-Bebel-Allee 5c
28329 Bremen • Tel. 3306291
roteshaus@drk-bremen.de

Die Lebenswelt der jungen Menschen, die den Jugendtreff besuchen, ist geprägt von deren Migrationshintergrund sowie kulturellen und Identitätskonflikten. Daher richten sich die Angebote im Jugendtreff an Jugendliche aus diesen Familien. Es sind Mädchen und Jungen, vorwiegend aus dem Ortsteil Neue Vahr Nord, zwischen 11 und 19 Jahren, die den Jugendtreff bis spät in den Abend in Anspruch nehmen.

In der pädagogischen Arbeit wird versucht, die Mitbestimmung sowie die Übernahme von Verantwortung durch die Jugendlichen zu fördern. Beziehungsdiskussionen, Beratungen und Wertschätzung unter Beachtung der Lebenswelten der Jugendlichen in der Neuen Vahr Nord ermöglichen ein relativ intensives Miteinander. Zu den Höhepunkten der letzten Jahre gehören die mehrtägigen Jugendbildungsfahrten nach Berlin mit politischem sowie kulturellem Schwerpunkt, ergänzt durch Sommerferienfahrten an die kroatische Riviera und die spanische Costa Brava.«

Angebot im Roten Haus

Inhaltlich abwechslungsreich gestaltet wird das Programm unter Beteiligung der Jugendlichen. Es bietet neben der täglichen »Offenen Tür« montags bis freitags regelmäßige Gruppenangebote wie z. B. geschlechtsspezifische Angebote, Kreatives und Kochen, LAN-Partys, Filmabende und HipHop-Dance-Workshops, auch zahlreiche Aktionen, Ferienfahrten und Ausflüge. Die Angebote basieren durchgängig auf Freiwilligkeit und sind Niedrigschwellig.

Übergangs-Kita

»In der August-Bebel-Allee habe ich Ihnen den Ampelspielplatz gezeigt, wo die neue Kita gebaut wird. Bis die fertig ist, wird hier eine Übergangs-Kita aus Containern genutzt, die anschließend wieder abgebaut wird. Bei den Anwohnern und der Spielplatzinitiative besteht die Sorge, man könnte die Container stehen lassen und für Flüchtlinge nutzen«, erzähle ich und gebe anschließend zu: »Wir fahren wirklich kreuz und quer, denn jetzt geht es wieder zurück.«

Ladenzeile August-Bebel-Allee, Vahrer Maulwürfe

»In der August-Bebel-Allee gibt es noch eine Ladenzeile. Da haben die Vahrer Maulwürfe ihre Räume. Die ›Bremer Maulwürfe‹ sind eine Abteilung der JUS = Jugendhilfe und Soziale Arbeit gGmbH. Sie pflegten, planten und gestalteten 43 öffentliche Spielplätze im gesamten Stadtgebiet Bremens. Mit diesem Aufgabespektrum ermöglichen sie es seit über zehn Jahren den jungen Straftätern sinnvolle gemeinnützige Tätigkeiten zu erledigen.

Jährlich werden in Bremen über 500 junge Straftäter zu gemeinnütziger Arbeit verurteilt. Verantwortlich für die Durchführung dieser Tätigkeiten ist ebenfalls die JUS, mit ihrer Abteilung ›Fachstelle Gemeinnützige Arbeit‹. Neben dem Einsatz junger Straftäter/innen in Einrichtungen wie Altenheimen und Kindergärten werden sie größtenteils, das heißt bis zu 80 Prozent, bei

den ›Bremer Maulwürfen‹ eingesetzt. Im Regelfall müssen täglich rund 20 Jugendliche bei den Bremer Maulwürfen erscheinen, in den Ferien sogar bis zu 30 verurteilte Schüler/innen.

Bevor die neuen von der Bundesregierung angeordneten Vorgaben umgesetzt wurden, bot die Arbeit auf den Spielplätzen ein breites Spektrum abwechslungsreicher Tätigkeitsfelder. Von einfachen Reinigungs-, Pflege- und Reparaturarbeiten bis hin zum sachgerechten Spielplatzbau reichten die Aufgaben. Dabei wurden die jungen Straftäter von den Mitarbeiterinnen und Mitarbeitern der ›Bremer Maulwürfe‹ begleitet und angeleitet.

Praktisch sieht es so aus, dass die Vahrer Maulwürfe immer dabei sind, wenn Hilfe bei öffentlichen Veranstaltungen benötigt wird. Sie selbst sind bei Veranstaltungen zusätzlich mit der Verkehrsschule und Spielgeräten vertreten.«

»Erstaunlich, was ich alles erfahre. Ich habe gar nicht geahnt, dass es so etwas wie JUS und Maulwürfe gibt. Das sind wirklich sinnvolle Einrichtungen. Wenn sie nun nicht mehr alle Aufgaben, die sie bisher gemacht haben, ausführen dürfen, wie geht es dann weiter?«

»Im Augenblick kann das niemand sagen«, antworte ich. »Beschwerden laufen auf der politischen Ebene. Wie wir aber wissen, ist Einsicht und Änderung von unsinnigen Entscheidungen kaum die Stärke der Verwaltungsexperten.

In dieser Ladenzeile soll es früher ein Fischgeschäft gegeben haben. Der Laden wurde kurz ›Fischer‹ genannt. Bekannt war er vor allem für seinen guten Kartoffelsalat, wie man mir sagte. Die Käufer kamen dafür auch von weit her.«

Anfang der August-Bebel-Allee

»Es stimmt mit dem Kreuz-und-Quer, wie Sie sagten, denn wir fahren wieder zurück. Jetzt gehts nur noch zum letzten kleinen Stück Neue Vahr, was aber strittig ist. Folgt man dem Stadtplan, müsste der Spielplatz bereits außerhalb der Vahr liegen, und damit auch der Minigolfplatz, zu dem wir jetzt fahren. Würde das so sein, hätten wahrscheinlich eine Menge Menschen der Vahr ein Problem damit.

Minigolf in Bremen-Vahr

Bahnen-Golf-Club Bremen e. V.
August-Bebel-Allee 5c, 28329 Bremen
Tel. 233698
vorstand@bgc-bremen.de
www.bgc-bremen.de

August-Bebel-Allee: Minigolf

Die Minigolfanlage gehört dem Bahnen-Golf-Club Bremen e. V., der 1967 gegründet wurde. Bis zum Umbau der Berliner Freiheit hatte der Club dort sein Zuhause.

1975 musste das Miniaturgolfgelände dem Bau des neuen Einkaufszentrums weichen und zog um auf den Minigolfplatz beim einem Restaurant in der Nähe der Bremer Universität an der Fahrradstraße über die Autobahn Richtung Kuhsiel.

Am 1. Mai 1991 wurde die vereinseigene Anlage mit einem Vereinsheim in der August-Bebel-Allee eröffnet. Bereits 1971 wurde der Verein mit der Austragung von Turnieren beauftragt. Die sportlichen Aktivitäten, das Training für Turniere, steht auch heute noch im Vordergrund.«

Alexander Meyer schaut mich an und sagt: »Zum Sport in der Vahr haben Sie noch nicht viel gesagt. Wie kommt das?«

»Für mich ist das ein schwieriges Thema. Sie konnten das schon daran erkennen, dass ich die Sportstätten von TuS Vahr nicht finden konnte, da der Verein keine eigenen besitzt, was ich nicht wusste. Sport gibt es an vielen Stellen in der Vahr. Im Bürgerzentrum zum Beispiel gibt es den Lauftreff für Jung und Alt, Nordic Walking 50+, Seniorengymnastik und Square Dance. Aber auch für Kinder- und Jugendliche gibt es sportliche Angebote.

Im Adressenteil sind die Vereine aufgelistet. Und am Rand der Vahr gibt es zwei Golfplätze und den Pferderennplatz.

Beispiele: Es gibt den Sportverein Makkabi e. V., von dem ich in einer Beiratssitzung erfahren habe, weil er Fördermittel beantragt hatte. Makkabi Deutschland ist ein jüdischer Turn- und Sportverband. Er ist in Bremen mit drei Disziplinen vertreten. Der Badminton-Club trainiert unter anderem in der Halle der Schule JBA. Also, lieber Herr Meyer, Sport in der Vahr gibt es reichlich. Im Kurfürstenviertel der Vahr beispielsweise befindet sich eine riesige Sportplatzanlage. Der Verein gehört aber zu Schwachhausen.«

August-Bebel-Allee – aber nicht mehr Vahr

»Schon gut, Herr Diehl«, sagt Herr Meyer etwas energisch, »es ist gewiss nicht Ihre Aufgabe zu prüfen, welche Vereine wirklich zur Vahr gehören und welche nur so tun, als ob.«

»Manchmal könnte das auch eine Gratwanderung sein«, entgegne ich. »Also weiter auf der August-Bebel-Allee zu dem Teil, der nicht mehr zur Vahr gehört, aber …«

»Aber was?«, fragt Herr Meyer.

»… aber an der Hauptstraße des Quartiers liegt, wie wir das bei der Kurt-Schumacher-Allee gesehen haben«, ergänze ich. »Frau Aenne Meier hatte gesagt, dass die GEWOBA damals keine Grundstücke am Anfang der Straße kaufte. In der August-Bebel-Allee haben wir an beiden Seiten große Wohnanlagen und ein Hotel, dessen Name sich niemand merkt, weil er sehr oft geändert wurde. Daneben ist ein kleines, stark verdichtetes Wohnviertel.

Auf der anderen Straßenseite steht die Zentrale der Zech-Gruppe, zuvor war es das IBM-Haus. Ein Blick in die Eingangshalle lohnt sich. Für die Dokumentation ›Kunst im öffentlichen

Raum‹ bekam ich die Genehmigung, dort zwei Kunstwerke zu fotografieren. Ich wollte mit ›Kunst in der Vahr‹ an den beiden Einfahrten zur Vahr beginnen. An der Richard-Boljahn-Allee steht das Weiße Haus. Als es damals eröffnet wurde, galt es bei Kennern als künstlerisch gut gelungen.

Gegenüber der August-Bebel-Allee ist das Radio-Bremen-Viertel. Es heißt so, weil die Anstalt dort ihre Gebäude hatte. Nach dem Umzug in die Innenstadt gab es die Sorge, dass der historische Sendesaal abgerissen werden könnte. Wegen seiner besonderen Akustik ist der Saal sehr bekannt und berühmt. Durch die Initiative von Klaus Hübotter und Rolf Specht konnte der Abbruch verhindert werden. Nun betreibt ein Verein den akustisch perfekten Aufnahme- und Veranstaltungssaal.

Club zur Vahr

Bevor es zurück Richtung Aalto-Hochhaus geht, muss ich Ihnen noch etwas zeigen. Ich hatte gesagt, dass die Grenze der Vahr das Gelände vom Club zur Vahr darstellt. In der schönen historischen

Golfer vom Club zur Vahr

Scheune von 1719 – der heutigen Gastronomie – standen einst Polo-Pferde.

Ab 1850 bauten wohlhabende Bürger Villen auf dem Gebiet der damaligen Vahr. 1885 gab es bereits 650 Einwohner. 1895 wurde der Vorläufer des Clubs gegründet. Ein einfacher Golfplatz befand sich auf der Galopprennbahn, die auf dem späteren Gebiet Radio Bremen lag. 1904 sollte der Country Club gegründet werden, der dann 1905 als Club zur Vahr entstand. Anwesend waren über 400 Damen und Herren, die die

Ausführliche Einzelheiten über die Geschichte des Clubs zur Vahr sind ab Seite 198 zu lesen.

Satzung unterzeichneten. 1910 wurden das zuvor gepachtete und ein weiteres Gelände gekauft.«

Abschließend sagte ich zu meinen Gast: »Sie hatten vorhin nach Sport in der Vahr gefragt. Jetzt wissen Sie auch, seit wann man sich hier sportlich betätigt.«

Die Sportarten des Clubs: Golf, Hockey, Tennis, Tontaubenschießen

»Ja, ja«, antwortet Alexander Meyer, »ich habe begriffen, dass die Vahr sportlich ist, wenn es auch nicht so aussieht!«

»Gut«, erwidere ich, »lassen wir uns auf die Räder schwingen und Richtung Heimat fahren.«

Als wir zur Karl-Kautsky-Brücke fahren, blicke ich links auf die Gebäude-Rückseiten der Philipp-Scheidemann-Straße. Dabei fällt mir ein:

»Wussten Sie, dass es im Februar 1962 einen Orkan gab, der heftige Schäden in der Vahr verursachte? Die Flachdächer von mehr als zehn Wohnblöcken wurden von Sturmböen losgerissen und krachten in Teilen auf die Straße. Opfer gab es keine. Die Schäden wurden schnell behoben und die Dächer so verankert, dass ihnen kein Sturm mehr etwas anhaben konnte. Das zeigte sich dann 1972, als zwar Bäume entwurzelt wurden, aber keine Schäden an Dächern entstanden.«

Inzwischen befinden wir uns wieder am Ausgangspunkt, dem Aalto Hochhaus, als Meyer fragt: »Wie verhält sich das Aalto-Hochhaus eigentlich bei starkem Sturm?«

»Wenn man den Bewohnern der oberen Etagen glaubt, dann schwappt bei Sturm auch mal der Kaffee aus der Tasse. Nein, so ist es nicht … Natürlich bewegt sich das Gebäude etwas. Aber der Kaffee bleibt in der Tasse. Außer am 1. April.«

»Dann bin ich beruhigt«, sagt Meyer.

Zum Abschluss unserer Tour will er noch einmal die Aussicht vom Dach genießen. Oben angekommen, erwartet uns strahlend blauer Himmel und ermöglicht einen weiten Blick über die gesamte Vahr und darüber hinaus. Meyer bedankt sich bei mir für die schöne Tour durch den Stadtteil und die ausführlichen Beschreibungen, durch die er sehr viel Neues und Interessantes erfahren hat. »Nie hätte ich gedacht, dass die Vahr so viel zu bieten hat.« Und er freut sich, diese ausgedehnte Tour geschafft zu haben.

Zwangspause
Bauarbeiten im Aalto-Hochhaus

Alexander Meyer treffe ich im Sommer 2014 erneut wieder vor dem Aalto-Hochhaus. Standardthema der Bewohner ist die derzeitige Baumaßnahme. Ursprünglich sollten nur die Bäder erneuert werden. Doch dann kam es anders: Alle technischen Leitungen und Anlagen wurden ausgetauscht. Vom Blitzableiter über Brandschutz bis Wasser-, Abfluss-, Heizungsleitungen und Heizkörper. Es war laut, zugig und dreckig im ganzen Haus. Teils arbeiteten bis zu 100 Menschen in den 24 Geschossen, also vom Keller bis zur Aussichtsplattform. Verlegt werden knapp 30 Kilometer Kabel, 2,6 Kilometer Trinkwasser- und Abwasserleitungen, 4,5 Kilometer Heizungsleitungen und 1,2 Kilometer Lüftungsschächte. Installiert wurden 800 Heizkörper, 740 Leuchten und Komponenten für Rettungswege und Brandmeldeanlage (Angaben der GEWOBA). Die Maßnahme soll von Juni bis Ende November dauern. Nicht alle Mieter blieben während der gut drei Wochen, in denen in ihrer Wohnung gearbeitet wurde, im Haus. Wegen eines zusätzlichen Wasserschadens waren wir sechs Wochen in einer anderen Wohnung untergebracht. Alexander Meyer und Frau überstanden ebenfalls die chaotischen Wochen in ihrer Wohnung. Sie wohnen, wie wir, im ersten Strang, also in der Wohnung 1. In diesem Strang wurde begonnen. Jetzt ist er offiziell fertig. Nacharbeiten ausgenommen.

»Herr Diehl, können wir nicht mal wieder eine Tour machen? Ich brauche unbedingt eine Abwechslung«, sagt Alexander Meyer.

»Von mir aus gerne, unsere Wohnung ist wieder nutzbar.« Wir verabreden ein Treffen bei uns, um das weitere Vorgehen zu besprechen.

Die Vahr ist nicht nur die Neue Vahr
und Schwächen gibt es auch

Nachdem Alexander Meyer unsere Wohnung nach den vielfältigen Arbeiten inspiziert hat, meint er, wir seien noch nicht durch mit der Neuen Vahr. »Das kann ich nur bestätigen«, antworte ich. Der eigentliche Anfang der Neuen Vahr war ja die Gartenstadt, die Stadtplaner Ernst May als ›Grünstadt an der Vahr‹ bezeichnete. May wollte damit ausdrücken, dass die neue Siedlung in einer grünen Landschaft liegt und trotzdem nichts mit Gärten zu tun hat.

Wenn wir uns die Karte ansehen, gibt es zwei Teile der Vahr: Gartenstadt und Neue Vahr. Das sieht man auch gut auf der Aufnahme von 1959. Die Neue Vahr, da haben Sie Recht, haben wir uns angesehen. Wie ich oben auf dem Dach erklärte, gehört zur Vahr aber mehr. Einiges, was gerne der Vahr zugerechnet wird, gehört jedoch nicht dazu. Andere Teile der Vahr vermutet man Schwachhausen zugehörig. Auf der Karte ist auch gut zu erkennen, dass die Gartenstadt Gebiete enthält, die dicht bebaut sind. Die Neue Vahr ist komplett in einem Stil gebaut, die Gartenstadt hingegen sehr gemischt bebaut, bis auf den Teil, den ich zum besseren Verständnis mal Grünstadt nenne, den Anfang der Gartenstadt. Außerhalb dieses Zentrums wurde erst später gebaut. Kurz gesagt: Die Gartenstadt Vahr ist der Anfang der großen Wohnbebauung in der Vahr und ganz anders als die Neue Vahr.«

»Das heißt«, sagt Alexander Meyer, »wir machen noch weitere Rundfahrten. Bevor wir starten, habe ich noch eine Frage. Mir ist bei unseren Runden durch die Vahr aufgefallen, dass Sie vorwiegend die guten Seiten der Vahr beschreiben. Was sind denn die Schwächen, oder gibt es keine?«

»Aber Herr Meyer«, entgegne ich, »die Vahr ist mir ans Herz gewachsen, wie sollte ich denn … natürlich gibt es Schwächen. In der Bau- und Anfangszeit gab es sogar viel Kritik. Eine kleine Auswahl aus der damaligen Presse gefällig?« Dazu zitiere ich aus den »Stadtteilbericht Vahr 2014«.

Schwächen der Vahr – Rückblick und Gegenwart

»Beschwerden über zu hohe Heizkosten (Herbert Ritze: ›Die Mieter stehen ganz überwiegend auf dem Standpunkt, dass für dieses Geld die Ehefrau viele Kohlen aus dem Keller heraufschleppen kann.‹), ›Feuchte Wohnungen‹, ›Bremer Arzt warnt Bewohner: Hochhäuser sind Seuchenfabriken!‹, ›Meisterstück der Ideenlosigkeit‹, ›Unfertige Bauten kritisiert‹, ›Die Hetze gegen den neuen Stadtteil geht weiter‹, ›Schutt und Müll halten Vahr in Atem‹, ›Kahlschlag regt Bewohner auf‹, ›Rampe lässt auf sich warten‹,

›Hochhaus vollständig mit Planen verhüllt – kaum Licht in der Wohnung‹, ›Demo gegen Abriss des Herbert-Ritze-Bades‹.

Dieser kleinen Auswahl der Überschriften aus Zeitungen stand reichlich Lob aus vielen Ländern der Welt gegenüber. Inwieweit die Kritiken zutreffen, ob Sie, Herr Meyer, zum Beispiel in einer Seuchenfabrik wohnen, entscheiden Sie selbst. Einige Themen aus dem Stadtteilbericht sind inzwischen geändert worden oder es wird daran gearbeitet. So, und jetzt lassen Sie uns losfahren!«

Damit ist Alexander Meyer einverstanden und fragt: »Von wo aus starten wir denn in das neue Gebiet?«

»Wir werden nicht umhinkommen, wieder zickzack zu fahren. Ich kann aber auch Fotos mitnehmen, um Ihnen einige Kilometer Fahrstrecke zu ersparen. Wo wollen wir anfangen? Wir könnten das Gebiet von der Kreuzung Kurfürstenallee/Richard-Boljahn-Allee und Bürgermeister-Spitta-Allee/In der Vahr erschließen oder von der Ihnen bereits bekannten Kreuzung beim Polizeipräsidium. Natürlich können wir auch in der Mitte anfangen, bei der ersten Bebauung der ehemaligen Hastedter Feldmark.«

Meyer entscheidet sich für das weiße Haus an der Richard-Boljahn-Allee.

Kurfürstenviertel in der Gartenstadt

Zwischen der Straße In der Vahr, Julius-Brecht-Allee, Kurfürsten-Allee und Bahn

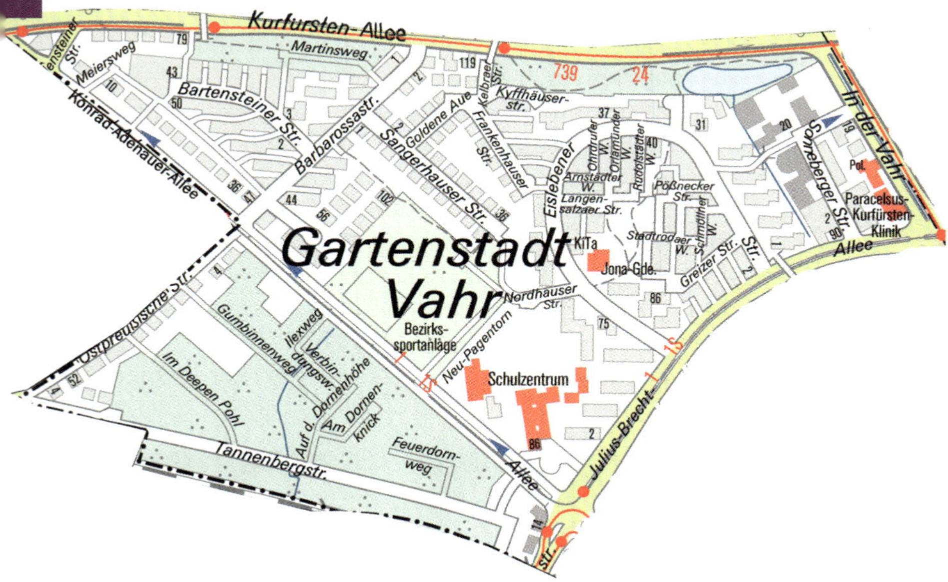

Siedlung begrenzt von Bahngleisen und Hauptstraßen

Wir holen die Fahrräder aus dem Fahrradkeller und fahren die neue Rampe hinunter. Inzwischen wurde die ebenerdige barrierefreie Querung der Richard-Boljahn-Allee fertiggestellt. An der Richard-Boljahn-Allee entlang fahren wir zum weißen Haus beziehungsweise zur großen Kreuzung.

»Die Tour ›Gartenstadt‹ wird nicht chronologisch ablaufen. In der Vahrer Straße gibt es noch Häuser, die Anfang 1900 gebaut wurden, als die jetzige Straße noch ein breiter Feldweg war. Wenn Sie einverstanden sind, werden wir das ganze Gebiet der Gartenstadt etwas gestrafft befahren. Über die Neue Vahr hätte ich noch viel erzählen können. Ich bin aber der Ansicht, alles zusammen sollte für einen Überblick reichen«, sage ich. Mein Begleiter nickt.

Kurfürsten-Allee, Ecke In der Vahr

Wir befinden uns an der Kreuzung der Straße In der Vahr, Ecke Richard-Boljahn-Allee/Kurfürstenallee, beim weißen Haus und gehen zur Kreuzung. Mit Blick in Richtung Innenstadt beginne ich:

»Von hier aus, am Ende der Brücke Kurfürstenalle stadteinwärts, befindet sich an der Brandenburger Straße die zweite Ampel. Eine Verbindung zwischen dem Radio-Bremen-Viertel und der Gartenstadt, beziehungsweise dem Kurfürstenviertel. Parallel zur Kurfürstenallee befindet sich etwas tiefer ein Park mit See. Ein Kleingartengebiet schließt sich an und reicht fast bis zum Anfang der Vahr. Richten Sie den Blick in die Straße In der Vahr, sehen Sie links die Gebäude der Polizei und rechts ein paar Gewerbebetriebe. Davor ist die Einfahrt zu dem großen Parkplatz vor einem kleinen Einkaufszentrum.«

Entlang der Kurfürstenallee auf der Vahrer Seite

Wir fahren zum See, der versteckt in einem schmalen Park liegt, von der Straße her kaum sichtbar. Alexander Meyer staunt und ruft: »Schon wieder ein kleiner Park mit See!« Dann ergibt sich ein Blick über den schönen See. Wie eine Burg erheben sich hinter dem See das Hochhaus Eislebener Straße 31 mit dem Gebäude 31a. Etwas weiter bleibt Meyer stehen. »Was ist das dann?«, ruft er, indem er sich zu mir umdreht. Wir fahren in die Einfahrt zum Gebäude Großen Kurfürst.

Eislebener Straße 31 + 31a

Großer Kurfürst, benannt nach der Kurfürstenallee

Ich fange an zu erzählen: »Den Großen Kurfürst begann der Architekt Friedrich Sprengelin bereits 1961 zu planen. Der Bau startete 1969 und wurde für 16 Millionen D-Mark 1972 fertiggestellt. Dahinter steckte die Idee des verdichteten Bauens, ohne das individuelle Wohnen aufzugeben. In dem Komplex vereint sind verschiedene Wohnformen, ein Dutzend Einfamilienhäuser, ein Partyraum, eine Sonnenterasse, eine Sauna und ein Schwimmbad – alles unter einem Dach. Das ganze Werk ist 200 Meter lang, 22 Meter hoch mit bis zu sechs Geschossen und enthält 206 individuelle Wohnungen. Wir haben schon einen gewöhnungsbedürftigen Komplex in der Kurt-Schumacher-Allee gesehen. Dieser teils schwarze Koloss ist noch gewöhnungsbedürftiger. Wir sehen ihn nachher von der Rückseite, die in den letzten Wochen etwas Farbe bekommen hat und jetzt freundlicher wirkt. 1974 wurde das Gebäude vom BDA (Bund Deutscher Architekten) als ›vorbildlich‹ ausgezeichnet.«

Es geht weiter im Park zum Kurfürsten-Spielplatz. Versteckt im Grün, idyllisch gelegen, wird aber gerne für Kinder in Begleitung genutzt. Der Park endet an der Kelbraer Straße, und wir sind im insgeheim sogenannten Barbarossa-Viertel.

»An der Ecke Kurfürstenallee war ein kleines Einkaufszentrum, in dem jetzt Dienstleistungsfirmen eingezogen sind. Geblieben ist die Gaststätte ›Butze‹, die ältere Bremer noch aus ihren Anfängen kennen. Trotz Inhaberwechsel ist der Name erhalten geblieben«, erzähle ich. »Wir fahren in die Barbarossastraße und werden den Namensgeber besuchen. Hier, zwischen den Nummern 19 und 21, sitzt der bärtige Mann aus Beton.«

Barbarossa

Weiter geht es in die Konrad-Adenauer-Allee. Neben der Straßenbahn Linie 1 gibt es nur eine Fahrspur in Richtung Stadt. »Bewohner und Beirat möchten gerne, dass der jetzige Weg zur zweiten Fahrspur ausgebaut wird. Warum das nicht geschieht, ahnen Sie bestimmt«, sage ich.

»Dafür ist kein Geld da!«, ergänzt Meyer.

»Bis vor gut einem Jahr war das Gebäude der Krankenkasse das letzte Haus vor den Sportplätzen, zu denen wir noch kommen. Auf der anderen Seite der Straße ist das Kleingartengebiet Tannenberg. Der Verein ist recht aktiv. So gibt es einen Friedensgarten und einen Lerngarten. Vom Lerngarten habe ich mal einen kleinen Film gemacht. Kinder von der Kita Bispinger Straße waren da und haben mir den Garten erklärt. Ich war so begeistert, dass ich noch Stunden hätte bleiben können. Wir fahren jetzt zum Anfang der Vahr, von der Stadt aus gesehen.«

Vorbei an Wohnhäusern und Wohnanlagen geht es entlang der Konrad-Adenauer-Allee zur Kurfürstenallee, Ecke Kirchbachstraße. »Das«, sage ich, »ist ein Gebiet, das kaum jemand zur Vahr gehörig vermutet. Diese Spitze ist der Anfang vom Stadtteil Vahr, begrenzt von der Kurfürstenallee und der Konrad-Adenauer-Allee. Wir fahren zurück den Martinsweg entlang durch das Kleingartengebiet Weißenburg, das auch nur wenige kennen. Mit unserer Fahrt haben wir das Kurfürsten- und das Barbarossa-Viertel durch die Grünanlagen umfahren. Jetzt geht es zurück zur Kreuzung, um von dort aus in das Kurfürstenviertel zu fahren.«

Das Herz vom und Gewerbe im Kurfürstenviertel

Vom schmalen Park kommend fahren wir rechts in die Straße In der Vahr.

»Dieser große Parkplatz gehört zu den wenigen Geschäften und dem Supermarkt. Rechts sehen Sie ein kleines Stück vom Hochhaus«, erkläre ich. »An der Straße gibt es auch einige Gewerbebetriebe und Dienstleister. Der größte Arbeitgeber ist die Paracelsus-Klinik, die eine etwas bewegte Vergangenheit hat. Als Paracelsus-Klinik festigte sich ein guter Ruf. 2014 wurde die Klinik von der Techniker Krankenkasse mit dem 1. Platz für außerordentlich hohe Patientenzufriedenheit und beste Behandlungsergebnisse ausgezeichnet. Mehr brauche ich wohl nicht zu sagen.

Hier an der Kreuzung, besser gesagt etwas seitwärts, da, wo die alten Bäume stehen, muss es gewesen sein, dort gab es eine Gärtnerei. Das Gelände gehörte nicht zum Gebiet der GEWOBA. Es wurde wohl vergessen, das Gelände rechtzeitig zu kaufen. Auf jeden Fall konnte die Straßenbahn nicht geradeaus fahren. Man musste zunächst das gesamte Gleisbett um einen Teil des Geländes herumbauen.

Aenne Meyer erzählte, die Baukosten für die Straßenbahnschienen als Provisorium hätten mehr gekostet als die Lösung des Problems.«

»Gesundheitsmeile« – Sonneberger Straße

»Hier, von der Kreuzung aus, sehen wir die gebogene Julius-Brecht-Allee vor uns. Am Ende dieser Straße, vor dem Eisenbahntunnel, geht es geradeaus zur Stresemannstraße, rechts in die Konrad-Adenauer-Allee und links in die Beneckendorffallee. Vor uns, direkt hinter der Klinik, ist die Sonneberger Straße, die sogenannte ›Gesundheitsmei-

le‹. Etwas weiter, bei der Fußgängerbrücke über die Julius-Brecht-Allee, beginnt die Eislebener Straße.

Die Bezeichnung ›Gesundheitsmeile‹ entstand, weil sich dort inzwischen viele Fachärzte, eine Tagesklinik, ein Orthopädie-Zentrum, ein Sanitätshaus und ähnliches mehr angesiedelt haben. Einige Ärzte haben eine direkte Verbindung zur Klinik, andere arbeiten mit ihr zusammen. Daneben gibt es noch Dienstleister in der Straße, und die Islamische Föderation Bremen e. V. hat ihre Räume am Ende der Straße.«

Eislebener Straße – Bungalows und Hochhaus

Als wir in die Eislebener Straße einbiegen, sagt Alexander Meyer: »Nanu, das sieht hier ja ganz anders aus. Eine Siedlung aus Bungalows?«

»Ja, die Eislebener Straße verläuft in der Form eines Hufeisens. Der Innenraum besteht aus Wegen mit Bungalows, die ab 1962 entstanden. Hier wohnen auch unser langjähriger Ortsamtsleiter Werner Mühl und der ehemalige Bürgermeister Hans Koschnick. Die Häuser sehen zwar auf den ersten Blick alle gleich aus, sind aber unterschiedlich.

Eislebener Straße 31

Vor uns ist das Hochhaus Eislebener Straße 31, das Sie schon aus verschiedenen Perspektiven gesehen haben. Sie erinnern sich sicher an das Gebäude, das Sie hinter dem Heizwerk entdeckten, als wir auf dem Aalto-Hochhaus waren. Hier im 16. Stock befindet sich die Begegnungsstätte Olymp. Vorwiegend ältere Bewohner treffen sich dort zu Kaffee und Kuchen, Filmvorführungen, Vorträgen und anderen Unterhaltungsveranstaltungen. Das Hochhaus bekam kürzlich neue Balkone und eine gedämmte Fassade. Als seltene Ausnahme in der Vahr halten die Fahrstühle direkt auf der Etage und nicht zwischen zwei Stockwerken. Im Haus gibt es einen Bereich mit Waschmaschinen, Trockner und Mangel. Der ehemalige Müllsammelraum wurde zur Unterbringung von Rollstühlen hergerichtet. Und weil das nicht reichte, baute man noch ein kleines Häuschen hier vor den Eingang. Wir fahren jetzt zum 16. Stock und gehen dann noch zwei Stockwerke höher. Von da aus sehen wir uns das Kurfürstenviertel an.«

»Es ist immer faszinierend, von oben auf Wohngebiete zu blicken«, sagt Alexander Meyer, »und wenn man, wie ich jetzt, die Gegend schon etwas kennt, fällt es einem leichter, sich zu orientieren. Hinter den Bungalows sind die Häuser bei der Barbarossastraße, richtig? Etwas weiter links sieht man im Hintergrund das Hochhaus in der Grünstadt und rechts, vor dem Kraftwerk, ragt ein Gebäude etwas heraus.«

Blick vom Aalto Hochhaus auf das Kurfürstenviertel

»Das ist ein Gebäude an der Beneckendorffallee, das erst später gebaut wurde. Das schauen wir uns anschließend an. Aus dieser Perspektive verschwindet die restliche Gartenstadt fast ganz im Grün. Beim Rundblick in die Richtung sieht man die Häuser gut, an der Konrad-Adenauer-Allee das Gebäude der Krankenkasse und die Neubauten daneben. Links sehen Sie die Paracelsus-Klinik und einen Teil der Gesundheitsmeile.«

»Man sieht gut die unterschiedliche Bebauung. Hier rechts, das ist der Große Kurfürst. Das ist ja ein riesiges Ding. Von der Eingangsseite aus konnte ich nicht glauben, dass der Architekt so lange daran plante. Von hier oben gesehen kann man sich das besser vorstellen«, so der staunende Alexander Meyer.

»Wie schon viele vor mir bin auch ich den ungenauen Aussagen zum Opfer gefallen und habe das Hochhaus als Großen Kurfürsten bezeichnet. Ein Zuschauer vom VAHReport war so nett mich aufzuklären. Lassen Sie uns nach unten fahren und uns das Nachbargebäude ansehen.«

Umbauten für altersgerechtes Wohnen

Rechts neben dem Hochhaus befindet sich die Wohnanlage Eislebener Straße 31a. Wir stehen davor und ich beginne: »Hinter dem Gebäude ist der See, an dem wir vorhin waren.

Eislebener Straße 31a

Die Anlage wurde barrierefrei gebaut und wird jetzt dem GEWOBA-Konzept ›Ungewöhnlich weiter wohnen‹ entsprechend erweitert.«

»Was bedeutet das?«, fragt Meyer.

»Die GEWOBA möchte ihren Mietern die Möglichkeit bieten, möglichst bis zu ihrem Lebensende in der ihnen vertrauten Umgebung zu wohnen. Auch dann, wenn sie Pflege benötigen oder gar dement sind. Sie haben schon das ›Domizil‹ in der Gustav-Radbruch-Straße gesehen. Auch dort entsteht eine Demenz-WG, eine Einrichtung als Pflegewohngemeinschaft. Es wird einen Gemeinschaftsraum und eine gemeinsam zu benutzende Küche geben. Diese Pflegewohngemeinschaft ist, anders als in der Gustav-Radbruch-Straße, vollständig in das Wohnhaus integriert. Wir sollten unsere Fahrräder schieben, um den Großen Kurfürst noch etwas genauer zu betrachten. Dann geht es vorbei an den vielen Bungalows zur Nummer 75.«

»Hier hat man ja wirklich sehr gemischt gebaut«, sagt Meyer nachdenklich vor sich hin, »links die Bungalows, rechts der Monumentalbau und dann wieder Geschossbauten. Etwas seltsam ist das schon.« Und dann wieder an mich gerichtet: »Kann man hier auch einkaufen?«

»Von hier aus zum Supermarkt führt ein direkter Weg. Ein kleines Einkaufszentrum gab es auch. Das sehen wir gleich. Hier, das Haus Eislebener Straße 75 ist beziehungsweise wird etwas Besonderes. GEWOBA-intern spricht man von einem Leuchtturm-Projekt.«

»Kommen da Scheinwerfer aufs Dach?«, fragt mein Begleiter und sieht mich etwas seltsam an.

»Nein«, antworte ich, »das Gebäude wird anders leuchten. Es ist das erste achtgeschossige Gebäude, das dem Passivhaus-Standard KW 55 entsprechen wird. Dazu wird es vollständig gedämmt, bekommt eine Photovoltaik-Anlage, eine neue Aufzuganlage, bei der die Fahrstühle auf der Etage halten, natürlich neue Bäder und eine Komfort-Lüftungsanlage, die jeder Bewohner individuell steuern kann. Es wird fast barrierefrei. Für Fahrräder, Rollatoren und Rollstühle wird ein kleines Nebengebäude errichtet. Die Bauzeit beträgt bis zur Fertigstellung 2015 ein Dreivierteljahr.«

Eine Kirche, die man nicht sieht – ein Mittelpunkt, der keiner ist

Schräg gegenüber von Nummer 75 befindet sich die Evangelische Jona-Gemeinde. »Es ist eine der kleinen Gemeinden der Bremischen Evangelischen Kirche. Man könnte glauben, sie würde sich deshalb verstecken. Schon oft bin ich hier mit dem Rad gefahren – eine Kirche habe ich nicht gesehen«, beginne ich wieder. »So wird die Kirche beschrieben: ›Als letztes Bebauungsgebiet des Neubaustadtteils Vahr entstand Anfang der 1970er-Jahre das Kurfürstenviertel und mit ihm die Jona-Gemeinde. Wie bei anderen Gemeindezentren aus dieser Zeit wurde auch hier auf eine ›sakrale Ausstrahlung‹, auf klassische äußerliche Kirchenmerkmale verzichtet. Der Zweck ist dem Bauwerk in der Tat von außen schwerlich anzusehen. Architekt: William Weiss.‹

Wenn man das liest, kann man sich vorstellen, dass ich oft vorbeigefahren bin, ohne die Kirche zu erkennen. Besonders stolz ist die Gemeinde auf ihren Kindergarten mit einem großen Außengelände.«

Jona-Gemeinde

Gleich um die Ecke geht es zum Mittelpunkt des Viertels, der keiner mehr ist. »Wir haben Glück, heute ist etwas Leben auf dem Platz. Freitags ist Wochenmarkt«, sage ich. »Ursprünglich sollte es ein kleiner Marktplatz mit einem Einkaufszentrum für die Nahversorgung sein. Im Laufe der Zeit verabschiedete sich auch der letzte Einzelhändler. Geblieben sind ein Restaurant und der am Freitag stattfindende Wochenmarkt. Selbst der wäre beinahe nicht mehr da, wenn es nicht heftigen Protest gegeben hätte. Mieter und der Vermieter waren sich nicht einig, wer den Austausch einiger zerbrochener Gehwegplatten bezahlen sollte. Der Beirat hatte sich dann eingeschaltet, und es kam zu einer Einigung. Etwas ansprechender ist der Platz danach geworden. Den Wochenmarkt gibt es seit 1989. Seinen Namen hat er vom ›Großen Kurfürst‹.«

Marktplatz Kurfürstenviertel

Schulzentrum und Sportanlage

Wir nähern uns dem Ende unserer Rundfahrt durch einen Teil der Vahr, der zur Gartenstadt gehört. Wie problematisch die Zuordnung ist, werden wir auch noch erfahren. Jetzt sind wir fast am Ende der Julius-Brecht-Allee und blicken etwas wehmütig zurück auf das Kurfürstenviertel. Irgendwie hat es etwas Gemütliches an sich. Trotz – oder wegen – der so unterschiedlichen Bebauung.

»Fahren wir jetzt zurück?«, fragt Alexander Meyer.

»Wir sind noch nicht ganz durch«, sage ich, »hinter den Bäumen am Ende der Straße geht es noch weiter. Das Kleingartengebiet Tannenberg gegenüber kennen Sie schon. Jetzt geht es zur Oberschule an der Julius-Brecht-Allee. Ich habe einige Konzerte in der Schule aufgenommen. Jedes Mal staune ich, zu welchen musikalischen Leistungen die Schüler/innen fähig sind. Die Schule wird folgendermaßen beschrieben: ›Teilgebundene Ganztagsschule von Klasse 5 bis 10, Zentrum für unterstützende Pädagogik, insbesondere für die Bereiche Wahrnehmung und Entwicklung sowie den Bereich Lernen, Profilklassen für die Jahrgänge 5, 6, und 7 mit den Schwerpunkten Musik, Theater, Naturwissenschaften und ›Eine Welt‹. Fast 600 Schüler sind an dieser Schule. Das ist heutzutage alles etwas anders als zu unserer Schulzeit.«

Oberschule an der Julius-Brecht-Allee

»Gehört das große Sportgelände auch zur Schule?«, fragt Meyer.

»Das ist die Bezirkssportanlage TuS Schwachhausen von 1883. Der Verein besteht schon seit über 125 Jahren. Inzwischen ist er fünfmal umgezogen, wie man mir sagte. Etwa 500 Mitglieder, darunter viele Jugendliche, gehören zum Verein, der sich vom Turn- zum Sportverein mit Schwerpunkt Fußball entwickelt hat.

Bei einem Besuch sagte man mir, der Verein würde nicht zu Schwachhausen und nicht zur Vahr gehören. Man hätte eigentlich keine Heimat mehr nach den vielen Umzügen. Dazu ein Auszug von der Homepage: ›Obgleich der Bremer Stadtteil Schwachhausen als beliebte Adresse Besserverdienender gilt, kämpft der TuS mit den gleichen finanziellen Problemen wie viele andere Sportvereine auch.‹ Sie sehen, Herr Meyer, die Zugehörigkeit ist zumindest teilweise ein Wunschdenken. An einigen Stellen gehört man lieber zu Schwachhausen und nicht zur Vahr, habe ich schon mehrfach gesagt. Dagegen ist nichts einzuwenden. Man darf sich dann nur nicht wundern, wenn Fördermittel nicht aus dem Stadtteil fließen, zu dem man nicht gehören möchte. Damit beenden wir unsere vorletzte Tour.«

Der Himmel ist dunkel geworden, es sieht nach Regen aus. Schnell zurück zum Aalto-Hochhaus. Dazu fahren wir die Julius-Brecht-Allee entlang. Gleich hinter der Fußgängerbrücke halte ich an: »In diesem Teil der Vahr gehören der GEWOBA neben den drei Gebäuden in der Eislebener Straße auch diese. Eine Besonderheit ist hier, dass es gemeinschaftliche Waschmaschinen gibt.«

Kurfürstenviertel im Vordergrund, dahinter die Gartenstadt

Grünstadt und alte Vahr in der Gartenstadt

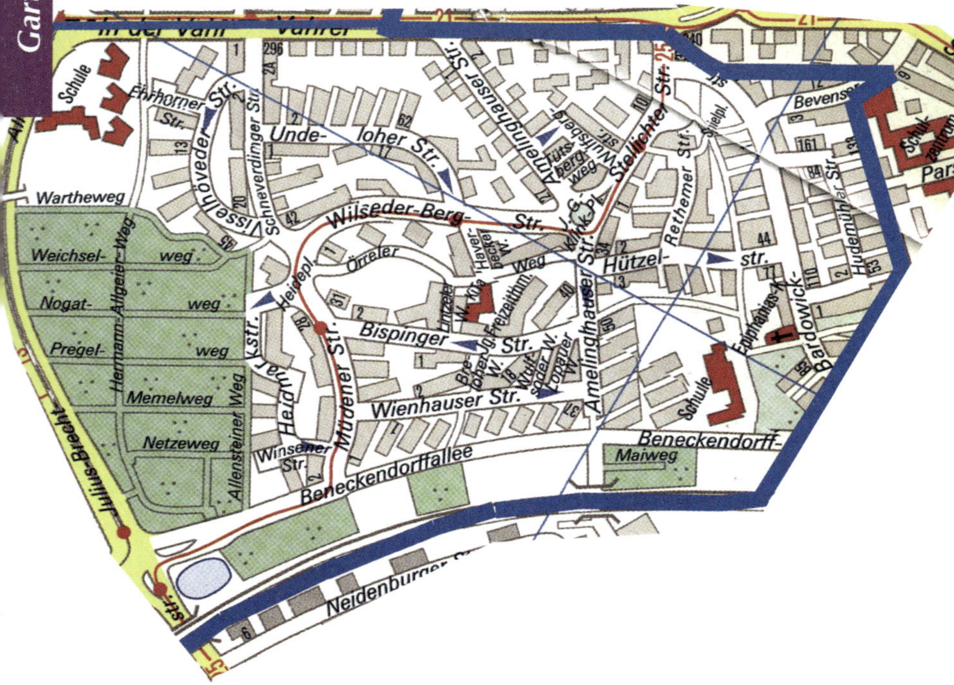

Wie war das mit ›Gartenstadt – Grünstadt‹?

Die Sonne scheint. Mein Mitbewohner Alexander Meyer war einkaufen. Ich komme von der Post, als wir uns treffen. »Kommen Sie«, sage ich, »setzen wir uns auf die letzte verbliebene Bank auf dem Marktplatz und genießen die Sonne.«

»Ja, gerne, dann kann ich gleich fragen, wann es denn zur letzten Rundfahrt losgeht.«

»Wir haben noch die ursprüngliche Gartenstadt vor uns. Dazu gibt es noch etwas zu sagen.«

»Dann man los! Ich habe Zeit«, so Meyer.

Ich lege los: »1955 verkaufte Bauer Gebarde über 200.000 Quadratmeter Land an die GEWOBA. Aenne Meier erzählte, er hätte knapp drei Mark für den Quadratmeter bekommen. Die GEWOBA schreibt in der Jubiläumsschrift ›50 Jahre Vahr‹, sie hätte vier Mark bezahlt. Wie auch immer, das war der Startschuss für die Gartenstadt. Wie ich schon sagte, die damaligen Architekten mochten das Wort Gartenstadt nicht, weil es bei den Gebäuden keine Gärten gab. Sie sprachen lieber von der Grünstadt. Trotzdem gibt es an verschiedenen Stellen der Gartenstadt Kleingärten und Grünanlagen. Und es gibt viel Grün zwischen

Gartenstadt Vahr heute

den Gebäuden. Diesen Teil nenne ich zum besseren Verständnis für uns ›Grünstadt‹, also die zuerst gebaute Gartenstadt. Sie wurde flächenmäßig sehr großzügig geplant. So großzügig, dass die Grünstadt später um drei Gebäude ergänzt werden konnte.

Die erste Planung sah 1.300 Wohnungen vor. Gebaut wurden dann insgesamt 2.200. Nur ein Jahr nach dem Kauf der Grundstücke war die Planung fertig. Und nur wenig später standen bereits die ersten Wohnblocks in der Schneverdinger Straße. Stadtplaner Ernst May hatte zusammen mit den Architekten Max Säume und Günther Hafemann die Planung übernommen. Auch in der Grünstadt gibt es

Die Gartenstadt ca. 1956

als Mittelpunkt ein Hochhaus: Am Heideplatz. Wie in der Neuen Vahr sinkt die Bauhöhe über achtgeschossige, viergeschossige Baukörper bis hin zu den zweigeschossigen Häusern am Ost- und Westrand. Dass die Wohnungen als Inbegriff des Modernen galten, habe ich schon gesagt. Der Gartenarchitekt Karl-August Orf hatte, wie später auch in der Neuen Vahr, die profilierte Parklandschaft entworfen, mit der die GEWOBA später eine Silbermedaille im bundesweiten Städtewettbewerb gewann. Hans-Albrecht Schilling war auch dort schon für die Farbgestaltung zuständig.

Das gesamte Projekt wurde auf dem Gebiet der ehemaligen Hastedter Feldmark realisiert. Ein Kleingartengebiet hat diesen Namen behalten. Und dorthin sollten wir gleich fahren und damit unsere letzte Tour beginnen.«

Schulgelände und Kleingartengebiet füllen eine Straßenseite

Gesagt, getan. Auf geht es, zur ersten Schule in der Vahr, deren Grundstück und Grün fast nahtlos in das Kleingartengebiet übergehen. Zu berichten habe ich: »Gebaut wurde die Schule 1957. Zu der Zeit gingen alle Schüler der Vahr in diese Schule. Die Schule ist jetzt eine zwei- bis dreiklassige Grundschule als Halbtagsschule mit Hausaufgabenbetreuung. Etwa 200 Schülerinnen und Schüler besuchen die Schule und nutzen gerne das große Außengelände. Durch die Aufnahme in den Sonderprofilbereich ›Schule mit bewegungserzieherischem Schwerpunkt‹ gibt es an dieser Schule vermehrt Sportunterricht und zusätzliche Bewegungsangebote.

In das Schulgebäude an der Straße In der Vahr sollen das Mütterzentrum und der Spielkreis Mütterzentrum Vahr e. V. einziehen, da der bisherige Platz von der Schule an der Kurt-Schumacher-Allee benötigt wird. Das Mütterzentrum ist ein gemeinnütziger Verein für Frauen jedes Alters, jeder Nationalität und in jeder Lebenssituation. Sie haben die Möglichkeit, andere Frauen kennen zu lernen und sich vom Alltagsstress zu erholen. Darüber hinaus besteht die Möglichkeit; an Kursen und Veranstaltungen teilzunehmen.

Hinter den Schulgebäuden ist eine große Sportwiese, die an das Kleingartengebiet grenzt, getrennt durch den Wartheweg.

Schulgrundstück und Kleingartengebiet Hastedter Feldmark bilden gemeinsam die eine Seite der Julius-Brecht-Allee. Zum Kleingartenverein gehören zirka 200 Gärten, wovon sich einige getrennt am Maiweg zwischen der Bahnstrecke und der Beneckendorffallee befinden, wie mir ein Kleingärtner sagte. Das Kleingartengebiet grenzt an die Heidmarkstraße.

Kleingartengebiet Hastedter Feldmark

Neue Wohnangebote in der Grünstadt

Hier kann man gut sehen, wie großzügig die Grünstadt geplant wurde. Die Rasenfläche vor dem Geschossbau war so groß, dass die GEWOBA dort in den 1990er-Jahren ein Gebäude speziell für ältere Bewohner baute. Der vorgesetzte Aufzug bringt die Bewohner zum oberen Laubengang und ermöglicht so barrierefreies Wohnen. Die extra breiten Laubengänge werden gerne als Balkon genutzt. Am anderen Ende der Heidmarkstraße ist der Heideplatz mit dem Hochhaus, zu dem wir gleich fahren. Wie in der Eislebener Straße werden wir uns auch die Grünstadt von oben ansehen. Vorher geht es noch mal etwas zurück in die Beneckendorffallee. Ebenfalls nachträglich wurden 1999, nach den Plänen von Franz und Schwanewedel, 16 großzügige Wohnungen gebaut. Auffällig ist, dass beide Anlagen aus dem üblichen Rahmen fallen. Dazu gehört noch das dritte Gebäude. Alle drei sind Ergänzungsbauten für Menschen, die hier bisher kein passendes Angebot gefunden haben.«

Oben vom Hochhaus sieht man mehr

Die Geschäftsbereichsleiterin der GEWOBA für die Vahr hatte die Hauswartin Frau Evers gebeten, uns auf die beiden Hochhäuser zu begleiten. Interessant ist, dass Frau Evers die erste Hauswartin der GEWOBA ist. Und das seit bereits 22 Jahren.

Der Eingang vom Hochhaus mit 14 Geschossen liegt etwas versteckt an der Seite, ist aber durch ein farbiges Spalier gut zu erkennen. Bei der Fahrt nach oben zeige ich Alexander Meyer ein Foto, das vermutlich 1956 aufgenommen wurde, unmittelbar nachdem 1.700 Wohnungen fertiggestellt waren. Gleich wird er den Unterschied sehen. Ich habe noch mehr Fotos dabei, um nicht durch alle Straßen fahren zu müssen. Das hatte ich ja versprochen.

»Das ist das dritte Hochhaus in der Vahr, von dem aus mir die Vahr sozusagen zu Füßen liegt«, sagt Alexander Meyer mit ehrfurchtsvoller Stimme. »Die Vahr gilt allgemein als eine Betonwüste. Ich möchte jedem, der so denkt, die Möglichkeit bieten, sich die Vahr von oben anzusehen. Der Blick vom Aalto-Hochhaus bestätigt, dass es stimmt, wenn Sie sagen: ›Wer in der Vahr wohnt, wohnt im Park‹! Und hier ist es nicht anders. Welch ein Unterschied zu dem alten Foto!«

»Hinter uns«, beginne ich zu berichten, »ist das Kurfürstenviertel, ganz links die Neue Vahr und rechts die Bahngleise, die die Gartenstadt begrenzen. Hier, neben den beiden Gebäudereihen, sehen Sie rechts etwas von dem Kleingartengebiet. Etwas weiter links ist das lange Gebäude an der Wilseder-Berg Straße mit der Fassade aus viel Glas gut zu erkennen. Noch etwas weiter links steht im Hintergrund das Aalto-Hochhaus, und rechts sieht man die Häuser in der Amelinghauser Straße. Die Häuser wurden 1960 bis 1965 gebaut, wie man mir sagte. Es gibt eine Zufahrt von der Straße In der Vahr, eine von der Vahrer Straße und eine, wo die Straße den Namen wechselt. An der anderen Seite kommt man von der Beneckendorffallee in diesen Teil der Gartenstadt. Von hier aus gesehen, am Ende der Gartenstadt, beginnt Sebaldsbrück, von wo aus man ebenfalls in die Gartenstadt gelangen kann. Sie sehen, die Gartenstadt hat weit mehr Zufahrten als die Neue Vahr.

Es gibt dort sogar einen Kreisverkehr, wo sich die Wilseder-Bergstraße und die Stellichter Straße treffen und dadurch die

Amelinghauser Straße durchtrennen. In der Mitte befindet sich der Job-Günter-Klink-Platz. Job-Günter Klink war der Sohn eines Sparkassendirektors und der Bruder des späteren Präsidenten der Bremischen Bürgerschaft, Dr. Dieter Klink.

Job-Günter-Klink-Platz

Hier ist zu erkennen, wie in den Jahren gebaut wurde: Einfamilienhäuser mit Spitzdach und mit Flachdach. Langsam werden Sie verstehen, warum ich sagte, die Gartenstadt bestehe aus unterschiedlichsten Häusern. Als ich das Foto machte, hielt Hans-Jürgen Schlawinsky neben mir. Stolz zeigte er mir seine 59 Jahre alte NSU Quickly, die ihn noch nie im Stich gelassen habe. Um eine offenkundige Frage zu beantworten: Eine Ladenzeile für die Nahversorgung gab es auch. Übrigens gibt es noch weitere Ladenzeilen, die alle nichts mehr mit der Nahversorgung zu tun haben, weil die Leute zu Einkaufszentren fahren. Am Anfang der Schneverdinger Straße gibt es ein Fahrradgeschäft mit einem sehr kompetenten Fachmann.

Einiges möchte ich Ihnen doch gerne direkt zeigen. Es wäre schade, das nicht mit eigenen Augen gesehen zu haben. Also, fahren wir wieder runter.«

Ich habe das Gefühl, mein Begleiter sei etwas weggetreten. Im Fahrstuhl frage ich: »Alles klar, Herr Meyer?«

Etwas stockend kommt: »Ja, ja. Alles klar. Nein, eigentlich nicht. Das mit den Fotos ist ja praktisch. Nur wenn man das von oben sieht und dazu die Fotos, braucht man eine Menge Vorstellungskraft. Das verwirrt mich etwas.«

Ich beruhige ihn damit, dass wir zunächst unsere Fahrräder ›um den Pudding‹ schieben würden, wie es in Bremen heißt.

»Gibt es hier keinen Bus?«, fragt Meyer plötzlich, was mich freut, denn er ist wieder bei der Sache.

»Doch«, antworte ich, »die Linie 25 fährt diagonal und im Bogen durch diesen Teil der Gartenstadt. Im Kurfürstenbereich gibt es nur die Straßenbahn-Linie 1.«

In Sichtweite vom Hochhaus

Wir gehen vor das Hochhaus, vorbei am Hauswartbüro der GEWOBA, wo wir uns von Frau Evers verabschieden.

»Was ist das denn für ein Kunstwerk?« fragt Meyer.

Ich antworte: »Das sind die vier Hausmeister.«

»Wieso vier?«, fragt er zurück. »Der vierte Hausmeister holt gerade Bier! – So heißt es bei den Bewohnern. Richtig heißt das Werk von Seff Weidl, das er 1958 schuf, ›Einigkeit‹.

»Einigkeit« von Seff Weidl

Auf der anderen Seite der Straße, vor dem großen Spielplatz, ist im Frühjahr der Rasen blau. Es ist dann eine Wiese aus Krokussen. Dahinter stehen gleich zwei große Klettergestelle auf dem Spielplatz. Neu sind die im Freien stehenden Trainingsgeräte für Erwachsene, beziehungsweise für Senioren. Das ist ein richtiger kleiner Fitnesspfad geworden. Die Terrasse gehört zum BISPI. Das ist der Nachbarschaftreff Bispinger Straße, eine öffentliche Einrichtung. Sie wird vom Trägerverein Nachbarschaftstreff BISPI e. V. unterhalten, der 2008 gegründet wurde. Seit 2009 ist er als gemeinnützig anerkannt. Die Aufgabe des Vereins besteht in der ideellen und finanziellen Förderung des Nachbarschaftstreffs. Das, was in der Neuen Vahr der Treffpunkt Waschhaus ist, ist in der Gartenstadt das BISPI. In den Räumen war ursprünglich eine Gaststätte, in der es mal eine Disco gab, wie mir eine Bewohnerin versicherte. Sie sei sehr gerne und oft dort gewesen.

Schräg gegenüber – die Wand wurde vor kurzem neu gestaltet – ist das ›Freizi‹, das Jugendfreizeitheim Vahr. Für Kinder und Jugendliche gibt es ein vielseitiges Angebot. Noch hat das ›Freizi‹ eine Sporthalle zur Verfügung. Ob sie erhalten bleibt, hängt von der Finanzierung ab, aber auch, wie gut sie genutzt wird. Vor dem Gebäude steht die Bronze-Plastik ›Mutter und Kind‹ von Seff Weidl. Es handelt sich um einen zweiten Abguss von 1965.

Die erste Fassung dieses Kunstwerks befindet sich in Horn und soll aus dem Jahr 1958 stammen.

»Mutter und Kind« von Seff Weidl

In dem Seitenteil des Gebäudes ist ›Das Projekt – Work for Vahr‹ untergebracht. Die Schülerfirma Work for Vahr wurde im Rahmen eines Projektes für Schulmeider gegründet. In der Schülerfirma wird das Zwillingsspiel ›Alte Vahr – Neue Vahr‹ produziert. Das Spiel ist so eine Art Memory-Spiel mit Bildern von der Alten und der Neuen Vahr. Daneben bietet die Schülerfirma noch kleine Dienstleistungen wie Babysitting, Unterstützung im Haushalt oder bei der Gartenpflege an. Für kleine Festlichkeiten kann der Catering-Service in Anspruch genommen werden. Nach einem Jahr in diesem Projekt sind fast alle bereit, wieder in die Schule zu gehen.

Der Garten von dem Gebäudekomplex grenzt an die Kita Bispinger Straße, ein Kinder- und Familienzentrum, das seit 1958 besteht. Die Kita liegt auf einem großen, schönen Außengelände mitten in der Gartenstadt Vahr. Mit einem Platzangebot für insgesamt 107 Kinder gehört sie zu den kleineren Einrichtungen. Berufstätige Eltern haben die Möglichkeit, ihr Kind für den Frühdienst ab sieben Uhr anzumelden.

Kita Bispinger Straße

Gegenüber im Gebäude befinden sich Garagen sowie ein Waschhaus und Büros von Firmen. Über die Waschhäuser haben wir schon gesprochen. Darum gehen wir weiter zum Zentrum.«

»Wieso Zentrum?«,

fragt Alexander Meyer, der sich damit mal wieder zu Wort meldet, »ich dachte, das sei der Heideplatz?«

»Das Hochhaus ist zwar der sichtbare Mittelpunkt, aber es muss ja auch etwas für die Versorgung geben.«

»Ah, ich verstehe, es gibt sogar ein Kino oder Theater. So sieht jedenfalls das Gebäude aus.«

»Da muss ich Sie enttäuschen, Herr Meyer«, antworte ich, »das war vor langer Zeit mal ein Kino. Jetzt ist dort ein Gebrauchtwarenhandel untergebracht. Die Leute räumen Wohnungen, unter anderem von Verstorbenen, aus und verkaufen hier preiswert, was noch zu gebrauchen ist. In dem ehemaligen Einkaufszentrum sind jetzt Dienstleister, zum Beispiel Frisör und Sparkasse.

Interessant ist aber ein Geschäft beziehungsweise das Familienunternehmen: ›Schloss – Schlüssel – Sicherheitstechnik‹. Das hört sich einfach an, ist aber kompliziert und manchmal gar nicht schön. Peter Heczendorfer und seine Mitarbeiter öffnen im Jahr rund 4.000 Türen. Die Firma steht auf der ›polizeilichen Errichterliste des Landes Bremen‹. Das ist der Nachweis, zu den seriösen Anbietern zu gehören. Den bekommt man erst, nachdem man ein polizeiliches Aufnahmeverfahren absolviert hat, erzählte mir Herr Heczendorfer. Wir wollten immer mal einen Film über seine Arbeit machen. Es ist bisher aber nur bis zur Öffnung meiner Wohnungstür gekommen, weil der Schlüssel abgebrochen war. Ich war schon sehr überrascht, was er mir alles erzählte. Vor allem, wie leicht es ist, in viele Wohnungen zu kommen, durch Fenster oder Türen. Ich habe umgehend den Standard-Zylinder gegen einen wesentlich besseren ausgetauscht. Die Firma arbeitet unter anderem für die GEWOBA und für die Polizei. So bleibt es nicht aus, dass Notöffnungen ausgeführt werden müssen, wenn eine hilflose Person in der Wohnung vermutet wird. Bei derartigen Öffnungen ist die Polizei dabei. Nicht immer sind die gefundenen Personen hilflos, sondern manchmal schon länger tot. Die Schattenseiten dieser Arbeit. Kommen Sie, es gibt Erfreulicheres zu sehen und zu hören«

Ungewöhnlich (weiter) wohnen

»Ich hatte erzählt, dass es drei Bauten gibt, die nachträglich zwischen die bestehenden eingefügt wurden. Zwei haben Sie gesehen. Hier, in der Undeloher Straße, gab es eine freie Fläche, die aber dreieckig war. Die Architekten Stechow/Tilgner folgten dem Grundstück bei der Gestaltung des Gebäudes. Gebaut wurde 1997. Das interessant aussehende Gebäude gehört in die Kategorie ›ergänzendes Angebot‹ und nicht in ›Ungewöhnlich weiter wohnen‹.

»Moment«, ruft Meyer, »was ist das nun wieder, davon habe ich noch nichts gehört.«

»So ganz stimmt das nicht«, antworte ich, »denn wir haben über das Konzept der GEWOBA gesprochen, dass zum Beispiel die Bewohner möglichst bis zum Tod in ihrer gewohnten Umgebung bleiben können. Hierzu gehört auch das Projekt mit der Überschrift ›Ungewöhnlich wohnen‹. Ich habe Ihnen einen Auszug aus der Veröffentlichung ›Ungewöhnlich weiter wohnen‹ mitgebracht. Hieraus ein gekürzter Ausschnitt, der wie folgt lautet:

Undeloher Straße

›In welchen Wohnungen wollen wir morgen wohnen?

Mit dieser Frage befassen sich die Planer der GEWOBA heutzutage vor allem unter qualitativen Gesichtspunkten. Sie suchen Architektur gewordene Antworten auf die veränderten gesellschaftlichen Strukturen und fragen, wie sich diese in die gewachsenen Stadtquartiere eingliedern lassen.

Denn: Nicht alle modernen Familien- und Wohnmodelle passen noch in das starre Raster der klassischen Drei-Zimmer-Wohnung aus den 1950er-Jahren, wie sie die GEWOBA in Bremen zehntausendfach vermietet. Für die alleinstehende Rentnerin zu groß, für die Familie zu klein, für den selbstständigen Heimarbeiter zu streng aufgeteilt. Die individualisierte Gemeinschaft braucht andere Wohnqualitäten.

Was wäre, wenn der Rentnerin ein kleines Single-Appartement mit Aufzug in der vertrauten Nachbarschaft angeboten werden kann? Wenn sich die Wohnung an die Entwicklung einer Familie anpasst und nicht umgekehrt? Wenn sich Wohnen und Arbeiten unter einem Dach ergänzen und sich nicht gegenseitig im Weg stehen? Und: Wie lässt sich Neubau realisieren, der sowohl energieeffizient als auch generationengerecht und trotzdem mit kleinem Einkommen bezahlbar ist? Komplexe Fragen, die die Wohnungswirtschaft nur im offenen Dialog mit Städtebau-Akteuren, Architekten und Politiker/innen vor Ort lösen kann.

Im Sommer 2011 entwickelte die GEWOBA gemeinsam mit dem Bauressort und der Bremer Architektenkammer ein offenes, kreatives Format, in dem Möglichkeiten ausgelotet und Ideen durchgespielt werden sollten: den Architekturwettbewerb ›Ungewöhnlich wohnen‹.

Die Experten sollten Perspektiven entwickeln, wie kleine Lücken und Freiflächen im GEWOBA-Bestand sinnvoll und zukunftsorientiert weiterentwickelt werden können – generationengerecht, vielseitig nutzbar und kostengünstig. Fünfzehn Architekten sollten einzelne Gebäude für fünf ausgewählte Grundstücke in Wohnsiedlungen der 1950er- und 1960er-Jahre skizzieren, die im Sinne einer sozial ausgeglichenen Innenentwicklung neue Wohnqualitäten im Quartier schaffen. Der Anspruch an neue Architektur im Quartier ist nicht weniger als das: Sie soll neue Rahmen für das Zusammenleben im städtischen Kontext bieten und sich harmonisch in die vorhandenen städtebaulichen Strukturen integrieren. Von ungewöhnlichen Solitärbauten sollen Impulse ausgehen, die positiv auf die Nachbarschaft und ihre Bewohner wirken.‹

Es gab fünf Siegerentwürfe. Zurzeit sind acht Standorte ausgewählt, davon einer in der Kurt-Schumacher-Allee und einer in der Undeloher Straße. Damit sind wir wieder zurück in der Grünstadt.

›Für den Standort Undeloher Straße wurde das Konzept vom Atelier Kempe Thill aus Rotterdam ausgewählt. Ziel des Wettbewerbs war eine Neubebauung, die sich mit Ergänzungsangeboten für die bestehenden Nachbarschaften in die bestehende 1950er-Jahre-Siedlung in der Gartenstadt Vahr einfügen soll. Atelier Kempe Thill überzeugte mit einem kompakten und energieeffizienten Atriumhaus mit einer sehr

effektiven, kostengünstigen Erschließung und einer flexiblen Gebäudestruktur, die unterschiedliche Wohnungstypen für Familien und Singles ermöglicht.

In die gleiche Richtung zielt ein weiterer Architektenwettbewerb, der im laufenden Jahr von der GEWOBA ausgeschrieben wurde. Neun Architekturbüros waren aufgerufen, exemplarisch für vier Standorte erschwingliche Erweiterungsbauten, unter anderem für die Gebäude an der Kurt-Schumacher-Allee zwischen Wilhelm-Leuschner-Straße und Heinrich-Imbusch-Weg, zu entwerfen und damit Barrierefreiheit herzustellen. An der Auswertung des Wettbewerbs sind Ortsamt und Beirat beteiligt.

»So, genug von Theorie und Zukunft, es geht weiter.«

Soziale Einrichtungen

Wir fahren ein wenig durch die Grünstadt. Mein Begleiter wollte gerne noch etwas Natur sehen. Den Wunsch erfülle ich ihm gerne. Unser Ziel ist in der Stellichter Straße die Kirche, beziehungsweise Kapelle St. Laurentius. Mein Weg dahin führt über Umwege vorbei an einigen Gebäuden und viel Grün.

»Hier soll eine Kirche oder Kapelle sein? Ich sehe nur ein Pflegeheim«, fragt und sagt Alexander Meyer.

»Warten Sie ab, Sie werden überrascht sein«, gebe ich zurück, »die jetzige Kapelle entstand nach 1999 im Zuge der Errichtung des neuen Caritas-Altenpflegeheimes. Seit September 1963 gab es an gleicher Stelle eine erste St. Laurentius-Kirche. Im März 1999 wurde die alte Laurentiuskirche abgerissen, im Oktober 2000 die neue Kapelle durch Bischof Bode geweiht. Wenn man den Erweiterungsraum dazu nimmt, finden hier gut 140 Gottesdienstbesucher Platz. Im Kapellenraum dominiert in der Architektur und Ausstattung das Quadrat. Sie finden das Quadrat angefangen vom Grundriss über Altar und Stuhlbespannung bis hin zu den Bodenfliesen und Holzverblendungen.

Caritas Altenpflegeheim

St. Laurentiuskirche

Na, lieber Herr Meyer, man muss kein Kirchenfreund sein, um zu erkennen, dass diese Kapelle mit viel Überlegung gebaut wurde.«

»Ich bin begeistert. Von außen denkt man eher an eine Garage, die zum Heim gehört – und dann das. Ich bin froh, dass wir doch noch hierher gefahren sind. Das kann kein Bild wiedergeben.«

»Das Altenpflegeheim St. Laurentius wurde im Jahr 2000 erbaut und weist eine moderne Architektur auf. Hierbei spielen Offenheit und Licht eine große Rolle, was sich beispielsweise durch große Fenster in den Räumen und Aufenthaltsbereichen zeigt. Auch befindet sich im Zentrum der Einrichtung ein Lichthof mit einer Galerie, die sich über drei Etagen erstreckt und die Bewohner zur aktiven Teilnahme am Leben innerhalb und außerhalb des Hauses einlädt. Das Haus bietet insgesamt 80 Bewohnern und Bewohnerinnen Platz. Der Garten lädt auf befestigten Wegen zu Spaziergängen rund um das Haus ein. Außerdem ist er ein Ort für Feste und Feiern oder für einen gemütlichen Aufenthalt bei gutem Wetter, erläutere ich.«

Epiphanias-Gemeinde

Wir fahren durch eine Reihenhaussiedlung, von der ich schon Bilder gezeigt habe. Jetzt geht es zur Epiphanias-Gemeinde. Ich beginne: »Gemeindesaal und Kirche sind Rücken an Rücken angeordnet, durch eine Faltwand trennbar, aber unter einem großen Dach zusammengehalten. Während der Sakralraum konisch auf den Altarbereich zuläuft, vollzieht sich das im Gemeindesaal spiegelbildlich zur Bühne. Werden beide Räume zu besonderen Anlässen zusammengeschlossen, finden 600 Besucher Platz. Um in dem gestreckten Sechseck auch von hinten Sicht zu haben, senkt sich der Boden tribünenartig zum Altar. Zu den Besonderheiten gehört auch das in der Mitte platzierte Taufbecken. Architekt: Peter Ahlers.

Aus der Chronik sei noch etwas hinzugefügt:
Neu ist – das EpiCafé. Mit ihm bewegt sich die Kirchengemeinde noch einmal ganz neu im breiten Netzwerk der gesamten Vahr. Und noch etwas:

15. Juni 1956: Durch Kirchentagsbeschluss wurde das Gebiet der Gemeinde Bremen-Vahr aus den Gebieten des Doms und der Gemeinde Sebaldsbrück herausgelöst. Die Epiphaniasgemeinde wurde gegründet.
7. Oktober: Erster Gottesdienst der Gemeinde in der Wohnung von Pastor Gerhard Ahlers, Wienhauser Straße 17, mit 25 Gemeindemitgliedern.
8. Dezember 1957: Einweihung der Notkirche in der Amelinghauser Straße.
20. Oktober 1959: Richtfest für die Kirche.
(Vollständige Chronik im Internet.)

Die Kindertageseinrichtung der Epiphanias-Gemeinde besteht seit 1963. Rund 70 Kinder im Alter von null bis sechs Jahren werden hier betreut und begleitet. Die Kinder spielen und lernen in drei Kindergartengruppen mit je 20 Kindern und einer Krippengruppe mit neun Kindern.

Wir fahren weiter hinter die Kirche, dort ist die ehemalige Schule Bardowickstraße. Die Schule war schon nicht mehr voll belegt, als sie verwüstet wurde und danach leer stand. Auf der Suche nach einer Unterkunft für Flüchtlinge bot sich die Nutzung der Schule an. Dort konnten einige Räume und die Küche genutzt werden. Untergebracht sind maximal 60 Personen in einem Containerhaus. Zwischenzeitlich, wenn Platznot herrscht, wird auch vorübergehend die

Übergangswohnheim Bardowickstraße

Turnhalle belegt. Viele Bewohner aus der Nachbarschaft setzen sich ehrenamtlich für die Flüchtlinge ein. Es gibt einen Runden Tisch, bei dem sich 40 bis 50 Personen treffen und beraten, wie den Flüchtlingen geholfen werden kann. Einiges davon wird umgehend in die Tat umgesetzt. Es gab kurz mal Probleme mit lauter Musik. Das wurde geändert. Die Flüchtlinge werden von den ehrenamtlich Tätigen als ausgesprochen nette Menschen bezeichnet.«

Auch das gehört zur Vahr oder liegt an der Grenze

Anschließend fahren wir in die Bevenser Straße. Dort sieht es nach einer reinen Wohngegend aus. Das täuscht aber. Seit über 80 Jahren besteht dort die Firma Max Müller. »Ich kenne sie seit Anfang 1960. Da war sie schon hier in der Bevenser Straße. Damals haben wir unsere täglichen Speisenkarten auf eine Matrize geschrieben. Die wurde auf eine Trommel gespannt und mittels einer spiritusähnlichen Flüssigkeit durch Drehen der Trommel kopiert. Heute ist das alles etwas anders. Wer hätte eine Firma mit 50 Mitarbeitern in diesen Einfamilienhäusern erwartet?«

Das große Gebäude auf der anderen Seite war mal eine Berufsschule. In den letzten Jahren ist unter anderem das Förderwerk dort eingezogen. »Sie, Herr Meyer, kommen jeden Tag mit dem Förderwerk in Berührung. Unsere Concierges sind nämlich dort angestellt.

Förderwerk

Seit der Gründung im Jahr 1985 unterstützt das Förderwerk Projekte zur Bildung, Ausbildung und Beschäftigung für auf dem Arbeitsmarkt benachteiligte Bevölkerungsgruppen und führt selbst Beschäftigungs- und Qualifizierungsmaßnahmen durch. Es gibt vier Geschäftsbereiche in Bremen: Concierge, Plan+Bau, Netzwerkservice Integrationsjobs, Netzwerk Sport und Hauptberufliche Nachbarschaftshilfe. Letzteres können Sie im Café im Familien- und QuartiersZentrum erleben.

Das Förderwerk hierzu: ›Das oberste Ziel unserer Arbeit ist die dauerhafte Integration der Beschäftigten in die Arbeitswelt. Dies kann sowohl Arbeit im geförderten als auch im nicht geförderten Arbeitsmarkt sein. Dieses Ziel wird mit Hilfe nachfolgender Teilziele für die Beschäftigten und das Unternehmen erreicht. Jedes Teilziel hat einen eigenen Wert, dessen Erreichen als Erfolg zu betrachten ist.‹ So, rauf aufs Fahrrad und zur Vahrer Straße.«

Wir fahren ein Stück, als Alexander Meyer anhält. »Mir fällt zum Förderwerk etwas ein«, sagt er, »in der Loge bei uns ist ein Aushang von den Vahrer Löwen. Gehören die auch zum Förderwerk?«

»Nein«, antworte ich, »die Vahrer Löwen haben ihren ›Verein für nachbarschaftliches Zusammenleben gegründet, um Vereinsamung durch Einschränkung, aber auch selbstgewählter Zurückgezogenheit durch Anregungen und bewusste Integrationsbemühungen etwas entgegenzusetzen. Besuche und Motivation, am regionalen kulturellen und sozialen Leben teilzunehmen, sollen Alternativen in der Vahr bieten‹, so die Beschreibung.

Vahrer Löwen

Verein für nachbarschaftliches Zusammenleben e.V.

Inzwischen sind wir in der Vahrer Straße angekommen. Und zwar beim China-Restaurant. Das war ursprünglich mal der Vahrer Krug, wie mir die Inhaberin erzählte. Dann war es eine Kneipe, ein italienisches Restaurant und seit 25 Jahren ist es ein chinesisches Restaurant. Die jetzige Besitzerin ist schon 13 Jahre lang Inhaberin, wie sie mir erzählte.

Schräg gegenüber, auf Sebaldsbrücker Gebiet, ist ein großer Supermarkt mit angeschlossenem Pflanzenmarkt. Dahinter hat der Martinshof ein Werk. Und noch etwas weiter befindet sich das neue Gelände von NABU.

Wir fahren weiter, vorbei an Häusern, die schon um die einhundert Jahre existieren sollen.

»Auf der anderen Straßenseite ist der Rest vom Suptropia«, sage ich.

»Wieso Rest, das ist doch eine Gärtnerei, wie man sieht«, sagt Meyer etwas vorwurfsvoll.

»Das können Sie nicht wissen«, entgegne ich, »die älteren Bremer erinnern sich aber noch gerne an das ›Café Suptropia‹. Sie gingen gerne dahin zum Tanzen in einer schwülen Atmosphäre. Denn das Café war ein Gewächshaus.«

Aus der Chronik: ›Im Jahre 1946 erhielt August Albert an der Franz-Schütte-Allee ein Grundstück, auf dem er eine Gärtnerei errichtete und bewirtschaftete.

Doch als die Neue Vahr gebaut wurde, hieß es abermals, etwas Neues aufzubauen. So übernahm August Albert 1958 den ehemaligen ›Eickehof‹ in der Vahrerstraße. Neben der Gärtnerei gehörte zu dem Komplex auch eine alte Reithalle, die zu dem weit über Bremens Grenzen hinaus bekannten ›Café Subtropia‹ umgebaut wurde. August Albert übergab den Gärtnereibetrieb 1974 seinem Sohn Rudolf Albert. Im Jahre 2007 bestand die Gärtnerei Albert 75 Jahre. Geführt wird die Gärtnerei nun seit 2007 in dritter Generation von der Tochter Katrin Albert.‹

»So, Herr Meyer, wir nähern uns dem Ende. Bevor wir Richtung Aalto-Hochhaus fahren, zeige ich Ihnen noch etwas, das gut versteckt ist.

ASB-Heim

Das Haus ist ein ASB-Heim für geistig behinderte Menschen. Ein Bewohner erzählt uns voller Stolz, wie schön es im Heim sei und wie nett alle Mitarbeiter zu ihm wären. Der Arbeiter-Samariter-Bund beschreibt das so: ›Im Wohnhaus für Menschen mit Behinderung gibt es beides: Raum für das Gemeinschaftsleben, aber auch für Individualität. Geschulte Fachkräfte bieten Freizeitmöglichkeiten an und unterstützen bei der Aufrechterhaltung und Gestaltung von familiären und freundschaftlichen Bindungen. Neben den Angeboten zur Beschäftigung in der Gemeinschaft wird im Wohnhaus für Menschen mit Behinderung auch die individuelle Unterstützung großgeschrieben, wobei der ASB-Bremen je nach Voraussetzung den Übergang in eine ambulante, betreute oder eigenständige Wohnform unterstützt.‹

Wir nehmen das strahlende Lächeln und das Gefühl des Glücks von diesem Mann mit auf den Heimweg.«

Abschluss auf der Bank

Damit sind wir am Ende unserer Rundfahrten angekommen. Wir fahren zum denkmalgeschützten Aalto-Hochhaus und bringen die Räder in den Fahrradkeller. Und weil das Wetter ganz gut ist, setzen wir uns auf die Bank vor dem Servicebüro. Nach einer Zeit des Schweigens beginnt Alexander Meyer: »Was soll ich jetzt sagen? Sie haben mir die Vahr gezeigt, wie ich sie sonst niemals kennen gelernt hätte. Bereits nach den ersten Touren habe ich genauer hingesehen und viele Kleinigkeiten entdeckt, an denen man sonst achtlos vorbeigeht. Meine Frau und ich werden jetzt auch Spaziergänge an anderen Stellen der Vahr unternehmen. Es gibt weit mehr zu entdecken, als man ahnt. Verstanden habe ich jetzt auch, warum Sie im VAHReport sagen, ›die Vahr, der besondere Stadtteil in Bremen‹. Ich danke Ihnen dafür und hoffe, dass noch viele Menschen den besonderen Stadtteil besser kennen lernen.«

Die Bremer Vahr

Geschichtliche Entwicklungen und Institutionen

von
Frank Obergethmann

Die alte Feldmark Vahr

In der Gründungsurkunde des kirchlichen Ansgarii-Kapitels wird 1185 erstmals die Vahr als Ort erwähnt. Als Bezeichnung für dieses Gebiet findet sich in den frühen Urkunden der Name Vora, plattdeutsch Vore. Dieses Wort ist vermutlich abgeleitet aus dem plattdeutschen Fuhre bzw. Föhre oder Fahren bzw. Fahrn.

Auch die Bezeichnung Vurholt (das Vurholter, jetzt Holter Feld) wird bereits in früher Zeit verwendet.

Das Gebiet der Vahr lag etwa fünf Kilometer östlich von Bremen und wurde begrenzt von der Feldmark Hastedt, Osterholz, Rockwinkel und Horn (mit Lehe). Die Vahrer Feldmark dehnte sich auf einem Areal von 702 Hektar aus. Der Boden war größtenteils lehmhaltig und auf Sand gelagert. Seine etwas erhöhte Lage (0,32 m über Null) machte ihn tauglich für Garten- und Ackerbau (571 ha), nur ein kleiner Teil wurde für Wiesen und Weiden (53 ha) verwendet. Im Norden eher kleiartig, im Süden mehr sandig, befand sich dort der beste Weizenboden des Bremer Gebietes. Die Abwässerung geschah in nordwestlicher Richtung durch das an der Vahrer (oder Vahrster) Straße liegende Vahrer Fleet sowie die Feldfleete am Achterdiek, die in der Horner Feldmark wieder zusammenlaufen.

Die Bewohner des Vahrer Landgebiets sind die »Vahrster.« Ihre Sprache ist das Plattdeutsche. Urkunden aus dem 14. Jahr-

LILIEN THAL
TRUPE
Wumme Fluss
Die Schweine Weide
BORG FELD
Kuh Weide
BORG
GERICH
Meenten Schläge
In den Wischen
Katrepel
Katrepeler Feld
GOW GERICH
Lehester Feld
Ober neue Feldmark
Feldmark
Vahrer Feldmark
Vahrer Feld
Feld mark
Grosse Hasteder Feld
Kleine Feld
HASTEDE
Ellener Brok
Ellener Feld
Holter Feld
Osterholzer Feld
WESER STROM
HEMELN
Hemeler Feldmark
Habenhauser Wied
HABEN HAUSEN
Werder
Arberger
Feldmark

hundert in diesem Dialekt regeln die Besitzverhältnisse der damaligen Zeit und sind noch heute im Bremer Staatsarchiv zu finden.

Als Teil des Hollerlandes untersteht die Vahr ab dem 15. Jahrhundert dem Rat der Stadt Bremen. Zu dieser Zeit liegt im Süden der Vahr das Gut Schauenburg, welches von dem Bremer Stadtchronisten Franz Buchenau in der dritten Auflage seines Buches »Die Freie Hansestadt Bremen und ihr Gebiet« von 1900 wie folgt beschrieben wird:

»Der bekannte Chronist Herbord Schene, Domkellner und Kanonikus zu St. Ansgarii, schenkte der Ansgariikirche zur Begründung dreier Vikarien 18 Bremer Mark. Von diesem Gelde kauften die Vikare am 9. Oktober 1404 von den Knappen Albert und Heinrich von Stendorf ein Viertel Land von dem Gute Schowenborch im Dorfe Vora. Auch Herbord Schene selbst erwähnt dieses Land in seinem Testamente vom 23. März 1412. Hiernach bildete das Gut Schauenburg die südlichste Spitze (den Geeren) der Feldmark Vahr. Es war wahrscheinlich (wie fast alle diese Geeren) früher ein adeliges Gut (von einem der Unternehmer der Holler Kolonisation zurückbehaltenes). Dann aber scheint es parcelliert worden zu sein, und es ist jede Erinnerung an die besondere Stellung und den Namen verloren gegangen«.

Die Vahr wird ein Dorf

Ab dem 17. Jahrhundert wuchs das Gebiet der Vahrer Feldmark zum Dorf zusammen. Die einzelnen Gehöfte, die vor allem Ackerland, in geringem Maß auch Wiesen- und Weideland bewirtschafteten, prägten das Bild der alten Siedlung. Chausseen, Wege und Deiche entstanden.

1654 sind dort ein Kötner und 17 Bauleute ansässig, von denen drei gerichtsfreie Höfe besaßen. Hinsichtlich des Kirchen- und Schulwesens gehörte die Vahr zu Horn.

An der Vahrer (oder Vahrster) Straße (auch: Vahrer Weg), die von der Horner Chaussee einmündend am westlichen Rand der Feldmark das Gut Rosenthal durchschneidet und in südlicher Richtung bis Sebaldsbrück weiterläuft, liegen im 19. Jahrhundert fast sämtliche Höfe der Feldmark. Von hochstämmigen Linden umpflanzt, bot die Vahrer Straße, »eine schöne grüne Halle, die

weit mehr als Zielpunkt von Spaziergängen gewählt zu werden verdient, als jetzt geschieht« (Frank Buchenau, 1862).

Das Vahrer Feld war in nordwestlicher Richtung durch die zwei der Vahrer Straße parallel verlaufenden Fleete in drei Streifen zerschnitten: Achterkämpe (Hinterkämpe), Mittelkämpe und Vorkämpe. Diese Bezeichnungen sind noch heute als Rastplatznamen der Autobahn A 1 im Bereich der Abfahrt Vahr gebräuchlich.

Vor 1900 wurde die Vahrer Straße mehrfach als Landstraße neu reguliert. Entlang des westlichen Fleets verlief ein mit Bäumen und Buschwerk eingefasster Fußweg, der einen Ausblick auf die Bremer Stadt bot. Bei der Horner Kirche vereinigten sich das Vahrer und das Schwachhausener Fleet (Gete) zur kleinen Wümme. Der Achterdiek (Hinterdeich) begrenzte als ursprünglich niedriger Schirmdeich den Osten der Feldmark.

An der Einmündung des Hastedter Feldweges in die Vahrer Straße begann ein schmaler Fußweg, welcher quer durch die Vahr verlief und dann über Rockwinkel den Hollerdeich beim sogenannten »Schwarzen Graben« erreichte. Dieser Weg war der Heiduckenpfad, ein alter Botenweg des Bremer Erzbischofs. Die Heiducken, ursprünglich die Bezeichnung für einen ungarischen Stamm aus Siebenbürgen, dienten fremden Fürsten und zeichneten sich durch große Ausdauer im Laufen, aber auch durch Wildheit aus. Als erzbischöfliche Boten nutzten die Heiducken den Pfad, wenn sie Botschaften des Erzbischofs über Fischerhude nach Ottersberg oder zum Kloster Zeven tragen mussten.

Unter hannoverschem Besitz

1741 führte der zweite Stader Vergleich zu einer Abtretung eines Teils der Vahr von Bremen an Hannover. Das zunehmende Bemühen der Landesfürsten, ihre Macht zu konsolidieren, veranlasste Streitigkeiten um Hoheitsansprüche und machte Verhandlungen notwendig. Die in Stade erzielte Vereinbarung zwischen Hannover und Bremen forderte Randgebiete des Block- und Hollerlandes (also einen Teil der Vahr) zum hannoverschen Besitz. Bremen behielt die kirchlichen Patronatsrechte und die Jurisdiktion, nicht aber das Kontributionsrecht.

Im Verlaufe der Gebietseroberungen Napoleons, die ab 1801 auch die Freie Hansestadt Bremen umfassten, kam es zu einer territorialen Neuordnung. Mit diplomatischem Geschick erwirkte der Ratsherr und spätere Bremer Bürgermeister (ab 1814) Georg Gröning (1745–1825) bei den Franzosen zum einen die Aufhebung des Elsflether Zolls, zum anderen eine Erweiterung des Bremer Stadtgebiets. Bei einem Besuch in Paris vertrat er die Bremer Interessen hinsichtlich einer Rückgabe der Hannoverschen Besitzungen an die Hansestadt. Der französische Außenminister Talleyrand zeigte Entgegenkommen. Im Rahmen der Friedensordnung von Luneville (1801) und anschließend in der von Frankreich und Russland vereinbarten Neuaufgliederung der deutschen Gebiete, dem Reichsdeputationshauptschluss (1803), erfolgte die Rückgabe der Vahr, aber auch Hastedt und Schwachhausen an die Bremer. Hannover wurde mit dem Bistum Osnabrück abgefunden.

Georg Gröning (1745-1825)

Der Stadthistoriker Herbert Schwarzwälder berichtet von zwei maßgeblichen Ereignissen im Jahre 1803, die mit der Übergabe der Vahr an die Reichsstadt Bremen im Zusammenhang stehen. Am 26. Januar 1803 wurden Hastedt und die Vahr offiziell im Hastedter Zollhaus an Bremen zurückgegeben. Am 26. Juli 1803 wurde dieser Akt von den Bewohnern der Vahr, gemeinsam mit den Hastedtern und Schwachhausenern, mit Pauken- und Trompetenschall sowie einem Festmahl und bunten Illuminationen gefeiert.

Das Schloss Kreyenhorst

Im Nordwesten der Vahrer Feldmark lag seit dem 18. Jahrhundert das Gut Kreyenhorst. Eine lange, von Eichen bestandene Allee führte von hier aus (heute: Bürgermeister-Spitta-Allee) bis zum Achterdiek. 1794 wurde das Gelände des Gutes gemäß einer Karte von Christian Abraham Heineken als »Landgut von Werner Wilckens in der Vahr« bezeichnet, ein größeres Anwesen ist zu erkennen. 1806 erwarb der Kaufmann und Konsul Arnold Delius das Grundstück und ließ den Garten neu anlegen. Nach seinem Tod wurde dort eine Gastwirtschaft betrieben, bis Daniel Diederich Knoop das Gelände 1869 kauft und 1873 bis 1875 ein schlossartiges Anwesen im Neorenaissance-Stil nach Plänen des Architekten Johann Georg Poppe bauen ließ. Dieses Gebäude war in seiner Größe und Pracht innerhalb des Bremischen Gebietes einzigartig.

Schloss Kreyenhorst (1885)

Im Jahre 1888 ging der Besitz an Wilhelm Rickmers (1844–1891), Erbe der bekannten Bremer Rickmers-Reederei, über. Das Grundstück wurde bis zum Achterdiek erweitert und ein englischer Landschaftsgarten, der Rickmers-Park, angelegt. Der befreundete Maler Arthur Fitger (1840–1909) konnte dort ab 1890 in

Arthur Fitger (1840-1909)

einem Landhaus mit Atelier wohnen und arbeiten. Fitger war vor allem durch seine monumentalen, dekorativen Malereien bekannt geworden. Auch für das Schloss Kreyenhorst schuf er große Wandgemälde, die mit dem Abriss leider verloren gingen. Neben der Malerei betätigte sich Fitger auch mit Erfolg als lyrischer Dichter und Dramatiker.

Nach dem Tod Wilhelm Rickmers im Jahre 1891 ging das Gut an seinen Sohn Willi Rickmer Rickmers (1873–1965) über. Als Bergsteiger, Skipionier und Sammler unternahm Rickmers ab 1894 mehrere Expeditionen nach Turkestan, Taschkent und in den Kaukasus. Sein Leben als Forschungsreisender reflektierte er in seiner 1930 erschienenen Autobiografie »Querschnitt durch mich«.

Das Gut Kreyenhorst wurde hingegen zunehmend vernachlässigt. Das Schloss verfiel und der Park verwilderte. 1911 kaufte der Bremer Senat das Grundstück und ließ das Schlossgebäude in den 1920er-Jahren abreißen. Das Gelände wurde zur öffentlichen Anlage. 1933 erfolgte auf Teilen des Rickmers-Parks und des angrenzenden Allmers-Parks die Schaffung des Rhododendron-Parks. Das einzige erhaltene Bauwerk des Anwesens Kreyenhorst steht heute am Übergang der Schwachhauser Heerstraße zur Horner Heerstraße, es ist das ehemalige Teehaus.

Das kleine Gebäude steht seit 1973 unter Denkmalschutz und wird als Büro genutzt. Des Weiteren erinnern Straßennamen wie Rosenthal, Deliusweg, Kreyenhorst und Am Rickmerspark an das ehemalige Landgut.

Ehemaliges Teehaus der Rickmers

Die Vahr in der ersten Hälfte des 20. Jahrhunderts

Der Club zur Vahr

Um die Wende zum 20. Jahrhundert förderte das Interesse des Bürgertums an sportlicher Bewegung und natürlicher Gesundheitserhaltung in ganz Deutschland die Gründung zahlreicher Sportvereine, die häufig noch heutzutage existieren. Grundlegend hierfür war vor allem die bereits ab 1811 durch Friedrich Ludwig Jahn (»Turnvater«) ins Leben gerufene Deutsche Turnbewegung zur Förderung sportlicher Leibesübungen.

Auch in wohlhabenden Bremer Kaufmannskreisen tat sich das Interesse kund, einen Freizeitausgleich für die alltäglichen Handelstätigkeiten in sportlicher Ertüchtigung zu suchen. Ein eigener Verein sollte gegründet werden, Raum dafür suchte man in einem Gebiet außerhalb der Bremer Innenstadt. Der damals noch unbebaute Landstrich in der Vahr in unmittelbarer Nachbarschaft zum Gut Kreyenhorst bot sich dafür an.

Clubhaus Club zur Vahr
Vahrer Straße (1912)

Eine Sammlung unter reichen Bremer Bürgern verschaffte die Kapitalbasis zum Erwerb von 150 Morgen Land auf dem Gelände eines ehemaligen Bauernhofs (»Klatte-Hof«), der Preis betrug 200.000 Goldmark. Nach dem Vorbild der englischen »Country-Clubs« entstand das Gelände des neuen »Club zur Vahr«. Am 8. April 1905 wurde die Satzung des Vereins unter Beteiligung von rund 400 Gründungsmitgliedern im Bremer Hillmann-Hotel unterzeichnet. Führend waren die Überseekaufleute J. H. Hagemeyer, Walter Freudenberg und Willy Wätjen.

In Nachahmung des englischen Stils beschränkte sich das sportliche Angebot zunächst auf Golf und Polo. Zudem wurden dem Club die Gartenanlagen des benachbarten Gutes Kreyenhorst zum Spazierengehen und Reiten kostenlos zur Verfügung gestellt. Die grundlegende Idee war es, durch das Vereinsleben ein Nebeneinander von Geselligkeit und sportlicher Aktivität zu schaffen. Daher wurde von Anfang an die »Familien-Mitgliedschaft« (d.h. Kinder wurden über die Eltern Mitglied) praktiziert. Der »Club zur Vahr« verstand sich von Beginn an als gesellschaftlich orientierter Club zur Förderung des Bürgersinns.

Im Stil englisch-kolonialer Clubhäuser entstand das 1906 eingeweihte Vereinshaus nach den Entwürfen der Architekten Abbehusen und Blendermann sowie Rudolf Alexander Schröder. Als Ort kommunikativer Begegnungen sollte das Haus für Geselligkeit und Festivitäten zur Verfügung stehen und somit den Mittelpunkt des gesellschaftlichen Clublebens bilden. Gesellschaftsräume und Gästezimmer stehen zur Verfügung. Von der Vahrer Straße (heute Bürgermeister-Spitta-Allee) kann das Vereinsgelände durch eine Auffahrt erreicht werden, die es noch heute gibt.

Noch vor dem ersten Weltkrieg wurde das Angebot des Clubs um die Sportarten Hockey und Tennis erweitert. Während der Kriegsjahre 1914–1918 musste der Sportbetrieb allerdings fast vollkommen eingestellt werden, große Teile des Geländes wurden kurzzeitig wieder landwirtschaftlich genutzt.

Nach dem Kriegsende erlebte der Club eine neue sportliche Blütezeit. Neben den vorherigen Sportarten kamen noch Rugby, Cricket, Leichtathletik und Tontaubenschießen hinzu. 1930 feierten knapp 1.000 Mitglieder des »Club zur Vahr« das 25-jährige Jubiläum der Vereinsgründung. Bereits 1938 wurde ein Schwimmbecken eingerichtet.

In den Jahren des Zweiten Weltkriegs wurde das Clubgelände von der amerikanischen Besatzungsmacht beschlagnahmt und erst im Februar 1952 wieder vollständig an die Mitglieder zurückgegeben. Das heruntergewirtschaftete Vereinshaus musste mit großem Bedauern der Mitglieder abgerissen werden, weil in der Nachkriegszeit die finanziellen Mittel für eine Restaurierung nicht zur Verfügung standen.

Die »Scheune«, zuvor als Unterbringung für die Polopferde genutzt, wurde zum neuen Clubhaus umgestaltet. Die ständig steigende Anzahl von Mitgliedern, vor allem in der Golfabteilung, machte es notwendig, eine Außenstelle zu schaffen. So wurde 1963 der Golfplatz in der Garlstedter Heide eröffnet, wo bis heute die besten Trainingsmöglichkeiten, vor allem für Profisportler, bestehen.

Das gegenwärtige sportliche Angebot des »Club zur Vahr« besteht aus: Golf, Hockey, Tennis und Tontaubenschießen. In allen diesen Sportarten weist der Club seit den 1950er-Jahren immer wieder nationale, aber auch internationale Erfolge auf.

Zum 100-jährigen Bestehen des »Club zur Vahr« lobte der Präsident des Deutschen Golf-Verbandes die äußere Anlage und innere Motivation des Vereins mit den Worten: »Umgeben von Seen und altgewachsenen Baumbeständen bietet der Club zur Vahr eine ideale Oase der Entspannung, er ist aber auch Inbegriff der Sportlichkeit.«

Die Galopprennbahn und der Bremer Rennverein

Pünktlich zum 50-jährigen Bestehen des Bremer Reitclubs (heute: Bremer Rennverein) wurde am 29. und 30. Juni 1907 mit dem ersten Pferderenntag die neue Galopprennbahn in der Vahr eingeweiht. Die Anlage der neuen Pferderennbahn schloß sich an die Gestaltung moderner Rennbahnen an und sollte den Standort Bremen für den Pferdesport attraktiv und konkurrenzfähig erhalten.

Wieder sind es wie beim Club zur Vahr die Architekten Otto Blendermann und August Abbehusen, die mit der Planung der Tribüne und der baulichen Einrichtungen des neuen Rennplatzes betraut wurden. Die Architektur der Anlagen verkörpert in

Neue Vahr Süd, Rennplatz
Luftaufnahme 1966

ihrer schlichten Eleganz den Geschmack des hanseatischen Bürgertums. Verantwortlich für die Gestaltung der Rennbahn war der Hamburger Garteningenieur Rudolf Jürgens, der zugleich einer der bedeutendsten Rennbahnerbauer der damaligen Zeit war. Sein Ideal, eine Symbiose von Rennbahn und Landschaft nach englischem Vorbild zu schaffen, wurde auch in Bremen umgesetzt. Die Tribüne, leicht erhöht gebaut, erlaubte einen ungehinderten Blick auf das Renngeschehen. Wettschalter und Restaurant lagen direkt an der Bahn. Für Kutschen und Automobile stand ein Parkplatz zur Verfügung.

Über den ersten Renntag in der Bremer Vahr schreibt das »Album des deutschen Rennsports«:

»Für den Bremer Reitclub war das Meeting von 1907 mit einer doppelten Feier verbunden, es beging das Jubiläum seines fünfzigjährigen Bestehens und weihte gleichzeitig seine neue Rennbahn ein. Ein halbes Jahrhundert ernster Arbeit, gekrönt durch die Umsiedlung in ein eigenes und schönes Heim, der Klub darf in der Tat stolz sein auf Vergangenheit und Gegenwart …

Wie es schon an den Renntagen ein Genuss ist, die Fahrt nach der Vahr anzutreten, so auch an einem schönen Sommernachmittag. Die Vahr, auf der auch der neue Rennplatz sich befindet, ist unter den Ortschaften des Bremer Landgebietes eine derjenigen, die ihren ländlichen Charakter sich bewahren, obgleich sie in unmittelbarer Nachbarschaft der Stadtgrenze liegen. Es ist eine Freude, unter den schattigen alten Bäumen die Vahrer Straße entlang zu rollen …

Das landschaftliche Panorama ist ungemein reizvoll. Im Hintergrunde in grün-blauen Baumgruppen der Kirchturm von Oberneuland, rechts und links malerisch in alten Baumbeständen rote Dächer, vor den Tribünen weite Weiden und wogende Kornfelder, und darin eingebettet die krause Fläche zweier Seen. Von den beiden großen Tribünen aus ist der Ausblick durch nichts unterbrochen; sie liegen erhöht, so dass auch von dem Terrain vor den Tribünen aus der Rundblick ungehindert ist …«

Die 50-jährige Geschichte des Rennvereins begann 1857 mit der Erklärung der Statuten für den neuen Bremer Reitclub. Die Gründungsväter sind Gustav Deetjen, Hermann H. Deetjen, Gustav B. Brauer und Hermann H. Adami. Die ersten Pferderennen wurden auf dem Hastedter Suhrfeld und im Gröpelinger Wied veranstaltet. Ab 1864 wurde erstmals ein Gelände im Gebiet der Vahr genutzt, auf der Höhe der heutigen Kurfürstenallee.

Aus dem Rennbericht des Eröffnungsrennens auf der Vahrer Bahn, das am 18. Juli 1865 stattfand, geht hervor, dass die Tribüne zwar nur mäßig besetzt war, die Stell- und Wagenplätze jedoch vollständig vom Publikum eingenommen wurden. Die Tribünenbauten aus Holz waren aufgrund des häufigen Standortwechsels damals noch transportabel.

Unter der Präsidentschaft von Fritz Achelis (ab 1871) trug der Bremer Reitclub seine Rennen für knapp zwei Jahre auf einem Gelände im nördlichen Teil des Bremer Bürgerparks aus. Der Park wurde 1865 mithilfe der Förderung des »Bürgerparkvereins« gegründet und bis 1872 erweitert und bewaldet. Die »Internationale Landwirtschaftsausstellung« von 1874 legte eine Zusammenarbeit beider Vereine nahe, da neben den Tierschauen auch Pferdevorführungen dargeboten würden. 1876 kündigte der »Bürgerparkverein« den Rennplatz, um das Gelände für die

Parkfläche und zur Bewaldung zu nutzen. Der Reitclub kehrte auf seinen alten Standort in der Vahr zurück.

Zu Beginn des 20. Jahrhunderts führten zunehmendes Zuschauerinteresse und das bevorstehende Jubiläum des Reitclubs zu dem Wunsch nach einer neuen Galopprennbahn mit großzügigem Hinderniskurs und modern gestalteten Gebäuden. 1907 wurde die neue Galopprennbahn in der Vahr durch den Vereinspräsidenten Konsul Hermann Vietsch eröffnet. Im Rückblick der 2007 herausgegebenen Vereinschronik heißt es:

»Trotz der Wetterwidrigkeiten wurde die Rennpremiere auf der neuen Anlage in der Vahr zu einem enormen Erfolg. Reiter und Besitzer zeigten sich begeistert von den Möglichkeiten der Kurse und das elegante, hanseatisch-zurückhaltende Ambiente der Tribünen und der übrigen Gebäude rief nicht nur bei den Bremern großes Entzücken hervor.«

Die neue Galopprennbahn zog immer mehr Zuschauer an. 1909 fand zudem auf dem Renngelände die erste Flugschau des neu gegründeten »Bremer Vereins für Luftschiffahrt« statt. Bremen als Standort für den Pferdesport sowie der Rennverein gewannen internationales Renommee.

Die Jahre des Ersten Weltkrieges sowie die Inflation und Wirtschaftskrise der Weimarer Republik führten immer wieder zu Unterbrechungen des Rennbetriebes. Als 1932 Franz Schütte die Präsidentschaft übernahm, feierte der Reitclub sein 75-jähriges Bestehen. 1934 wurde der Reitclub auf den Namen »Bremer Rennverein« umgetauft. Schütte behielt die Präsidentschaft bis 1966.

Während des Zweiten Weltkriegs zerstörten britische und amerikanische Fliegerangriffe den Großteil der Gebäude, allein auf das Rennplatzgelände in der Vahr gingen 55 Bomben nieder. Plünderungen, Verfall und die Beschlagnahmung durch die Amerikaner bestimmten damals das Bild. Die ersten Pferderennen konnten nach Beendigung des Krieges ab Mai 1949 wieder stattfinden.

1967 übernahm der Bremer Kaffeeunternehmer Walther J. Jacobs die Präsidentschaft des Rennvereins. Er selbst war Inhaber des »Gestüts Fährhof«. Unter seiner Ägide erlangte der Bremer Reitsport einen erheblichen Aufschwung. In der »Ära Jacobs« entwickelte sich die Vahrer Rennbahn zu einer renommierten Pferdesportanlage mit internationaler Bedeutung.

Nach dem Tod von Walther J. Jacobs übernahm 1995 sein Sohn Andreas Jacobs den Vereinsvorsitz und leitete eine Phase der Veränderungen und Modernisierungen ein. Seit 1999 fungiert die neu gegründete Bremer Rennbahn GmbH als Betreiber des Rennplatzes. Bis 2002 kam es zur grundlegenden Restaurierung der Zuschauerbauten. Vor allem die alte Tribüne wurde grundlegend saniert und erneuert. 2005 wurde der Bau des an die Rennbahn angrenzenden Atlantic-Hotels abgeschlossen. Dieses bietet Räume für Tagungen und Konferenzen. Vom Restaurant und von den Hotelzimmern hat man Aussicht auf das Rennbahngelände. Im Innenraum der Rennbahn wurde ein Golfplatz angelegt, zudem gibt es einen neuen Biergarten und eine Kinderspielwiese.

2005 bis 2013 übernahm Georg C. Muhle die Präsidentschaft des Rennvereins. 2007 erschien zum 150-jährigen Jubiläum eine Vereinschronik, die die ereignisreiche Entwicklung des Bremer Pferdesports dokumentiert und die Geschichte der Galopprennbahn in der Vahr zu »einer der schönsten und fairsten Bahnen Deutschlands« (so die Vereinschronik) nachzeichnet.

Das Dorf Vahr zur Wende zum 20. Jahrhundert

Neben den herrschaftlichen Villen und Landsitzen blieb das alte Dorf Vahr in seiner bäuerlichen Struktur bis zum Zweiten Weltkrieg bestehen. Große Flächen des Gebietes dienten weiterhin als Kleingarten- und Weideland. Um 1885 lebten in der Vahr 650 Menschen.

Bis zur Jahrhundertwende vollzog sich ein tiefgreifender Wandel der Lebens- und Gesellschaftsformen, der nicht nur das städtische Leben in Bremen, sondern auch die Lebensverhältnisse der Vahrer Bauern prägend veränderte. In der zweiten Hälfte des 19. Jahrhunderts entwickelte sich Bremen zu einer Großstadt. Industrie und Überseehandel florierten, die bremischen Häfen erlangten weltweite wirtschaftliche Bedeutung.

Schon 1827 gründete der Bremer Senat unter Bürgermeister Johann Smidt (1773–1857) Bremerhaven, an der Wesermündung gelegen. Von dort sollte der Rohstoffimport organisiert werden. Zudem zogen viele deutsche und andere Auswanderer in die »Neue Welt«, nach Amerika, vor allem mit Schiffen des »Norddeutschen Lloyds«, der zu jener Zeit weltweit größten und bedeutendsten Reederei.

Johann Smidt (1733–1857)

Die Bewohnerzahl der Stadt Bremen stieg von 112.000 Einwohnern im Jahr 1880 auf 245.000 Einwohner im Jahr 1910. Die neuen Errungenschaften in den Bereichen Technik und Verkehr veränderten das Leben in der Hansestadt von Grund auf. Ab Mitte des 19. Jahrhunderts wurden die ersten Straßenlaternen aufgestellt, eine zentrale städtische Wasserversorgung gab es seit 1873. Elektrizitäts- und Wärmekraftwerke wurden um die Jahrhundertwende gebaut. Die Bremer Straßenbahn hatte ab 1876 ihren Vorläufer in einer ›Pferdebahn‹, die schon zu damaliger Zeit die Innenstadt mit den vorstädtischen Gebieten, so auch mit der »Vahrer Brücke«, verband. Die landwirtschaftlichen Arbeitsweisen wurden durch die Nutzung der Technik zunehmend rationalisiert, was auch auf die bäuerlichen Betriebe in der Vahr zutraf.

Nach dem Ersten Weltkrieg

Die militärischen Niederlagen und die Not der Bevölkerung führten bei vielen Bremer Bürgern zu Missstimmungen und Unzufriedenheit. Als im Herbst 1918 der Erste Weltkrieg mit der Niederlage Deutschlands endete, kam es zu politischen Wirren. Ihren Höhepunkt fanden diese in der Ausrufung der »Räterepublik« durch Sozialdemokraten und kommunistische Spartakisten. Der Bremer Senat wurde aufgelöst, am Rathaus wehte die rote Flagge. Die Linken forderten: Arbeiter- und Soldatenräte sollen als Vertreter des Volkes die Herrschaft übernehmen. Im Februar 1919 wurde die kurzzeitige

Revolution durch Truppen der Reichsregierung zerschlagen. Beim Kampf um die Regierungsgewalt starben 75 Bremer, 175 wurden verwundet. Es kam außerdem zu zahlreichen Gebäudeschäden.

Schon im März 1919 war der alte Senat wieder im Amt. Bei den demokratischen Wahlen zu einer verfassungsgebenden Nationalversammlung konnten die Bremer Bürger erstmals selbst über das politische Schicksal ihrer Stadt entscheiden. Im Mai 1920 wurde die neue Verfassung der Freien Hansestadt Bremen proklamiert. Erster gewählter Bürgermeister wurde Martin Donandt, der bis 1933 als Präsident des Senats amtierte.

1921 wurde die Vahr, die bislang zur Landgemeinde Horn gehörte, in die Stadt Bremen eingemeindet. Es folgte ein kurzfristiges Aufleben der Bremer Wirtschaft, aber schon die Hyperinflation, die Mitte der 1920er-Jahre einsetzte, führte zu starken Belastungen der Bremer Betriebe. Die Folge der Weltwirtschaftskrise, die 1929 grassierte, war eine bis dahin nicht in dieser Weise erlebte Massenarbeitslosigkeit. In Bremen gab es 1930 über 18.000 Arbeitslose, 1932 waren 42.000 Menschen ohne Arbeit.

Der Nationalsozialismus und seine Folgen

Im Zuge der Aufrüstung durch die nationalsozialistische Reichsregierung wurde schon ab 1934 ein umfangreiches Neubauprogramm der Militärgebäude in Bremen begonnen. In der Folgezeit entstanden neue Wehrmachtskasernen in Huckelriede, Grohn, Lesum und auch in der Vahr.

»Der etwa 10 Hektar große Bauplatz der Kaserne zwischen Vahrer Straße und Franz-Schütte-Allee wurde 1936 von den Schütte-Erben erworben. Mit dem Bau wurde 1937 begonnen. Alle Gebäude wurden als Backsteinrohbauten mit Klinkerverblendungen und blaugrauen eingesetzten Ziegeln errichtet, und zwar ein Stabshaus, drei Mannschafts- und ein Wirtschaftsgebäude. In derselben Bauweise sind auch die Nebengebäude erbaut, wie Exerzierhaus, Kraftfahrzeugwerkstatt, Schuppen usw. Die Kaserne wird durch Fernheizung zentral beheizt.

Die Heizungsanlage besteht aus 7 Niederdruck-Kesseln und befindet sich im Stabsgebäude. Die Heizfläche beträgt 392 qm. Die gesamten Baukosten beliefen sich auf RM 4.550.000,–. Gesamtgröße des Grundstücks: 9 Hektar, 90,5 qm.« (Quelle: historic.de).

Die feierliche Übergabe der Vahrer Kaserne an die »Beobachtungsabteilung 22« fand am 30. Mai 1938 auf dem Domshof statt. Beteiligt waren der seit 1937 als Bremer Bürgermeister amtierende Nationalsozialist Heinrich Böhmcker (1896–1944) sowie die Wehrmachtsgeneräle Strauß und von Schauroth. Mit der Benennung als »Lettow-Vorbeck-Kaserne« wollten die Nationalsozialisten den in Bremen lebenden General Paul von Lettow-Vorbeck (1870–1964) ehren, der als Oberst sowohl in den deutschen Kolonialgebieten in Afrika als auch im Ersten Weltkrieg militärisch gewirkt hatte und in nationalkonservativen Kreisen hohes Ansehen genoss, auch wenn er als bremischer Staatsrat anscheinend kritisch zur NSDAP eingestellt war.

Warum bestand erhöhter Wohnungsbaubedarf? Die Vorgeschichte

Der deutsche Angriff auf Polen und die britisch-französische Kriegserklärung an das Deutsche Reich führten im September 1939 zum Beginn des Zweiten Weltkriegs. Durch den Einsatz von Fliegerbomben wurden nun auch die Städte Kriegsschauplatz.

Mit seinen Anlagen der Rüstungsindustrie, den Häfen und Brücken war Bremen ein wichtiges Angriffsziel der alliierten Luftwaffe. Hauptziele der Bombardierungen wurden zunächst die Focke-Wulf-Werke (Flugzeugbau), die Vacuum-Ölraffinerie, die Werften und Verkehrsanlagen. Die ersten Kriegsbomben auf Bremen fielen bereits am 18. Mai 1940.

Die Kriegseskalation führte ab 1941 zunehmend auch zu Angriffen auf städtische Wohngebiete in den wichtigsten Metropolen der verfeindeten Länder. Flächenangriffe auf die Stadt Bremen betrafen nun auch die Menschen in den städtischen Randgebieten. Auch über der Vahr gingen von 1941 bis 1945 etliche Bomben nieder, einige Gehöfte an der Vahrer Straße wurden zerstört; zivile Todesopfer waren zu beklagen, die sich trotz der Luftschutzmaßnamen (Bunker) nicht retten konnten. Als am 22. April 1945 der letzte Bombenangriff in Bremen über den Ortsteilen Hastedt und Hemelingen niederging, war der Krieg nahezu beendet. Am 8. Mai 1945 kapitulierte das deutsche NSDAP-Regime.

Nach einem wahren »Inferno« durch die britisch-amerikanischen Bomben glichen viele deutsche Städte nur noch Trümmerlandschaften. Bremen stand aufgrund seiner besonderen strategischen Bedeutung (Rüstungsindustrie, Häfen) an vierter Stelle der am meisten zerstörten deutschen Städte im Zweiten Weltkrieg. Die Bilanz: zwischen 1941 und 1945 wurden fast 10.000 Tonnen Bomben über dem Bremer Stadtgebiet abgeworfen, nahezu 22.000 Wohnhäuser waren vernichtet, die Häfen nahezu völlig zerstört, die Industrieanlagen in desolatem Zustand und nicht mehr betriebsfähig. Bei den Luftangriffen auf das Stadtgebiet verloren insgesamt fast 4.000 Zivilpersonen ihr Leben. Die Überlebenden sahen sich verheerenden Folgen gegenübergestellt: die Strom- und Wasserversorgung brach zusammen, die Nahrungs- und Lebensmittel wurden knapp, ebenso die Wohnungen.

Luftangriff auf Bremen, 28. Juni 1941
Vahrer Straße 111

Nach dem Krieg: Wohnungsnot

Die Einwohnerzahl der Stadt Bremen verminderte sich aufgrund der Kriegsfolgen bis 1945 auf 289.000 im Vergleich zu 445.000 im Jahr 1939. Nach einer Erhebung des Bremer Wohnungsamtes lebten im September 1945 ca. 62.000 Personen in gesundheitsschädlichen und unzureichenden Wohnungen, 70 Prozent der Bremer Kinder waren unterernährt. Das Gebiet Bremens einschließlich Bremerhavens stand nach einem Abkommen der Alliierten unter amerikanischer Besatzung. Als »Enklave Bremen« (AE – Amerikanische Enklave) wurde die Stadt amerikanische Zone innerhalb der britischen Besatzungszone in Norddeutschland. Grund war die Nutzung der bremischen Häfen durch die US-Armee.

Am 1. August 1945 ernannte die Militärergierung den Sozialdemokraten Wilhelm Kaisen zum Bürgermeister und Präsidenten des Senats. Auf dessen Drängen behielt Bremen seinen selbstständigen Status als unabhängige »Freie Hansestadt«. Im Oktober 1946 fanden die ersten Bürgerschaftswahlen nach Kriegsende statt. Es sollte an die demokratische Entwicklung in der Weimarer Republik angeknüpft werden. Eine neue Bremer Verfassung wurde im September 1947 verabschiedet.

Bausenator Emil Theil kündigte an, die zerstörten Stadtteile nach modernen städtebaulichen Erkenntnissen wieder aufzubauen. Viele Bremer waren zunächst darauf angewiesen, in Kleingartenwohnlauben zu leben, den sogenannten »Kaisenhäusern«. Nach Kriegsende strömten viele Evakuierte und Kriegsgefangene in die Stadt zurück, hinzu kamen Flüchtlinge aus dem deutschen Osten. 1948 stieg die Bevölkerungszahl in Bremen auf 417.000 Einwohner und war damit nahezu auf Vorkriegsniveau. Der Mangel an Wohnraum wurde zum Hauptproblem.

Die Lettow-Vorbeck-Kaserne in der Vahr wurde als Auffanglager und noch bis zu Beginn der 1950er-Jahre als Flüchtlingsunterkunft genutzt. Zerstörte Gehöfte entlang der Vahrer Straße waren unbewohnbar. Im gesamten Bremer Gebiet waren durch die Kriegsbombardierungen fast alle Stadtteile betroffen, insbesondere das Stadtzentrum und die westliche Vorstadt (Utbremen und Walle) waren nahezu völlig vernichtet worden.

Wilhelm Kaisen (um 1947)

Schaffung von neuem Wohnraum – die Vahr nach dem Krieg

Das Motto Wilhelm Kaisens: »Erst die Häfen, dann die Stadt«, bestimmte den politischen Neuanfang Bremens nach den verheerenden Kriegsjahren. Die Wiederbelebung des Hafens, des Handels, der Schifffahrt und des Schiffbaus waren von zentraler Bedeutung für den wirtschaftlichen Neubeginn. Die Wiederherstellung der städtischen Infrastruktur stand ebenso auf dem Programm wie die Schaffung von neuem Wohnraum für die wachsende Bevölkerung und die vielen obdachlos gewordenen Bremer Bürger.

Der wirtschaftliche Aufschwung Westdeutschlands durch den amerikanischen »Marshall-Plan« bewirkte auch in Bremen ein »Wirtschaftswunder«. Hierfür waren neben den Häfen und den Werften vor allem neue Industriezweige sowie die Ansiedlung der Klöckner-Stahlwerke, die Borgward-Automobilproduktion sowie der Fruchthandel verantwortlich. Bremen wurde wirtschaftlich »Boomtown« – es wurde eine hohe Beschäftigungsquote erreicht. Es herrschte bis Ende der 1950er-Jahre sogar ein Arbeitskräftemangel, der mit der Anwerbung ausländischer Arbeitskräfte (»Gastarbeiter«) kompensiert wurde. Die neuen Arbeitsmöglichkeiten in Bremen gingen mit einem Wachstum der städtischen Einwohnerzahl auf nahezu eine halbe Millionen einher. Damit war Bremen eine der am schnellsten wachsenden Großstädte in der jungen Bundesrepublik.

In relativ kurzer Zeit, bis in die Mitte der 1950er-Jahre, wurden die Kriegsfolgen und deren Belastungen für die Bürger weitgehend überwunden. Es entstanden neue Ansprüche an die Arbeits- und Wohnbedingungen. Die Verkürzung der Arbeitszeiten von der 48- auf die 44-Stundenwoche wurde von den Gewerkschaften durchgesetzt.

Im Städtebau der 1950er-Jahre war europaweit eine Aufbruchstimmung festzustellen. Neue Stadtvorstellungen und moderne Architektur sollten sich an den gesellschaftlichen Veränderungen und an neuen ästhetischen Ansprüchen orientieren.

Die GEWOBA

Bereits die Folgen des ersten Weltkrieges wirkten sich auf den Wohnungsbau aus. »Gemeinwirtschaft« und »Gemeinnützigkeit« waren die Stichworte für eine neue Orientierung in der Stadtarchitektur, welche die Bedürfnisse der Wohnenden zum Maßstab machte.

In Bremen herrschten zu dieser Zeit völlig unzureichende Wohnverhältnisse für viele Familien, der Mangel an »Kleinwohnungen«, so wie menschenunwürdige Unterkünfte für die Industriearbeiter, prägten die Lebensverhältnisse. Als Folge dieser Zustände wurde im Herbst 1924 die GEWOBA als »Gemeinnützige Wohnungsbaugemeinschaft der freien Gewerkschaften für Bremen und Umgebung« gegründet. Die GEWOBA prägte im Laufe des 20. Jahrhunderts den Bremer Wohnungsbau maßgeblich und ist bis heute der größte Wohnungsanbieter in der Stadt. Die Bebauung der Vahr wurde eines ihrer Hauptprojekte.

Die GEWOBA-Chronik von Hans-Joachim Wallenhorst vermerkt zur Gründung: »Am 25. November 1924 stellte die Justizkommission des Bremer Senats in dessen Auftrag für das ›Landesfinanzamt Unterweser‹ eine Bescheinigung aus, wodurch einem Verein mit dem Namen ›Gemeinnützige Wohnungsbaugemeinschaft der freien Gewerkschaften für Bremen und Umgebung‹ die ›Rechtsfähigkeit‹ verliehen wurde. Von diesem Tag an gab es in Bremen einen neuen, handlungsfähigen Verein, der sich offensichtlich um den Bau von Wohnungen kümmern wollte.«

Ziel der neu gegründeten Gesellschaft ist vor allem die Schaffung von menschenwürdigem Wohnraum für die breite Schicht der Arbeiter und Angestellten, dies möglichst zu finanziell erträglichen Mieten. Dabei sollte ein am Bedarf des Menschen orientiertes Wirtschaften in die Konkurrenz zu den Privatunternehmen treten. So heißt es in § 2 der Satzung: »Der Verein bezweckt den Bau und die Vermietung von Wohnhäusern auf gemeinnütziger, nicht auf Erwerb gerichteter Grundlage.« Die Entstehung der GEWOBA ist somit eng verknüpft mit der Bremer Arbeiter- und Gewerkschaftsbewegung in der Zeit der Weimarer Republik.

Unter den Gründungs- und ersten Vorstandsmitgliedern sind vor allem Emil Sommer (ab 1928 auch Bausenator), Albert

Götze (GEWOBA-Geschäftsführer) und Emil Theil (1928–1933 SPD-Fraktionsvoritzender, 1945–1956 Bausenator) zu nennen. Zwischen 1924 und 1933 wurden eine Reihe von Wohn- und Mietshäusern, zunächst in Walle und Gröpelingen, dann auch in der Neustadt sowie in Bremen-Nord gebaut. Die GEWOBA verstand sich als »Modell der Zukunft«.

Eine jähe Unterbrechung ihrer Tätigkeiten geschah 1933 mit der Übernahme der politischen Macht durch die Nationalsozialisten. Die Gewerkschaften und ihre Vereine werden aufgelöst. Die »Deutsche Arbeitsfront« (DAF) übernahm das Vermögen der gewerkschaftlichen Wohnungsgesellschaften und nutzte es für eigene Kleinsiedlungsbauten sowie Behelfsheime während des Zweiten Weltkriegs.

Ab 1946 konnte die GEWOBA wieder eigenständig agieren. Ab 1948 profitierte die Gesellschaft vor allem von der Währungsreform, die sowohl Anlass für die deutsche Teilung war, als auch Wegbereiter des wirtschaftlichen Aufschwungs der Bundesrepublik Deutschland in den 1950er-Jahren. Trotz anfänglicher organisatorischer und finanzieller Schwierigkeiten konnte die GEWOBA ihre Arbeit nach dem Zweiten Weltkrieg wieder aufnehmen. Eingebunden in eine Politik zugunsten der erwerbstätigen Bürger, waren die Aktivitäten der GEWOBA im gewerkschaftlichen Gesamtspektrum der städtischen Gemeinwirtschaft eingebunden.

1949 wurde ein Bauprogramm zur Behebung der Kriegsschäden vorgelegt. Die Finanzierung des Wohnungsbaus war zunächst auf die Gewährung von Krediten gestellt. Die GEWOBA konnte beginnen, einen Großteil der zerstörten Wohnungen instandzusetzen und außerdem die während des Krieges stillgelegten Bauprojekte wieder aufzunehmen. Der Bremer Bausenator Emil Theil, Aufsichtsratsvorsitzender der GEWOBA in den Nachkriegsjahren, konstatierte bereits im Juni 1946 in der Bremischen Bürgerschaft: »Nichts reizt mehr wie der gegenwärtige Zustand unserer schwer zerstörten Städte zum Planen …«

Erstes Großprojekt im gemeinwirtschaftlichen Wohnungsbau wurde das Gebiet des Bremer Westens – dort waren neben der Bremer Innenstadt und den Häfen die größten Kriegszerstörungen zu bilanzieren. Ein Entwurf der Architekten Max Säume und Günther Hafemann, der im Rahmen eines Wettbewerbs 1950 prämiert wurde, bildete die Grundlage für den Wiederaufbau der westlichen Vorstadt. Es sollte ein Wohngebiet entstehen, welches menschenwürdiges, glückliches und gesundes Leben zu finanziell tragbaren Bedingungen für die breite Bevölkerungsschicht der Bremer Arbeiter und Angestellten ermöglichte. Der Großplan für den Aufbau der westlichen Vorstadt sah den Bau von 4.000 Wohneinheiten innerhalb von vier Jahren vor.

Dies war der Vorschlag, den Richard Boljahn, GEWOBA-Aufsichtsratsvorsitzender ab 1953, Bürgermeister Wilhelm Kaisen unterbreitete. Im Mai 1953 wurde der Grundstein für den Wiederaufbau des Bremer Westens gelegt und somit der Plan Boljahns umgesetzt. Das Architektenduo Säume/Hafemann lieferte den Grundplan für die neue Gestaltung des Stadtteils und avancierte damit zum »Hausarchitektenbüro« der GEWOBA. Viele weitere Bremer Bauprojekte gingen auf ihre Entwürfe zurück.

Zeitgleich wurde der gewerkschaftseigene Wohnungskonzern Neue Heimat Eigentümer der GEWOBA, die jedoch zunächst weiterhin als GEWOBA firmierte.

In der westlichen Vorstadt entstand ein Wohngebiet, dessen architektonisches Spektrum vom zweigeschossigen »Bremer Haus« bis zum 14-geschossigen Hochhaus reichte. Das gesamte Gebiet wurde zudem durch umfangreiche Grünanlagen aufgelockert. Heinrich Plett, Geschäftsführer der GEWOBA ab 1953, formulierte die Zielvorstellung: Jeder Teil einer Gesamtgroßstadt solle sein »Eigenleben in wirtschaftlicher, kultureller und politischer Beziehung« entfalten können und so ein Gemeinwesen ermöglichen, in dem jeder Bürger »an der Gestaltung seines engeren Lebenskreises« aktiv mitwirken kann.

So bildete der Wiederaufbau des Bremer Westens das wichtigste Vorbild für das Folgeprojekt der GEWOBA: die Bebauung der östlichen Stadtgebiete der Gartenstadt Vahr sowie der Neuen Vahr.

Richard Boljahn
Wegbereiter der Vahr

Die Umsetzung des sozialen Wohnungsbaus in Bremen, vor allem die Bebauung des Stadtteils Vahr, geht insbesondere auf das politische Wirken Richard Boljahns seit Beginn der 1950er-Jahre zurück. Ohne ihn wäre die moderne Vahr in der heutigen Form nicht entstanden. Die Neubaugebiete der Neuen Vahr wurden daher im Volksmund auch häufig als »Boljahnograd« bezeichnet.

Richard Boljahn, geboren 1912 in Bremen, war zunächst Klempner und Installateur, ab 1946 bei den Borgward-Automobilwerken beschäftigt. 1927 trat er in die Sozialistische Arbeiter- und Gewerkschaftsjugend ein, ab 1930 wurde er Mitglied der SPD. Einer kurzfristigen Verhaftung durch die Nationalsozialisten folgte sein Kriegseinsatz als Soldat von 1943 bis 1945. Ein Jahr nach dem Krieg wurde Boljahn Mitglied des DGB-Vorstandes Kreis Bremen, noch im gleichen Jahr wurde er als SPD-Abgeordneter in die Bürgerschaft gewählt.

Richard Boljahn, am Rednerpult der Bremischen Bürgerschaft (1965)

Am 10. April 1951 wählte die SPD-Bürgerschaftsfraktion Richard Boljahn zu ihrem Vorsitzenden, was er 18 Jahre lang, bis 1969, blieb. Aufgrund seines allumfassenden Einflusses in der Stadt wurde Boljahn von anderen Politikern oft als »König Richard« bezeichnet. Ein Senatorenamt lehnte Boljahn allerdings in all diesen Jahren ab.

Als Vorsitzender der Baudeputation setzte er sich in den frühen 1950er-Jahren für den Erhalt des Bremer Schnoorviertels sowie für den Bau der Stadthalle ein. 1953 wurde Boljahn hauptberuflich Vorsitzender des DGB-Kreises Bremen und somit mächtigster Gewerkschafter der Stadt. Kurz darauf übernahm er zudem den Posten des Aufsichtsratvorsitzenden der GEWOBA. In dieser Funktion war er zunächst Antreiber für das Bauprojekt Bremer Westen, das in Zusammenarbeit mit der Neuen Heimat Hamburg umgesetzt und von Boljahn als die »wichtigste baupolitische Entscheidung der Nachkriegszeit« bezeichnet wurde.

Als 1953 erste Planungen für den Bau der Gartenstadt Vahr vorlagen, ging auf Wirken Boljahns die architektonische Gestaltung erneut an das Bremer Büro von Max Säume und Günther Hafemann über. Noch im gleichen Jahr wurde die GEWOBA von der Neuen Heimat Hamburg als alleiniger Gesellschafter übernommen. Geschäftsführer wurde ab 1954 Herbert Ritze. Aber es war weiterhin Richard Boljahn, der die politische Durchsetzung des gewerkschaftlichen Wohnungsbaus vorantrieb.

Im »Gesetz zur Behebung der Wohnungsnot im Lande Bremen« wurde der Bau von jährlich 10.000 Wohnungen innerhalb von vier Jahren avisiert. Ein von Finanzsenator Wilhelm Nolting-Hauf vorgeschlagenes Finanzierungssystem von Krediten und Gemeinmitteln sollte die Bebauung der Vahr als Erweiterungsgebiet der Stadt auf bisher unbebautem Gelände ermöglichen. Dabei fielen 70 Prozent der Förderung dem sozialen Wohnungsbau und 30 Prozent dem Bau von Eigenheimen und Eigentumswohnungen zu. Die GEWOBA, nun als Tochtergesellschaft der Neuen Heimat Hamburg, übernahm die Bauträgerschaft für das gesamte Vahrer Gebiet.

Der stetige Wachstum der Bremer Stadtbevölkerung um jährlich durchschnittlich 12.000 Personen in den 1950er-Jahren machte schließlich 1961 ein ›Zweites Gesetz zur Behebung der Wohnungsnot‹ notwendig. Nutznießer wurde wiederum die GEWOBA. Sie war als größter Bauträger der Stadt unter anderem ab 1967 auch verantwortlich für den Bau der Trabantenstadt Osterholz-Tenever.

In der Amtszeit Richard Boljahns als GEWOBA-Aufsichtsratsvorsitzender entstanden zwischen 1955 bis 1969 knapp 100.000 neue Wohnungen. Vor allem die Bebauung der Bremer Vahr ging als größtes städtisches Siedlungsprojekt im Europa der 1950er-Jahre in die Architekturgeschichte ein.

Die mächtige Stellung Boljahns in der Bremer Politik und Wirtschaft spiegelte sich in der Häufung seiner einflussreichen Positionen im sozialdemokratischen und gewerkschaftlichen

Spektrum der Stadt wider. Er hatte aber nicht nur Mitstreiter und Freunde, sondern auch viele Kritiker. Vor allem durch sein Eintreten für den Abtritt Wilhelm Kaisens vom Bürgermeisteramt und durch seine gescheiterten Pläne für eine Großwohnsiedlung auf den Wiesen des westlichen Hollerlandes im Stadtteil Horn-Lehe geriet er in die politische Defensive. Auch sein Verhältnis zum ab 1967 amtierenden Bürgermeister Hans Koschnick war nicht ungetrübt. Nach einer Affäre um nicht zu rechtfertigende Provisionszahlungen an den befreundeten Grundstücksmakler Lohmann musste Boljahn seine politischen Ämter 1970 niederlegen. Er blieb dennoch bis 1977 im Aufsichtsrat der GEWOBA.

Boljahn starb 1992. Für seine Verdienste wurde später die vorherige Franz-Schütte-Allee, welche die Vahr mit dem Stadtteil Oberneuland und dem Autobahnzubringer zur A1 verbindet, in Richard-Boljahn-Allee umgetauft.

Die »Charta von Athen« – ein modernes Städtebaukonzept als Maßgabe für den Bau der Vahr

Um den Herausforderungen des gesellschaftlichen und wirtschaftlichen Wandels in den europäischen Großstädten zu begegnen, wurden bereits in den 1930er-Jahren neue Stadtentwicklungsprogramme diskutiert. So formulierte der »Congres International d'Architecture Moderne« (CIAM, Internationaler Kongress für neues Bauen) 1933 in Athen Vorgaben für eine moderne Stadtgestaltung, die als »Charta von Athen« in die Architekturgeschichte eingingen. Von Le Corbusier wurde auf dem Kongress das neue Konzept der »funktionellen Stadt« entwickelt.

Nach 1945 gewann die »Charta« große Bedeutung für den Aufbau (und im Wiederaufbau) vieler Städte nach modernen Maßstäben, auch wenn es Kritik am »ideologischen Dogma« gab.

Die Bebauung der Stadtrandzonen auf dem Gebiet der Bremer Vahr in den 1950er- und 60er-Jahren wurde zum sichtbaren Zeugnis dieses modernen Städtebaukonzeptes. Die Leitbilder der vielfältig gegliederten und aufgelockerten Stadt wurden hier beispielhaft umgesetzt.

Die Gartenstadt Vahr

Die Idee der Gartenstadtbewegung

Die aufgelockerte Bauweise mit vielen Grünflächen und gartenartigen Anlagen, welche das heutige Bild der Bremer Stadtteile Gartenstadt Vahr und Neue Vahr prägen, sind das Resultat einer weiteren städtebaulichen Neuentwicklung aus dem ausgehenden 19. Jahrhundert, der »Gartenstadtbewegung«. Angesichts anwachsender Industrien in den englischen Großstädten erkundete bereits 1826 der bekannte Baumeister und Künstler Karl Friedrich Schinkel in Manchester die rußgeschwärzten Baumwollspinnereien und die elenden Wohnverhältnisse der Industriearbeiter.

Diese geistigen Strömungen aufgreifend, war es der Brite Ebenezer Howard, der im Jahr 1898 seinen Entwurf der »Garden Cities of Tomorrow« formulierte.

Das sich auf Howards Konzeption berufene englische »Garden City Movement« organisierte sich ab 1903 in der »Garden City Association«, die zunächst die Gartenstadt Letchworth, ab 1920 die Welwyn Garden City und nach dem Zweiten Weltkrieg die staatlich gegründete »New Towns« rund um London baute.

Auch in Deutschland entstanden mit fortschreitender Industrialisierung als Antwort auf die Probleme und Nöte der Arbeiter neue Stadtbaukonzepte, ab 1900 getragen von gemeinnützigen Baugesellschaften wie der Bremer GEWOBA.

Gemeinsam mit den städtebaulichen Vorgaben der »Charta von Athen« floss die Gartenstadtidee in die gestalterische Planung zunächst der Gartenstadt Vahr, später aber auch der Neuen Vahr in Bremen ein, so dass dort bis heute diese idealisierten Formen des »neuen Wohnens« zu sehen sind und für viele Bremer Bürger/innen das heimatliche Wohnumfeld bilden.

Planung der Gartenstadt Vahr und Grundsteinlegung

1954 erwarb die GEWOBA ein über 200.000 Quadratmeter großes Gelände in der Hastedter Feldmark, das bislang von dem landwirtschaftlichen Betrieb Gebarde genutzt wurde, für vier D-Mark pro Quadratmeter. Dort sollte innerhalb von zwei Jahren eine Gartenstadt entstehen, geplant als die erste »Bremer Großsiedlung auf der grünen Wiese«. In dem zunächst als »Grünstadt in der Vahr« bezeichneten Gelände sollten 1.700 Wohnungen gebaut werden. Die politische Durchsetzung dieses Vorhabens lag wiederum in den Händen Richard Boljahns.

Der favorisierte architektonische Entwurf für die Gartenstadt stammte von dem bereits im Bremer Westen erfolgreichen Architekturduo Max Säume und Günther Hafemann. Hinzu trat der Stadtplaner Ernst May, ab 1954 Leiter der Planungsabteilung der gemeinnützigen Wohnungs- und Siedlungsgesellschaft »Neue Heimat« in Hamburg, sowie Hans-Bernhard Reichow, einer der bedeutendsten Stadtplaner der deutschen Nachkriegszeit. Vor allem über letztere ging die Umsetzung der Gartenstadtidee in den Bau des neuen Stadtteils ein. Die von Ernst May zwei Jahre zuvor konzipierte Siedlung Grünhöfe in Bremerhaven galt als Vorbild. Angestrebt wurde eine Wohnform, die urbanes Leben innerhalb einer Naturlandschaft ermöglichen sollte. Für die Ausgestaltung der Grünflächen als künstlich angelegte Parklandschaft wurde der Gartenbauarchitekt Karl-August Orf engagiert. Für die Architektur der Wohngebäude galt die Maxime der sachlichen Funktionalität.

Um das Gelände für den Bau nutzbar zu machen, waren Erdaufschüttungen unter Verwendung des Erdaushubs und heranführender Erdmassen erforderlich, denn schon früh erwies sich der hohe Grundwasserspiegel des ebenen und feuchten Bodens als das bautechnische Hauptproblem. Doch noch am Jahresende, dem 20. Dezember 1954, konnte die feierliche Grundsteinlegung durch den GEWOBA-Vorsitzenden Herbert Ritze vorgenommen werden.

Für die gesamte Planung der Gartenstadt Vahr sollte die Vorgabe Ernst Mays verbindlich werden: »Der Mensch ist der Maßstab allen städtebaulichen Schaffens.«

Die architektonischen Besonderheiten

Grundlage für die architektonische Gestaltung der neuen Gartenstadt in der Vahr bildete von Beginn an die Idee der »dezentralisierten Großstadt« (Ernst May), in welcher die Trennung der

Lebensbereiche Arbeit, Wohnen, Kultur, Verkehr und Erholung vollzogen ist. Von Anfang an war die Vahrer Siedlung als »Wohnstadt« gedacht, die mit der Auflockerung durch Baumpflanzungen, Grünflächen und Spazierwegen zudem Möglichkeiten zur Naturbetrachtung bot.

Die wieder aufgebaute Bremer Innenstadt, in der in den 1950er-Jahren neue Geschäfts- und Bürohäuser entstanden und die um den Marktplatz sowie der Obern- und Sögestraße zum »Bummeln« und Einkaufen einlud, wurde über Zugangsstraßen durch Hastedt und die östliche Vorstadt sowohl mit der Straßenbahn als auch mit dem Auto in kurzer Zeit (15–20 Minuten) für die Vahr-Bewohner erreichbar. Dabei wurde beachtet, dass die Wohnsiedlung nicht durch zu starken Durchgangsverkehr sowie Schadstoffbelastung betroffen wird. Hierfür sorgten die in »organischen« Linien geschwungenen Straßenführungen, Verkehrsberuhigungen durch Tempolimits sowie Garagen und Abstellflächen für Fahrzeuge. Die offenen Freiräume, gedacht zur Begegnung und Gemeinschaft der Bürger, prägten in der Gartenstadt Vahr den Wohn- und Freizeitcharakter der Siedlung als Ausgleich zur Betriebsamkeit und als Gegensatz zur Enge der Stadtmitte.

Das Ziel der GEWOBA war es, mit der Vahrer Gartenstadt ein frei komponiertes Wohngebiet zu schaffen, dessen Gestaltung sehr klare Räume einer »beglückenden Freiheit und Offenheit« ermöglicht. Mit der aufgelockerten Anordnung der Wohnbauten folgten die Architekten dem englischen »mixed-development«-Prinzip: Die von außen nach innen ansteigende Flach-, Mittel- und Hochbebauung wurde durchsetzt mit fließendem, parkähnlichem Erholungsraum, mit Spielplätzen und Fußwegen. In der Gartenstadt Vahr bildet das L-förmig angelegte Hochhaus am Heideplatz mit 14 Wohnetagen gemeinsam mit einer Grünfläche die zentrale Dominante der Siedlung. Vier achtgeschossige Wohnhäuser begrenzen den zentralen Grünbereich, zu den Rändern hin fällt die Haushöhe von viergeschossigen Häusern bis zu ebenerdigen Reihenhäusern ab. Diese Struktur wird von dem Farbgestalter Karl-Albrecht Schilling durch zarte Farbkompositionen akzentuiert, welche die Häuser zu verschiedenen Gruppen ordnen.

Die Freiräume waren bestimmt für soziale Begegnungen, die verschiedenen Haustypen sollten Isolation und Ghettoisierung vermeiden und tolerantes Verhalten sowie soziale Mobilität fördern. Herbert Ritze formulierte die Verantwortung der GEWOBA: »Als gemeinnützige Wohnungsbaugesellschaft ist uns nicht nur eine soziale Aufgabe anvertraut, sondern auch eine kulturelle Verpflichtung.«

Der moderne Bremer Schulbau

Das Schulbauprogramm Bremens galt in den 1950er-Jahren als vorbildlich für die gesamte Republik. Als Folge des Krieges waren Ende der 1940er-Jahre nur noch 25 Prozent aller Schulklassenräume benutzbar. In den 1950er-Jahren entstanden im Stadtgebiet etwa 60 neugebaute Schulen. Neben der pädagogischen sollte auch die sozial-integrierende Funktion der modernen Schule berücksichtigt werden. Daher spielten vor allem die Grundschulen eine zentrale Rolle in ihrem jeweiligen Stadtgebiet.

Für die Planung der Vahr, sowohl in der Gartenstadt als auch in der Neuen Vahr, bildeten die Grundschulen den Mittelpunkt der jeweiligen Nachbarschaften. Junge Familien, die zunehmend in die Neubaugebiete am Bremer Stadtrand zogen, konnten ihre Kinder in unmittelbarer Nähe zur Schule schicken. In der Regel war sie sogar zu Fuß erreichbar.

Für die Gartenstadt war die Schule »In der Vahr« zuständig. Die zweigeschossigen Pavillons mit einer Aula sowie einer Mehrzweckhalle und zentralem Schulhof galten als Vorbild für den Schulbau auch in der Neuen Vahr. Geborgenheit im eigenen Stadtteil sowie Nähe zum Elternhaus waren wichtige Komponenten für die heranwachsenden Jugendlichen.

So bildete in den Nachbarschaften der Neuen Vahr jeweils eine Grundschule den Mittelpunkt, zum einen als zentrale Begegnungsstätte der Jugendlichen, aber auch zur Kontaktförderung zwischen benachbarten Eltern und Familien. Hinzu kamen am westlichen Rand des Vahrer Einzugsgebiets das Schulzentrum an der Julius-Brecht-Allee sowie gegenüber der Berliner Freiheit das Gymnasium an der Kurt-Schumacher-Allee.

Die Neue Vahr

»Stadt der Zukunft«

Auf dem Gebiet der alten Vahrer Feldmark wurde von 1956 bis 1961 das europaweit größte Stadterweiterungsvorhaben der Nachkriegszeit umgesetzt. Die GEWOBA erwarb das Gelände beiderseits der damaligen Franz-Schütte-Allee und schuf in Anlehnung an das »Gesetz der Behebung der Wohnungsnot im Lande Bremen« innerhalb der vier Baujahre über 10.000 neue Wohnungen. Der international beachtete Bremer Entwurf galt als »Stadt der Zukunft«.

Den architektonischen Auftrag erhielten Max Säume, Günther Hafemann, Ernst May und Hans-Bernhard Reichow. Gemäß der »Charta von Athen« war das Konzept größerer zusammenhängender Wohnbauflächen in einer funktionsgerechten Organisation grundlegend. Durch Untergliederung in fünf »Nachbarschaften« mit jeweils zirka 2.000 Wohnungen, den fünf Grundschulbezirken zugeordnet, entstand eine durch Grünanlagen aufgelockerte, organische Siedlung. In den »Nachbarschaften« wurde jeweils ein 14-geschossiges »Punkthaus« als optische Dominante errichtet, absteigend umgeben von vier- bis achtgeschossigen Wohnhäusern. An einigen Stellen kam eine zweigeschossige Reihenhausbebauung hinzu. Sowohl das Konzept der Nachbarschaften als auch die Ausrichtung auf Grundschulbezirke sollte der städtischen Anonymität entgegenwirken und Räume für soziale Kontakte schaffen.

Die Planung der Grünanlagen in der Siedlung übernahm Karl-August Orf. Für die Gestaltung der Wohnhäuser mit kräftigen Farben war Hans-Albrecht Schilling verantwortlich. Jede Nachbarschaft sollte ihre eigene farbliche Gliederung erhalten, die Rhythmus, Dynamik und Lebendigkeit ausstrahlt. Die stark bepflanzten Grünzonen wurden parkähnlich gestaltet und mit Sitzecken ausgestattet, an einigen Stellen wurden Plastiken und Wasserbecken errichtet.

Zwischen dem 9. Mai 1957, der Grundsteinlegung der Neuen Vahr, und dem 12. August 1961, dem Tag der symbolischen Schlüsselübergabe durch Richard Boljahn an Bürgermeister Kaisen, lagen erstaunlich kurze vier Jahre intensiver Bautätigkeit. Am Ende wurden 9.147 Mietwohnungen und 769 Eigenheime geschaffen. Insgesamt fanden damals etwa 30.000 Bremer ihr neues Zuhause. Die Neue Vahr galt weithin als Prestigeobjekt der GEWOBA und der sozialdemokratischen Wohnungsbaupolitik.

Gemäß den technischen Möglichkeiten der 1950er-/60er-Jahre waren die Vahrer Wohnungen von Beginn an mit einem gekachelten Bad, Einbauküche und Fernheizung ausgestattet. Das signalisierte Wohlstand. Neu waren auch Kühlschränke und Waschmaschinen, obgleich vielen Arbeiterhaushalten zunächst die finanziellen Mittel für die modernen Techniken fehlten. Die neu aufkommenden Fernsehapparate und Automobile waren damals für einen Großteil der Mieter ebenfalls kaum erschwinglich.

Die Berliner Freiheit

Auf einem Gelände zwischen dem Vahrer See und dem Wohngebiet Neue Vahr Nord an der Kurt-Schumacher-Allee wurde 1960/61 als Zentrum der gesamten Siedlung die »Berliner Freiheit« gebaut. Dieses »Herz der Neuen Vahr« war gedacht als modernes Einkaufszentrum und Mittelpunkt des Stadtteillebens. Kurz vor der Fertigstellung des Bremer Bauvorhabens wurde von der DDR-Regierung am 13. August 1961 die Mauer zwischen West- und Ostberlin gebaut. Dies war der Anlass für die Namensgebung für den neuen Vahrer Markt. Es sollte die Hoffnung ausdrückt werden, dass trotz des Kalten Kriegs die Wiederherstellung der »Berliner Freiheit« das erstrebenswerte Ziel aller Deutschen bleiben sollte. Hohe Staatsbesuche in der Bremer Vahr, 1960 Bundespräsident Heinrich Lübke (CDU) sowie 1961 Willy Brandt (SPD) als Kanzlerkandidat, unterstrichen zudem den politischen Charakter des Bauprojektes Neue Vahr.

Das Einkaufszentrum bot etwa 100 Einkaufsläden Platz. Geplant war auch ein Kino und eine Mehrzweckhalle, hierauf wurde aber im Laufe der Bauphase verzichtet. Anstelle dessen wurde ein Ärztehaus an der Frontseite der Anlage erbaut. Ein großer zentraler Freiraum stand von Anfang an für einen Wochenmarkt zur Verfügung, hier bieten bis heute dreimal wöchentlich (Di., Do., Sa.) Marktstände ihre frischen Lebensmittel zum Verkauf an.

2002/03 erfolgte eine umfassende Sanierung der ganzen Berliner Freiheit. Der vordere Bereich des ehemaligen freien Platzes wurde zu einem zwei Etagen umfassenden und überdachten modernen Einkaufszentrum mit einem großen Lebensmitteldiscounter, einem »Schlemmermarkt« und vielen Geschäften umgestaltet. Hier befindet sich auch die Vahrer Abteilung der Stadtbibliothek, die zuvor im Gymnasium an der Kurt-Schumacher-Allee angesiedelt war. Im Bereich direkt vor dem Aalto-Hochhaus blieb ein freier Platz, nutzbar für die Cafés und den Wochenmarkt.

Das Bürgerzentrum Vahr

1956 wurde mit dem Bau eines Bürgerhauses für die Vahr direkt am Marktplatzgelände der Berliner Freiheit begonnen. Im Oktober 1957 öffnete das neue Bürgerzentrum Vahr seine Pforten als soziokulturelles Zentrum. Bis heute werden hier in Zusammenarbeit mit der Bremer Volkshochschule und der Caritas in den Veranstaltungsräumen Kurse und Workshops für die Vahrer Bürger angeboten. Ein großer Saal mit Bühne kann für Konzerte, Theateraufführungen oder andere Events genutzt werden. Das Haus »von und für die Bürger« sollte, so Peter zu Klampen in seiner Jubiläumsrede zum 30-jährigen Bestehen des Zentrums, »offen für alle« sein. In den 1970er-Jahren war die Vahr der Stadtteil mit dem höchsten Anteil an Kindern und Jugendlichen in Bremen. Daher war von Anfang an die Kinder und Jugendarbeit der Schwerpunkt. Der vermehrte Zuzug ausländischer Mitbürger sowie der Anstieg der Arbeitslosigkeit in den 1980er-Jahren stellte des Bürgerzentrum vor neue Herausforderungen. Es kam in Kooperation mit den Vahrer Kirchengemeinden zur Schaffung von Arbeitslosentreffs und Beratungsangeboten. Während des großen Umbaus der Berliner Freiheit 2002/03 kam es auch zu Veränderungen im Bürgerzentrum. Modernisiert bzw. neu gestaltet wurden der Eingangsbereich, die Küche, der Jugendbereich sowie die Cafeteria. In ihrer eigenen Beschreibung sieht sich das heutige Team des Bürgerzentrums für folgende Aufgaben verantwortlich: Angebote für Kinder, Jugendliche und Erwachsene, Kunstpädagogische Projekte, Gestaltung von Kultur- und Freizeitinteressen, Vernetzung verschiedener Institutionen, Förderung von Selbstorganisation und ehrenamtlicher Tätigkeit sowie Kreativität, Geselligkeit und Mitgestaltung.

Die Kirchengemeinden in der Vahr

Mit der wachsenden Bevölkerungszahl, vor allem in den Stadterweiterungsgebieten wie der Vahr, ging in den 1950er-Jahren der Bedarf an modernen Kirchengebäuden in Verbindung mit der Gründung neuer christlicher Gemeinden einher. Für die Bremische Evangelische Kirche (BEK) bedeutete dies: Das Einzugsgebiet der Bremer Vahr wurde aus der Obhut der St. Petri-Domgemeinde und der Gemeinde Sebaldsbrück 1956 herausgelöst.

Die neue Struktur des städtischen Lebens führte zwischen 1956 und 1969 allein für die BEK im Bremer Stadtgebiet zum Bau von 35 neuen Kirchen, meist in Verbindung mit der Gründung von stadtteilbezogenen Ortsgemeinden. Diese Hochphase des bremischen Sakralbaus war geprägt von Experimenten mit modernen Architekturformen, bewusst wollte man sich von den traditionalistischen Bauweisen abwenden, als »Architektur der offenen Türen«. So konnten die Gebäude auch als soziale Begegnungsstätten, vor allem für die Kinder, Jugendlichen und Senioren, genutzt werden. Auch in der Katholischen Kirche wie auch in den freikirchlichen Gemeinschaften kam es zu Neugründungen von Gemeinden und zum Bau von modernen Kirchenräumen.

Die christlichen Kirchengemeinden in der Vahr im Überblick

Evangelisch-lutherische Epiphanias-Gemeinde

1960 wurden das neue Gemeindezentrum und die Kirche der ev.-luth. Epiphanias-Gemeinde in der Gartenstadt Vahr eingeweiht. Der gestreckte Sechseckgrundriss mit hochaufragendem Turm sowie ein harmonischer heller Innenraum mit Sitzplätzen für zirka 300 Gottesdienstbesucher prägen das Erscheinungsbild des Gebäudes. 1968 entschied sich die Gemeinde für das lutherische Bekenntnis.

Evangelische Christusgemeinde

Der Bau der Christus-Kirche in der Adam-Stegerwald-Straße. Vom Zentralbau des Gotteshauses strecken sich die Gemeindehaustrakte dem Besucher wie »offene Arme« entgegen.

Evangelische Dreifaltigkeits-Gemeinde

Die 1962 gegründete ev. Dreifaltigkeits-Gemeinde erhielt 1967 ihr Gemeindezentrum in der Geschwister-Scholl-Straße. Der dreieckige Kirchturm mit gegossenem Betonkreuz symbolisiert die christliche Dreifaltigkeit. Die Glasfenster konzipierte Georg Höge.

Evangelische Heiliggeist-Gemeinde

Nach der Gründung 1959 wurde der Kirchenbau der ev. Heiliggeist-Gemeinde in der August-Bebel-Allee 1964 fertiggestellt. Der Architekt Prof. Gerhard Müller-Menckens entwarf einen Mehrzweckbau mit einfacher Grundform, der sich gegen die Umgebung abhebt. Ein freistehender Turm markiert die Begrenzung des Kirchplatzes. Für die Liturgien steht ein gemeinschaftsorientierter Gottesdienstraum zur Verfügung.

Evangelische Jona-Gemeinde

1966 entstand die ev. Jona-Gemeinde als letzte der Vahrer Gemeinden im Kurfürstenviertel in der nördlichen Gartenstadt. Fertigstellung des Gemeindezentrums war 1972. Es entstand ein »demokratisches Raumgebilde« mit einem Mehrzwecksaal für Gottesdienste und freie Gruppen sowie eine kleine Kapelle für Gottesdienste, Andachten und Taufen. Auf Kirchenglocken wurde verzichtet. Es entstand eine »offene, moderne Gemeinde« als Raum der sozialen Begegnung.

> Die drei evangelischen Gemeinden in der Neuen Vahr wurden am 1. Januar 2006 zur Evangelischen Kirchengemeinde in der Neuen Vahr zusammengeschlossen mit heute etwa 6.600 Gemeindemitgliedern.

Katholische Gemeinde St. Hedwig

1963 wurde die neue Kirche St. Hedwig an der Kurt-Schumacher-Allee eingeweiht. Das Konzept einer »organischen Bauweise« wurde durch die geschwungene Form des Baus im Kontrast zu den quaderförmigen Wohnhäusern in der Neuen Vahr umgesetzt. Der Grundriss der Kirche bildet einen Fisch nach, in der christlichen Ikonographie ist dies das Symbol für Jesus Christus.

Katholische Gemeinde St. Laurentius

Seit 1963 stand in der Stellichter Straße in der Gartenstadt Vahr die St. Laurentius-Kirche. Im März 1999 wurde das alte Gebäude abgerissen, im Oktober 2000 sodann eine neue schlichte Kapelle für zirka 140 Gottesdienstbesucher eingeweiht. Die Kapelle steht seitdem in direkter Verbindung mit dem neuen Caritas-Seniorenpflegeheim.

Bei der Umstrukturierung der Bremischen Katholische Kirche in den 1990er-Jahren wurde der Kirchenbezirk St. Laurentius in die Gemeinde St. Hedwig eingegliedert.
Die katholische Gemeinde in der Vahr zählt heute etwa 4.900 Gemeindemitglieder.

Das Kurfürstenviertel

Die Paracelsus-Klinik und das Ärztezentrum

Gegenüber der damaligen Kaserne an der Kreuzung Vahrer Straße/Julius-Brecht-Allee wurde am 1. Februar 1957 die »Klinik zur Vahr« mit zunächst 28 Patientenbetten eröffnet. 1962 wurde die Bettenzahl auf 40 erhöht und nun als »Kurfürsten-Klinik« bezeichnet. In den 1970er-Jahren wurde die Aufnahmekapazität auf 200 Patienten gesteigert, im erweiterten Krankenhausgebäude. 1988 übernahm der kommerzielle Klinikkonzern Paracelsus die Leitung des Hauses, seit 2012 umbenannt in »Paracelsus-Klinik«. Heute sind dort 60 Fachärzte und 200 Mitarbeiter/innen tätig.

In der Sonneberger Straße, einer Nebenstraße der Julius-Brecht-Alle, entstand ein Ärztezentrum, welches direkt an die Klinik angrenzt. Dort gibt es über 20 Arztpraxen mit unterschiedlichen Spezialisierungen, die zum Teil direkt mit der Klinik kooperieren. Außerdem sind dort: eine Apotheke, Sanitätshäuser, Physiotherapeuten, Reha-Einrichtungen, ein Krankentransportservice und ambulante Pflegedienste. Insgesamt ist dort ein disziplinübergreifendes Kompetenzzentrum für die ganzheitliche medizinische Versorgung durch ein Netzwerk von Spezialisten geschaffen worden.

Der »Große Kurfürst«

Als letztes Großprojekt der GEWOBA in der Bremer Vahr entstand ab 1969 das Viertel um den »Großen Kurfürst«. Angrenzend an das Gesundheitszentrum Sonneberger Straße und in unmittelbarer nördlicher Nachbarschaft zur Gartenstadt Vahr wurde hier ein stark verdichtetes modernes Wohnquartier geschaffen, das sich von den früheren Leitideen der landschaftsräumlichen Gartenstädte mit ihren fließenden Formen abhebt: Friedrich Spengelin entwarf ein in seiner Bauform originelles Gebäude mit 206 Eigentumswohnungen, verdichtet zu einem Riegelbau von 200 Metern Länge und bis zu 22 Metern Höhe (sechs bis neun Geschosse). Der langgestreckte Komplex in anthrazitfarbenem

Schiefer, aufgelockert durch weiße und orangefarbene Elemente, beherbergt unterschiedlich gestaltete Wohnräume von der Maisonettenwohnung bis zum Atrium-Wohnhaus mit Terrasse und erhielt schon bald den Namen »Großer Kurfürst«, da er an die Kurfürstenallee angrenzt.

Es gab von Beginn an integrierte Freizeiteinrichtungen wie ein Schwimmbad, eine Sauna, eine Dachterrasse sowie Gesellschaftsräume. Der Privatbereich geht somit fließend in öffentliche Räume über. Direkt neben dem »Großen Kurfürst« wurde ein 14-geschossiges Hochhaus mit Seniorenwohnungen und der Begegnungsstätte »Olymp« im obersten Stockwerk gebaut.

Das Quartier »Kurfürstenviertel« erstreckt sich zwischen der Kurfürstenallee und der Julius-Brecht-Allee. In einem weiten Bogen erschließt die Eislebener Straße das Gebiet, dort bilden vier- bis zehngeschossige Wohnhäuserreihen in unterschiedlicher architektonischer Gestaltung die Randbebauung um einen Innenbereich. Dieser Bereich besteht aus öffentlichen Grünflächen mit Spielplätzen sowie flachen Eigenheimen im Stile von Atriumhäusern mit privaten, völlig abgeschlossenen Innenhöfen (als Einfamilienhäuser). Das ganze Viertel umfasst damit zirka 1.060 Wohneinheiten (619 Mietwohnungen, 302 Eigentumswohnungen, 139 Eigenheime). Nach der Bebauung, die bereits in den späten 1960er-Jahren begonnen hatte, wurden die Wohnungen 1971/72 bezugsfertig. Als marktartiger Zentralplatz war der Kurfürstenmarkt gedacht. Nach wechselnden Nutzungen der Ladenzeile sind in den letzten Jahren die meisten ehemaligen Geschäfte aufgegeben worden. Ein Restaurant sowie ein Wochenmarkt (freitags von 7 bis 13 Uhr) beleben derzeit den Marktplatz am »Großen Kurfürst«.

Für das ganze Viertel gilt daher das Resümee, welches der Staatsarchivdirektor Konrad Elmshäuser 2006 zum 40-jährigen Bestehen der evang. Jona-Gemeinde zog:

»Im Kurfürstenviertel spiegeln sich 40 Jahre Stadtentwicklung in Bremen. Manche der stadtplanerischen Ideen, die soziale Vielfalt, Kommunikation und Begegnung im öffentlichen Raum garantieren sollten, haben sich als Illusion erwiesen. Sei es, dass Angebote von den Anwohnern nicht wie erwartet angenommen wurden, sei es, dass sich Bedürfnisse nach Wohnkomfort und Freizeitgestaltung änderten.«

Beirat und Ortsamt: Lokale Demokratie und frühzeitige Bürgerbeteiligung in der Vahr

Demokratische Entscheidungs- und Meinungsbildungsstrukturen haben im Land Bremen mehrere Besonderheiten. In der Hierarchie von der Landesebene über die Kommunen Bremen und Bremerhaven sind die Stadtteile die unterste Organisationsebene. Der hier angesiedelte Ortsbeirat des Stadtteils Vahr ist zuständig für stadtteilbezogene Angelegenheiten und wird kurz Beirat genannt. Die Stellung dieses Beirats im demokratischen System ist eine Bremer Besonderheit. Teils hat dieses »Stadtteilparlament« die Rechte und Funktionen eines Gemeinderates, jedoch keinen eigenen Finanz-Haushalt, und teils auch nur beratende Funktion.

Die Aufgaben des Ortsamtes sind vielfältig:

- als Dienstleisterin für die Bürger/innen werden z. B. Anregungen, Beschwerden und Wünsche entgegengenommen und weitergeleitet bzw. bearbeitet,
- als Geschäftsstelle des Beirats werden die demokratischen Entscheidungsprozesse vorbereitet, organisiert, moderiert, protokolliert und weitergeleitet,
- als Teil der Exekutive werden die Beiratsbeschlüsse gegenüber anderen stadtbremischen Behörden und sonstigen zuständigen Stellen vertreten,
- als Stadtteilmanagerin wird die Zusammenarbeit von Vereinen, Verbänden, Initiativen, Unternehmen und Ämtern/Institutionen unterstützt,
- als Element der Entscheidungsfindung und des Interessensausgleichs werden die Beiratsmitglieder und Bürger/innen umfassend informiert und beteiligt,
- als »Kümmerer« wird bei allen Angelegenheiten, die von öffentlichem Interesse sind, gehandelt.

Die lokale Demokratie mit Beirat, Ortsamt, Quartiersmanagement, dem Vahrer Netzwerk aus Vereinen, Institutionen, Unternehmen sowie ehrenamtlich Engagierten stärkt und gestaltet das Zusammenleben in der Vahr sowie das öffentliche Umfeld und die öffentliche Versorgung. Mehr zu der Arbeit von Beirat und Ortsamt finden Sie hier: **www.ortsamtschwachhausenvahr.bremen.de**

Karin Mathes

Nachwort

Die Bremer Vahr ist in ihrer modernen Form ein weit über die Grenzen Bremens bekanntes Stadtgebiet. Doch hat der Stadtteil auch eine Geschichte, die nicht erst mit der Bebauung nach dem Zweiten Weltkrieg begann, sondern von der ersten mittelalterlichen Erwähnung des Gebiets bis über die Geschichte eines typischen ländlichen Bereichs bis ins 19. Jahrhundert führt, als zunehmend wohlhabende Bremer Kaufleute vor den Toren der Stadt ihre Villen und Sportclubs (Club zur Vahr, Galopprennbahn) errichteten. Die Entwicklung der Vahr blieb damit in den verschiedenen Epochen immer unmittelbar verbunden mit der Bremer Stadthistorie. Dies sollte durch die geschichtliche Darstellung deutlich geworden sein.

Meine Darstellung der modernen (vor allem Bau-) Geschichte der Vahr habe ich auf das Wesentlichste beschränkt. Einzelheiten und neuere Entwicklung finden sich in dem umfang- und kenntnisreichen »Fundus« von Rolf Diehl, der hierin auch zum Nachschlagen einlädt. Manchmal kommt es aufgrund der Doppelautorenschaft zu unvermeidlichen Wiederholungen, auch zu unterschiedlichen Bewertungen. Die Leser/innen mögen dies nachsehen und sich ein eigenes Meinungsbild schaffen. Fehler, die sich anhand der Materialfülle vielleicht »eingeschlichen« haben, können dem Verlag gemeldet werden.

Die Zusammenarbeit mit Rolf Diehl war von gegenseitiger Inspiration geprägt. Beim Verleger Klaus Kellner möchte ich mich für die Geduld für das Projekt, bei Manuel Dotzauer für das Lektorat und bei Meike Kramer für einen Teil der Fotos sowie für das Layout bedanken.

Nun soll das Schlusswort unserem ehemaligen Bürgermeister Hans Koschnick gegeben werden, der ebenfalls im so genannten Kurfüstenviertel wohnt und maßgeblich an der Entstehung der modernen Vahr beteiligt war. In einem Interview mit Rolf Diehl sagte er über die Vahr: »Die Lebensqualität muss man erfahren, man kann sie nicht lesen, die muss man erleben.«

Frank Obergethmann, September 2014

Zeittafel

1185: Die Vahr wird zum ersten Mal urkundlich erwähnt.
Ab dem 15. Jahrhundert: Das Hollerland – und damit die Vahr – untersteht dem Rat der Stadt Bremen.

1741–1803: Das Gebiet des Dorfes Vahr steht teilweise unter hannoverscher Hoheit.

1812: Das Dorf Vahr hat 231 Einwohner.

1815: Das Gebiet wird verwaltet durch den Landherrn auf dem rechten Weserufer, einem Mitglied des Senats.

1850: Auf dem Gebiet der Vahr entstehen mehrere Villen.

1885: Die Einwohnerzahl beträgt 650.

1895: Gründung des Bremer Golf Clubs, dem Vorläufer des 1905 gegründeten Clubs zur Vahr.

1905–1907: Der Bremer Rennverein legt den Rennplatz in der Vahr (eigentlich Sebaldsbrück!) an.

1921: Die Vahr, die vorher zur Landgemeinde Horn gehörte, wird in die Stadt Bremen eingemeindet.

1938: Fertigstellung der Kaserne Vahr im Zuge der Aufrüstungspolitik der Nazis.

ab 1955: Zur Linderung der Wohnungsnot nach dem Krieg entsteht auf bisher weitgehend landwirtschaftlich genutztem Gebiet ein neuer Stadtteil. Neben den Wohnanlagen werden von der GEWOBA auch Geschäfte, Schulen, Kindergärten, Kirchen und andere Gebäude gebaut sowie Grünflächen angelegt.
Die Gartenstadt Vahr mit ca. 2.200 Wohneinheiten ist der erste Bauabschnitt. Sie wird außerhalb des historischen Gebiets auf der Hastedter Feldmark errichtet.

1957–1962: Anlage der Ortsteile der Neuen Vahr östlich der Gartenstadt und beiderseits der Franz-Schütte-Allee. Es entstehen 10.000 weitere Wohnungen. Über 30.000 Menschen werden in dieser Zeit zu »Vahraonen«, zumeist Arbeiter und Angestellte.

1959: Gründung des TuS Vahr.

1959: Grundsteinlegung des 22-stöckigen Aalto-Hochhauses an der Berliner Freiheit, das 1961 fertiggestellt wird. Das inzwischen unter Denkmalschutz stehende Bauwerk gilt als das Wahrzeichen des Stadtteils und ist nach seinem Erbauer, dem bekannten finnischen Architekten Alvar Aalto, benannt.

1961: Die GEWOBA erbaut das Herbert-Ritze-Bad und schenkt es der Stadt. Die Berliner Freiheit mit Geschäften und dem Wochenmarkt wird eröffnet und entwickelt sich in der Folge zum Zentrum des Stadtteils.

1972: Bau des Kurfürstenviertels mit dem Hochhaus »Großer Kurfürst«. Im Gegensatz zu den anderen Wohnanlagen der Vahr ist es durch eine stark verdichtete Bauweise geprägt.

1977: Das Bürgerzentrum Vahr, das sich zum wichtigsten Kultur- und Freizeittreffpunkt im Stadtteil entwickelt, wird eröffnet.

1993: Gründung der Stadtteilinitiative »Aha! Vahr ...« Durch Veranstaltungen versucht die Initiative deutsche und ausländische Bewohner des Stadtteils näher zusammenzubringen.

1999: Eröffnung des Treffs Waschhaus in der Ludwig-Beck-Straße, der sich schnell zu einem beliebten Treffpunkt entwickelt.

1999: Verlegung des Polizeipräsidiums in die ehemalige Kaserne der Bundeswehr.

2000: Eröffnung des Vital-Bades auf dem Gelände des 1993 geschlossenen Herbert-Ritze-Bades.

2001: Abriss der alten Gebäude an der Berliner Freiheit.

2003: Eröffnung des neuen Einkaufzentrums.

2006: Einweihung Verkehrsübungsplatz (Verkehrsschule).
Verein Nachbarschaftstreff Waschhaus wird gegründet.

2007: Große Feier »50 Jahre Vahr«.
Der VAHReport geht offiziell auf Sendung.

2008: Projekt MahlZeit beginnt.

2009: GEWOBA eröffnet Service-Büro am Marktplatz. Frühförderzentrum und Pflegestützpunkt in der Vahr eröffnet.
1. Vahrer Ausbildungs- und Praktikabörse.

2010: Erste VAHRieté-Veranstaltung im Einkaufszentrum.
Eröffnung Familien- und QuartiersZentrum.
Film »Neue Vahr Süd« wird in der Vahr gedreht.

2011: Karin Mathes wird Ortsamtsleiterin Vahr/Schwachhausen.
Erste ebenerdige Querung der Richard-Boljahn-Allee eingeweiht. Erste Veranstaltung »Bremens längste Grünkohltafel« in der Vahr.

2013: 100. Sendung VAHReport. Sauerstoffpfad Nord-Route fertig.
Neueröffnung der Stadtbibliothek Vahr nach Umbau.

2014: Verursachergerechtes Müllkonzept wird für GEWOBA-Mieter eingeführt. Vahrer Löwen gegründet. Barrierefreie Querung der Richard-Boljahn-Allee Friedrich-Stampfer-Straße/Aalto-Hochhaus wird eingeweiht.
Aalto-Hochhaus wird technisch vollkommen erneuert.

(Auszugsweise aus dem WeserReport vom 8. November 2006)

The Culture of Total Beauty
Die Verbindung von Leben und Schönheit. Bios und Ästhetik. Die Verbindung von neuester Forschung und natürlichen Inhaltsstoffen. Individuell für jede Haut und jedes Haar.
Das ist unsere Aufgabe.
LA BIOSTHETIQUE®
PARIS

Nützliche Adressen

- Elterninitiative Spielplatz Philipp-Scheidemann-Straße e. V.
spielhaus@spielplatz-bsp.de / www.spielplatz-bsp.de
- Förderverein des FQZ Neue Vahr Nord e. V.
www.fqz-bremen.de / info@fqz-bremen.de
- BISPI Nachbarschaft aus Leidenschaft
www.bispi-bremen.de / info@bispi-bremen.de
- Vahrer Löwen – Verein für nachbarschaftliches Zusammenleben
Tel. 959 13 48.
- Wilhem-Busch-Viertel e. V.
www.wilhelm-busch-viertel.de / info@wilhelm-busch-viertel.de
- Kinder- und Familienzentrum Heinrich-Imbusch-Weg
HeinrichImbuschWeg@kita.bremen.de / Tel. 3613129
- Familien- und QuartiersZentrum
www.fqz-bremen.de / Tel. 67328431
- GEWOBA-Servicebüro
vahr@gewoba.de

Kultur/Freizeit

- Bürgerzentrum Neue Vahr
www.bzvahr.de / Telefon: 4367330
- KulturSalon der GEWOBA AG
www.gewoba.de / service / kultursalon /
bmichaelis@gewoba.de
- Jugendhütte Vahr
jc-vahr@awo-bremen.de / Tel. 461809
- Treff-Waschhaus
www.treffwaschhaus.de / info@treffwaschhaus.de
- Vahrfalla
www.dikita-bremen.org / Tel. 69647300
- Jugendtreff Rotes Haus
roteshaus@drk-bremen.de / Tel. 3306291
- Minigolf in Bremen-Vahr
www.bgc-bremen.de / vorstand@bgc-bremen.de / Tel. 233698

Sport

- Sport-Club Vahr-Blockdiek Bremen e. V.

Tel. 46 77 017

- TuS Vahr e. V.

www.tus-vahr-bremen.de/Tel. 46 39 90

- Key Porters Bremen

www.key-porters-sdc.de/Tel. 35 64 95

- Schach-Club-Vahr/Spielort: Treffpunkt Waschhaus

www.treffwaschhaus.de

- Bahnen-Golf-Club Bremen e. V.

www.bgc-bremen.de /Tel. 23 36 98

Sonstiges

- VAHReport

www.vahreport.de/www.rolfdiehl.de/Tel. 17519419

- Pick up – Kompetenzagentur für Bremen-Ost

www.stpetribrmen.org/PickUp

- Verkehrsschule Vahr

www.verkehrswacht-bremen.de/Tel. 341064

- Verein zur Föderung akzeptierter Jugendarbeit e. V.

www.vaja-bremen.de/Tel. 76266

- Aktion MahlZeit Bremen

www.mahlzeit-bremen.de/info@mahlzeit-bremen.de/
Tel. 1715839190

- Bremen.ru e. V.

www.bremen-ru.de/Tel. 6953418

Pflege/Gesundheit

• Pflegestützpunkt Bremen
www.bremen-pflegestuetzpunkte.de/Tel. 6962420
• Vitalbad
www.bremer-baeder.de/Tel. 468070
• Vital-Training Vahr
vital-training@bremer-baeder.de/Tel. 436868-0

Ämter & Polizei

• Polizeirevier Vahr/Zentralruf 362-0
• Amt für Soziale Dienste/Tel. 361-19500
• Ortsamt/Wilhelm-Leuschner-Straße 27 A, Block D (Mintje-Bostedt-Haus) 28329 Bremen/Tel. 361-3063 oder 3064/ Öffnungszeiten: montags bis donnerstags von 9–15 Uhr, freitags von 09 - 13.30 Uhr und nach Vereinbarung.

Quellenhinweise

Nicht in allen Fällen konnten die tatsächlichen Bildurheber namentlich ausfindig gemacht werden. Ihre Rechte werden anerkannt. Allen Bildgebern wird herzlich für die Unterstützung gedankt.

- AALTO, Louna Lahti, 2009 TASCHEN GmbH
- Archiv VAHReport – Erika und Rolf Diehl
- GEWOBA Archiv, verschiedene Bücher, Unterlagen, Veröffentlichungen und Hefte
- www.historic.de
- Sammlung Bürgerzentrum Neue Vahr/Peter zu Klampen
- Sammlung Dr. Othfried Moenich/Dr. Karl-Wilhelm Tischer
- Texte einzelner Institutionen von deren Homepage

Berichte, Unterlagen von Bewohnern der Vahr

- Margarete Eick, Lydia Hugo, Wolfgang Witthuhn, Aenne Meyer, Martin Michalik, Ute Logemann, Weser-Kurier und Weser-Report (alte Ausgaben)

Weitere Bücher aus dem KellnerVerlag

Henning Lühr:

Internationales Grünkohl-Kochbuch

50 Rezepte aus 27 Ländern

Der Bremer Staatsrat Henning Lühr zeigt, welche internationalen Variationsmöglichkeiten mit der »urdeutschen« Leibspeise möglich sind. Hier finden Sie alle Rezepte auf Deutsch und in der jeweiligen Landessprache.
Mit über 180 hübschen Aquarellen illustriert.

132 Seiten, 21 x 21 cm, Hardcover, mit zahlreichen farbigen Aquarellen, ISBN 978-3-939928-71-3, **€ 16,90**

Henning Lühr/Lothar Spielhoff

Internationales Spargel-Kochbuch

70 Rezepte aus 33 Ländern

Dieses Kochbuch zeigt: Spargel ist keineswegs ein deutsches Gemüse. Tauchen Sie ein in die Welt des Spargels und lernen Sie Neues kennen. Ob aus Russland, China oder Peru, leckere Soßenvarianten oder Spargeldesserts, 70 exotische Rezepte aus 33 Ländern bringen vielsprachige Abwechslung auf den Tisch.

128 Seiten, 21 x 21 cm, Hardcover, mit 30 farbigen Aquarellen, ISBN 978-3-95651-034-2 **€ 16,90**

Henning Lühr/Lothar Spielhoff

Internationales Kartoffel-Kochbuch

87 Rezepte aus 42 Ländern

Wir kennen sie aus der Pfanne, frittiert und als Chips. Aber es gibt in aller Welt viel mehr... Auch die Kartoffel hat einen Migrationshintergrund. ZEIT-Kochshow-Sieger Spielhoff liefert erprobte Rezepte und empfiehlt die passende Kartoffelsorte. Der Ratskellermeister sagt, welcher Wein konveniert. Alle Rezepte in Deutsch und der jeweiligen Landessprache.

192 Seiten, 21 x 21 cm, Hardcover mit zahlreichen farbigen Aquarellen, ISBN 978-3-95651-046-5, **€ 16,90**

Bremisches Wörterbuch

Vergnügliche Erläuterungen
Über 800 Stichwörter

Ein umfassender Sprachführer, der auch die liebenserten Eigenarten der Bremer/innen eingehend beleuchtet. Es bereitet Freude sich anhand der gediegenen Erklärungen mit den bremischen und den »Schnacks« von der Waterkant vertraut zu machen. Seien Sie überrascht, wieviel Sie wiedererkennen werden. Ergänzt mit Erläuterungen zu den traditionellen bremischen Bräuchen und Spezialitäten.

112 Seiten, 11,5 x 19,5 cm, Klappenbroschur, mit 63 Abbildungen, ISBN 978-3-939928-55-3, ***€ 6,90***

Bernhard Baumeister:

Immobilien-Poker

In diesem Real-Roman treten auf: Kleine und große Bremer Politiker/innen, etliche Gewerkschafter/innen, Betriebsräte und Vorstandsmitglieder bremischer Wohnungsbaufirmen, wie auch Immobilienmakler der speziellen Art. Spannende Intrigen mit manchmal überraschenden Wendungen bilden die Kulisse und Bühne für diese 35 Jahre bremischen Panoptikums. Der Autor war viele Jahre bei der GEWOBA für die Neue Vahr zuständig, zuvor auch Betriebsratsvorsitzender.

208 Seiten, 14,0 x 21,5 cm, ISBN 978-3-95651-029-8, ***€ 9,90***

Birte Gräfing, Dirk Heinrichs (Hrsg.):

Vom Stauhaken zum Container – Hafenarbeit im Wandel

Die Geschichte des Stauereigewerbes in den bremischen Häfen, dokumentiert vom Beginn bis zum Containerzeitalter. Im Vordergrund stehen die Bremer Stauerei D. Heinrichs & Co. und die BLG.
Mit seltenen Fotografien über das einstige Arbeitsleben in den Bremer Häfen.

288 Seiten, DIN A5, 30 Fotos, ISBN 978-3-927155-98-5, ***€ 12,80***

Auch als E-Book: 978-3-939928-26-3

Inspector Barnaby

Passend zur Serie liefert dieser Band detailreiche Informationen mit vielen Insidertipps zu den wunderschönen Drehorten rund um Oxford. Die kenntnisreichen Beschreibungen der über 100 Drehorte, der herrschaftlichen Landsitze und uralten Kirchen, ergänzt mit zahleichen Farbfotos und Landkarten, offenbaren das typisch englische Landleben. Dabei erfährt man gleichzeitig, welche Folgen wo gedreht wurden, und kann mithilfe von drei nützlichen Registern fast dabei sein.

128 Seiten, 13,5 x 21 cm, mit über 70 Farbfotos
ISBN 978-3-95651-007-6, **€ 14,90**

Falk Guder:

Tod im Herrenzimmer

Der Osterholzer Bauer Horstmann ist ermordet worden. Erstochen mit einer afrikanischen Lanze, die noch aus seinem Körper herausragt. Was zunächst wie ein Raubmord erscheint, entwickelt sich schnell zu einer Kette von Ungereimtheiten. Um den Fall aufklären zu können, müssen Kommissar von Weyhe und sein Assistent Hansen tief in die dunkle Vergangenheit des Großbauern eindringen. Die Spur führt nach Deutsch-Südwestafrika, dem heutigen Namibia. Ein auf historischen Fakten beruhender Kriminalroman, der die Leser/innen in das Bremen um 1900 entführt.

172 Seiten, 12,5 x 20 cm, zahlreiche historischen Abb. ,
ISBN 978-3-939928-75-1, **€ 9,90**

Marlies Böner Zollenkopf:

Die Breidbachs

Lebenslang politisch aktiv

Herbert und Inge Breidbach haben sich nach den Ereignissen des Zweiten Weltkriegs zu Wort gemeldet, während die Mehrheit ihrer Generation schwieg. Diese beiden Bremer haben sich damit auseinandergesetzt, nichts beschönigt, mutig ihre politische Position neu definiert und sich engagiert. Dieses Buch verknüpft die Lebensgeschichte zweier Menschen mit der Geschichte einer Stadt und einer Partei.
Bebildert mit Fotos und Dokumenten.

128 S., ISBN 978-3-939928-94-2, **€ 5,–**

Andree Heinrichs:

Bremer Hauptbahhof

125 Jahre Geschichte und Betriebsdienst

Andree Heinrichs sammelte aus Leidenschaft und voller Faszination Informationen aus alten Bahnakten und Fotos, führte Gespräche mit Zeitzeugen und trug so eine historische Sammlung zusammen.

Dieses Buch veranschaulicht zahlreiche geschichtliche und aktuelle Facetten der Station, die einen Großteil der Stadtentwicklung widerspiegeln und den Hauptbahnhof, der für viele Bremerinnen und Bremer zum Alltag gehört, aus einer neuen Perspektive zeigen.

Bisher wurde der Bremer Hauptbahnhof in keinem Buch derart umfangreich dargestellt und trefflich bebildert. Das verdanken wir dem langjährigen Stellwerksmeister.

144 S., 28 x 20 cm, Hardcover, ISBN 978-3-95651-019-9, ***€ 19,90***

Jürgen Brandt:

Bremen ist riesig

Die künstlerischen Bilder von Jürgen Brandt, die Typisches und Untypisches Bremens in besonderen Bildausschnitten und mit einzigartiger Atmosphäre darstellen, sorgen in Verbindung mit dem umfassenden Stadtführerteil von Klaus Kellner für eine gelungene Mischung, die sowohl Touristen als auch alteingesessene Bremer begeistern werden.

128 Seiten, 21 x 15 cm, über 100 Farbbilder, ISBN 978-3-939928-54-6, ***€ 9,90***

d'Alquen / Porsch / Balke::

Im schönen Schnoor

Historical Gems of Bremen's Schnoor

Eine zweisprachige Entdeckungsreise durch kleine Gassen. Alte, kleine Häuschen in engen Gassen erzählen von einer Zeit, in der Bremen das Zentrum des regionalen Handwerks war. Jede Straße, jedes Haus wird in kompakten, informativen Texten vorgestellt und mit Fotos von Ingo Balke reichhaltig sowie großformatig illustriert. Hier gibt es viel zu entdecken, was selbst alteingesessenen Bremerinnen und Bremern neu sein dürfte. Ein Stadtplan hilft bei den Erkundungen.

112 Seiten, Hardcover, 21 x 15 cm, ISBN 978-3-95651-021-2, ***€ 9,90***

KellnerVerlag • Bremen | Boston
St.-Pauli-Deich 3 • 28199 Bremen • Tel. 0421 77866
Fax -704058 • buchservice@kellnerverlag.de
www.kellnerverlag.de